IN CHINA

Wandzeitung »Demokratische Wand«, Chang-An-Avenue, Peking

Arthur Miller Inge Morath

IN CHINA

Reich Verlag

Der Abdruck der chinesischen Gedichte
erfolgt mit freundlicher Genehmigung der Verlage:
S. Fischer, Frankfurt/M, aus *Hinter dem Perlenvorhang,*
Deutsch von Manfred Hausmann: Seite 181
Marion von Schröder Verlag, Düsseldorf, *aus Chinesische Lyrik.*
Eine Anthologie von Arthur Waley, Deutsch von Franziska Meister:
Seiten 113, 118, 185, 212, 222, 236, 239
Insel Verlag, Leipzig, aus *Die chinesische Flöte,* Deutsch von Hans Bethge:
Seiten 174, 234, 245
Manesse-Verlag Conzett & Huber, Zürich, aus *Pflaumenblüte*
und verschneiter Bambus, Deutsch von Jan Ulenbrook: Seite 218.
Der Abdruck aus *Mao Tse-tung. 37 Gedichte,*
Seiten 160, 177, erfolgt mit freundlicher
Genehmigung des Übersetzers Joachim Schickel

Titel der Originalausgabe: Chinese Encounters
Erschienen bei Farrar, Straus & Giroux, New York
Aus dem Amerikanischen von Holger Fliessbach
Lektorat: Wolfram Schäfer
Gestaltung: Cynthia Krupat und Hannes Opitz

Gesetzt aus der Garamond und gedruckt bei der
Süddeutschen Verlagsanstalt und Druckerei GmbH, Ludwigsburg
Gebunden bei Verlagsbuchbinderei
Othmar Bischof, Sachseln, Schweiz
ISBN 3-7243-0171-5

Bemerkung zur Umschrift

Dem Leser dieses Buches wird auffallen, daß die Schreibweise vieler chinesischer Personen- und Ortsnamen ungewohnt ist. Wir haben uns entschlossen, das neue Transliterationssystem für die chinesischen Schriftzeichen zu verwenden, das unter dem Namen »Pinyin« bekannt ist. Dieses System wird heute bereits von der offiziellen chinesischen Nachrichtenagentur Xinhua (Hsinhua) verwendet, außerdem von der *New York Times,* von *Time* und von vielen anderen führenden Zeitungen und Zeitschriften des Westens.

Pinyin (eigentlich das chinesische Wort für Transliteration) wurde schon in den 50er Jahren in China entwickelt, als man sich bemühte, ein System zu finden, das der Standardaussprache des Beijing (Peking) näherkam und zugleich die Unterscheidungsschwierigkeiten zwischen bestimmten Lauten (z.B. »b« und »p«) vermeiden wollte, die das alte Wade-Giles-System mit sich bringt. Da es aber in jedem System schwer ist, die Laute des Chinesischen mit lateinischen Buchstaben wiederzugeben, müssen einige dieser Laute auch im Pinyin durch Buchstaben verdolmetscht werden, die eher eine Entsprechung als eine wirkliche Wiedergabe sind. So steht »q« jetzt für den »ch«- bzw. »tsch«-Laut (wie bei dem Ölfeld Daqing, das früher Taching bzw. Tatsching geschrieben wurde), während »x« dem Zischlaut entspricht, der früher mit »hs« wiedergegeben wurde, wie in Deng Xiaoping (Teag Hsiao-ping).

Bei manchen Namen decken sich natürlich das Pinyin- und das Wade-Giles-System, so bei Shanghai, Harbin und Hunan, und um eine gewisse Vertrautheit zu wahren und dem Leser unnötige Komplikationen zu ersparen, wurden auch die alten Schreibweisen von Peking, Sun Yat-sen, Yangtze und Chiang Kai-Shek beibehalten. »China« selbst bleibt ebenfalls unverändert. Doch ist aus Mao Tse-tung jetzt Mao Zedong geworden, und seine Witwe Chiang Ching heißt nun Jiang Qing. Es folgt eine Liste weiterer Namen, die eine Metamorphose durchgemacht haben und noch eine Zeitlang fremdartig anmuten werden:

Wade-Giles	*Pinyin*
Canton	Guangzhou
Chekiang	Zhejiang
Chou En-lai (Tschou)	Zhou Enlai
Hangchow, Hangtschou	Hangzhou
Hua Kuo-feng	Hua Guofeng
Kiangsi	Jiangxi
Kuomintang	Guo Mindang
Kwangsi Chuang	Guangxi Zhuang
Kweilin	Guilin
Lin Piao	Lin Biao
Nanking	Nanjing
Szechwan, Szetschuan	Sichuan
Sian	Xian
Su Kuang	Su Guang
Tientsin	Tianjin
Tsinghua	Qinghua
Yenan	Yanan

I.M. / A.M.

Mahnung an den Leser

Wenige Tage nach unserer Rückkehr aus China setzte ich mich hin, um die Post durchzusehen. Mein Schreibtisch war mir etwas fremd geworden, nachdem ich ihm sechs Wochen fern gewesen war. Ich sah seine Unaufgeräumtheit mit neuen Augen und bemerkte, daß auf dem Tisch zwei einander zugekehrte Bleistiftanspitzer standen. Mit stiller Belustigung überlegte ich mir, daß sie so schon seit Jahren dastanden. Den einen, von der Art, die man festschraubt, hatte ich schon vor Jahren, als die Maler kamen, von der Küchenwand abgenommen, ohne ihn seither wieder anzubringen; das andere war ein »verbessertes« Modell mit einem Saugfuß, der angeblich überall haftenblieb, allerdings niemals so lange, bis man einen Bleistift gespitzt hatte. So hatte ich ihn, mit einem Gefühl ohnmächtiger Bitterkeit, einfach dort stehen lassen. Daß die beiden Geräte, einander zugekehrt, unter all dem Wust von Papier die ganze Zeit dort gestanden haben, ist zweifellos ein Vorkommnis mit verschiedenen möglichen Bedeutungen, von denen mir aber bisher keine eingefallen ist.

Sollte sie aber ein Besucher aus dem Ausland – sagen wir: ein Chinese – jemals bemerken, so könnte er sich wohl fragen, warum sie dort stünden, da die Menschen ja stets in der Fremde eine Logik walten lassen, die sie bei sich zuhause nicht im Traum anwenden würden. Und wenn er noch dazu von philosophischer oder soziologischer Geistesart wäre, so würde er höchstwahrscheinlich versuchen, aus dem absurden Vorhandensein von zwei Bleistiftanspitzern gewisse theoretische Einsichten in das amerikanische Leben und die amerikanische Gesellschaft abzuleiten. Die Moral von der Geschichte ist, soweit ich sehe: daß niemand glauben darf, ein Land zu kennen, sofern er nicht zuverlässig zwischen dessen rein individuell bedingten Absurditäten und seinen realen Widersprüchen zu trennen vermag.

Wir »kennen« China nicht, solange uns noch Dinge auffallen und stutzig machen, an die kein Chinese auch nur die geringste Aufmerksamkeit verschwenden würde. Doch die Fähigkeit, zu staunen, ist die Tugend des Fotografen bzw. der Fotografin, besonders wenn sie, wie Inge Morath, ihr Auge gefangennehmen lassen kann, während ihr Geist durch die Kenntnis der chinesischen Sprache und die lange Vertrautheit mit chinesischer Kunst informiert ist. Freilich erhebt unser Buch nicht den Anspruch auf Expertenwissen; es ist eine sorgfältig vorbereitete Begegnung mit China, im direkten, ja sogar abrupten Sinn dieses Wortes. Denn uns überraschte in China ein unvorhergesehener Zufall der Geschichte.

Wir waren im Herbst 1978 angekommen, just in dem Augenblick, in dem zum erstenmal seit 30 Jahren sich die Menschen sicher genug fühlten, um auch zu Fremden freimütig über das zu sprechen, was in den vergangenen Jahrzehnten geschehen war. Nach unseren Text- und Bildpublikationen über die Sowjetunion und Osteuropa waren wir in China auf das Duckmäusertum eines Ein-Parteien-Systems und auf die übliche polizeiliche Überwachung aller unserer Schritte gefaßt. Es war ein Schock, statt dessen mit Menschen konfrontiert zu sein, die nicht nur bereitwillig sprachen, sondern sehr nachdrücklich darauf bestanden, zu erzählen, was sie selbst und andere unter der sogenannten Vierer-Bande erlitten hatten. (Vierer-Bande, so lernte man bald, war lediglich ein Tarnwort für den immer noch sakrosankten Namen Mao.)

Doch dieser Schock wurde bald zu einer Art Ansporn für eine Fragestellung, die wir nicht hatten vorhersehen können. Wir fanden uns unter Menschen, die gerade erst begannen, die äußere und innere Zensur abzuschütteln, und zwar mit jener höchst quälenden Ehrlichkeit, die selbst von dem eigenen Beitrag zu dem Dilemma nicht haltmacht. Ich für meinen Teil hatte damit gerechnet, Beobachter zu sein, aber ich hatte nicht erwartet, in einen Lernprozeß hineingezogen zu werden, der nicht nur rein chinesische Dinge betraf, sondern auch Angelegenheiten von prinzipieller gesellschaftlicher Bedeutung, wie sie der problematischen Situation der amerikanischen und der europäischen Gesellschaft ebenfalls zugrunde liegen.

Unsere Interessen an China, das muß gesagt werden, sind nicht ganz analog. Für Inge Morath war es ursprünglich die Herausforderung, Chinesisch zu lernen und damit das halbe Dutzend anderer Sprachen zu bereichern, die sie entweder fließend spricht oder, wie das Rumänische, für praktische Zwecke beherrscht. Die Kalligraphie führte sie zur chinesischen Kunst, die Kunst zur Geschichte. Nach vier Jahren intensiven Lernens begrüßte sie unseren Dolmetscher, Su Guang, am Pekinger Flughafen in seiner Muttersprache, und beide waren freudig erstaunt, daß sie sich so einwandfrei verständlich machen konnten.

Für mich war China vor allem eine politische und soziale Revolution gewesen, die ich seit den dreißiger Jahren verfolgt hatte. Damals stiegen die Namen eines Mao Zedong und Zhou Enlai und Zhu De wie Leuchtkugeln gegen den Himmel, abgefeuert aus einem Menschenmeer, einer bis dahin schweigsamen Menschenmasse, die plötzlich den japanischen Faschisten trotzte und zweifellos den Anbruch von Vernunft und Freiheit in Asien ankündigte. Eine Zeitlang hatte ich auch die Freundschaft Edgar Snows besessen, der häufig seine spätere Frau Lois Wheeler abzuholen pflegte, wenn sie in meinem Stück *Alle meine Söhne* aufgetreten war. Sein

Buch *Roter Stern über China*, die beste Reportage, die ich je gelesen habe, und sicherlich eine der einflußreichsten, die je geschrieben wurden, schien zu jener Zeit Verheißung einer neuen Stufe der menschlichen Entwicklung zu sein, einer marxistischen Revolution, deren Führer Sinn für Humor, Ironie, und, im Falle Zhous, eine kultivierte Sensibilität besaßen, die man bei ihresgleichen in der Sowjetunion niemals gesucht hätte.

Ich muß allerdings zugeben, daß ich in den letzten Jahren die Hoffnung fast völlig aufgegeben hatte, jemals wirklich zu verstehen, was in China vor sich ging. Angesichts einer wahren Flut von Cliquenführern, deren Namen ich mir nicht merken konnte und deren widersprüchliche Forderungen mir wie eine verworrene, schrille und haarspalterische Sektiererei vorkamen, hatte ich die chinesische Politik den Chinesen überlassen. Und das war eigentlich gut, wie ich jetzt entdeckte, denn ich kam ganz ohne vorgefaßte Meinungen über die Meriten der verschiedenen streitenden Seiten ins Land.

Das China von 1978 ist der Pyrrhussieg des Parteienhaders, und zwar in einer Intensität, die die Fassungskraft des sterblichen Gemüts übersteigt. Dabei ist die labyrinthische Kompliziertheit der Ereignisse auch für die Chinesen dadurch verschärft worden, daß die Presse sich weigerte, über »negative« Ereignisse zu berichten, so daß zum Beispiel wenige Kilometer von Peking entfernt verheerende Kämpfe stattfinden konnten, von denen nur ein paar Augenzeugen etwas erfuhren. Und das bei Richtungskämpfen, denen Zehntausende von Menschen zum Opfer fielen!

Schwer verständlich am chinesischen Parteienstreit ist, abgesehen von seiner puren Intensität, der Umstand, daß dieser traditionelle Fluch der Linken überhaupt aufblühen, sich fortpflanzen, seine endlosen Zweige um die Säulen des Staates schlingen und schließlich alles krachend zum Einsturz bringen konnte – während die Staatsmacht selbst entweder abseits stand und nur, wie Mao, von Zeit zu Zeit mahnend den Finger hob, oder aber sich selbst, als eine der Parteien, ins Getümmel stürzte. Dies wäre, wie ich glaube, in keinem anderen Land vorstellbar. So muß der Widerspruch festgehalten werden, daß Chinas Regierung zwar mit der auch heute noch üblichen Geheimniskrämerei aller kommunistischen Regime vorging, sich aber gleichzeitig auf eine Art Schimpfwettstreit mit Sekten und Cliquen in der Regierung selbst und auf Parteiebene einließ, bis zu einem Punkt, wo es, streng genommen, keine Regierung von China mehr gab – die Armee einmal ausgenommen – und das Feld dem Terror und der nackten Gewalt überlassen blieb. Die Goldkörner des Prinzips in diesen Richtungskämpfen ausfindig zu machen, ist wahrscheinlich zwecklos, denn wie William Hinton in seinem Buch *Hundred Day War* gezeigt hat, ließ man die im Prinzip »zur Unterstützung Maos« begonnenen Kämpfe schließlich zu klassischen Auseinandersetzungen zwischen machtlüsternen jungen Männern degenerieren, deren Gruppierungen häufig miteinander verschmolzen und wieder zu drei, vier oder noch mehr reichlich mit Paranoikern gesegneten Untergruppen zerfielen, die sich am Ende nur zu jener fröhlichen triumphierenden ewigen Partei zusammenfanden, die bei menschlichen Angelegenheiten immer in alles, was fällt, verliebt ist.

Inge Moraths Fotografien – stets zum Bleibenden hingezogen, zum Schönen, zu den anmutigen Zeugnissen der Geschichte – sind hier nicht bloße Staffage, wie sehr sie auch dem Auge schmeicheln mögen. Sie sind in ihrer Lieblichkeit das eine Element von Chinas Widerspruch – sie vertreten die Altehrwürdigkeit und Feierlichkeit des Landes, die unablässig im Streit liegen mit dem epischen Kampf Chinas, sich endlich zu wandeln und eine moderne Nation zu werden.

Doch ist dies kein Buch über die Kulturrevolution und deren Konsequenzen, die wie der Dreißigjährige Krieg in Europa von Generationen von Gelehrten zergliedert und tausend verschiedenen Schlußfolgerungen anbequemt werden. Es ist der Bericht, nicht mehr und nicht weniger, von zwei Menschen, die Zeuge des Zusammenbruchs einer Orthodoxie in eben dem Augenblick wurden, als die Gläubigen blinzelnden Auges aus dem zusammengestürzten Tempel traten und versuchten, in dem nicht länger verzauberten, unirdischen Licht des gewöhnlichen Tages normale Gegenstände zu erkennen. Es ist der Moment, da die mächtigen Chöre der Anbetenden verstummt sind, da die Berge aufgehört haben, zu tanzen (wie sie es Versicherungen zufolge früher taten), und da sich die Notwendigkeit wieder einmal allen rhapsodischen Überredungskünsten verschließt und sich nur den Buchhaltern und Ingenieuren beugt, jener Art von Menschen, die etwas zuwege bringen, aber niemals an etwas zu glauben vermögen, was sie nicht anfassen und sehen können. Und auch dieser Zustand wird sich durch immer neuere Permutationen verändern. Hier also ist ein Bericht darüber, wie es für zwei aufnahmebereite Menschen in dem besonderen Augenblick war, als der Staub des Tempels sich zu legen begann.

*

Man lernt bald, daß nur ein Narr die Chinesen schnell versteht. Trotzdem hat nach zwei Tagen in Qiao Yüs freundlicher Gesellschaft seine einfühlende Neugier über unser Leben in Amerika den Vorhang zwischen uns, den Bürgern zweier voneinander isolierter Nationen, gründlich zerrissen. Qiao, ein Lyriker und Dramatiker um die Vierzig, zeichnet sich durch eine Vornehmheit der Manieren aus, die ihn während der acht Stunden, die wir jeden Tag zusammen sind, niemals verläßt. Es bedarf einiger Übung, um zu erkennen, daß der Blick in seinen traurig-humorvollen Augen, wenn er Inge Morath chinesische Tang-Dichtung rezitieren hört, der Ausdruck tiefer Bewunderung ist. Ja, wenn ich verstohlen beobachte, studiert er sie manchmal wie die Besucherin von einem anderen Stern.

Qiao Yu

Heute morgen sind wir zu dritt – mit unserem Führer, Su Guang, der jetzt ein bißchen weniger humpelt, nachdem ich ihm einen amerikanischen Sportler-Fußbalsam aufgenötigt habe –, und steigen auf einer breiten Treppe vier Stockwerke tief unter die Erde hinab. Jetzt betreten wir das graue, gut zwei Stockwerke hohe Steingewölbe, in dem jahrhundertelang der Grabschatz der Ming-Kaiser versteckt lag. Enttäuschenderweise gibt es hier wenig zu sehen, bis auf die leeren Gewölbe selbst und ein oder zwei ungeheure, mit Drachen geschmückte Steinthrone, die viel zu schwer sind, als daß sie fortgeschafft werden könnten. Zwei pflichtbewußte junge Frauen, die sich gegen die feuchte Kühle hier unten in dunkle Mäntel hüllen wie andalusische Schafhirtinnen, präsidieren verloren über die Touristen und die Düsternis. Dennoch geht etwas Ehrfurchtgebietendes, Imperiales vom schieren Gewicht des Gesteins über uns aus, das so sorgfältig an seinen Platz gerückt wurde, um die großen Toten und ihre Schätze vor Grabräubern und den politischen Feinden der Ming-Dynastie zu schützen. Doch war dies ein Ziel, das aus einem eigentümlichen Grund unerreicht blieb.

Draußen im Sonnenschein frage ich Qiao Yü, wie die jüngst ausgegrabenen Grabstätten überhaupt entdeckt werden konnten. »Der Kaiser hatte einen Stein hinterlassen«, erläutert er, »auf dem genau beschrieben war, wo die Gräber lagen, und dieser Stein wurde vor nicht langer Zeit gefunden. Die ungefähre Lage der Gräber ist stets bekannt gewesen.«

Ein amüsantes Paradox witternd, sage ich: »Er hat alle Vorkehrungen getroffen, um die Schätze geheimzuhalten, aber sein Ego konnte es nicht ertragen, daß niemand imstande sein sollte, sie zu bewundern.« Beide Männer sehen mich verblüfft an, und ich fahre fort: »So sind Sie durch seine Eitelkeit an sein Grab geführt worden.«

Sie lachen mit einem, wie mir scheint, übertriebenen Erstaunen. »Das ist sehr gut!« sagt Qiao Yü, ein Mann, den man sonst nicht leicht zum Lachen bringt. Doch was mir eigentlich zu denken gibt, ist der Umstand, daß ihn dieses doch ziemlich naheliegende Paradox so beschäftigt. Das gleiche geht anscheinend in Su Guang vor – seine Gemütsbewegungen sind mittlerweile für uns erkennbarer geworden –, und als die beiden in den nächsten Minuten noch einmal auf meine Bemerkung zurückkommen, scheint es mir, daß hier mehr im Spiel ist als nur der Kaiser und seine Gräber.

Ich überlegte mir, und dieser Gedanke kam später beim Umgang mit anderen Chinesen wieder, daß das, was die beiden so merkwürdig fanden, meine Ableitung eines Herrschercharakters aus seinen öffentlichen Taten war. Es war nicht so, daß nicht auch Herrschern eine individuelle Persönlichkeit zugestanden würde; aber die Macht selbst hat keine Individualität, und als gute Marxisten haben die Chinesen gelernt, die Männer an der Spitze als Stimme oder Ausdruck ökonomischer und politischer Kräfte, des Klassenkampfes, zu betrachten. Daß die persönliche Eitelkeit eines Herrschers so grandiose Konsequenzen haben sollte, war eine durch und durch unzulässige Idee. Doch daß Qiao Yü und Su Guang diese Idee erkannten – wie einen lang vergessenen, aber willkommenen Gedanken –, bewies ihr tief innerliches Lachen des Wiedererkennens, das Lachen über eine freudig bemerkte Ironie. Trotzdem bleiben sie ein klassisches Volk, denke ich mir; was sie am meisten interessiert, ist, wie bei unseren aischyleischen Griechen, nicht der Klatsch über Charaktere und deren Schwächen, sondern die Auswirkung dieser Charaktere auf die Geschicke des Ganzen.

Ming-Grabstätte, Peking

Doch hinter der Unbehaglichkeit, mit der die beiden diese Art des Psychologisierens über historische Vorkommnisse aufgenommen hatten, stand nicht nur ein Prinzip, sondern auch ein konkreter und aktueller Grund. Von der ersten Stunde in China an wurden meine Frau und ich bedacht – besser gesagt, traktiert, bestürmt und überschüttet – mit Schilderungen über die Schandtaten der Vierer-Bande. Nach dem anfänglichen Schock war es schon fast wieder komisch, zu sehen, wie alle Mißstände eines Landes von etwa einer Milliarde Einwohner drei Männern und einer Frau in die Schuhe geschoben wurden, und es war zunächst schwierig, dies absolut ernst zu nehmen. Angefangen bei der Dürftigkeit der zeitgenössischen Theaterstücke und Filme über die Zustände im öffentlichen Verkehrswesen bis zur hermetischen Unwissenheit Chinas über die Welt draußen – alles war das Werk dieser wildgewordenen Clique des Zentralkomitees, die, nachdem sie zu einem eigentümlich vagen Zeitpunkt in der Vergangenheit die Kontrolle über das Land an sich gerissen hatte, erst vom damaligen stellvertretenden Parteivorsitzenden Hua Guofeng zur Strecke gebracht wurde, der das saubere Kleeblatt zwei Jahre vorher verhaftet und mit seiner eigenen Gruppe die Führung übernommen hatte.

Ungeachtet der sowjetischen Anschwärzungen Trotzkis hatte eine so unverblümte Verdammung selbst abgesetzter Politiker in einem kommunistischen Lande einen befremdlichen Klang, zumal das, was man Jiang Quing, der Frau Maos, und ihrer Riege vorwarf, nicht bloß strategische Irrtümer waren, sondern eine persönliche moralische Verkommenheit, wie sie eigentlich bei irregeleiteten Marxisten, die so lange an der Macht gewesen sind, nicht vorkommen sollte. So wie es Qiao Yü, aber auch andere Schriftsteller, Regisseure und Schauspieler erzählten, hatte sich Jiang Qing wie eine verbitterte rachsüchtige alte Schmierenkomödiantin aufgeführt und nicht wie die politische Führerin der größten Nation der Welt. So wurden zum Beispiel in den 70er Jahren in Shanghai zahllose Theater- und Filmleute allein deshalb verhaftet, weil sie über die bewegte Vergangenheit Jiang Qings als Schauspielerin in Shanghai in den 30er Jahren Bescheid wußten, wo sie sich angeblich an die Geheimpolizei des verhaßten Guo Mindang verkauft und als deren Agentin gegen die kommunistischen Revolutionäre gewirkt hatte.

Es kam ungefähr so, wie es uns ein kanadischer Reporter an unserem ersten Tag in Peking prophezeit hatte. »Sie werden alles, was in dem Land nicht stimmt, den Vieren in die Schuhe schieben. Bei einem Essen saß ich kürzlich auf einem Stuhl, der unter mir zusammenbrach, und als ich zu

Boden stürzte, warf ich den anderen Gästen einen Blick zu und schrie ›Vierer-Bande!‹, und sie sind vor Lachen faßt geplatzt.«

Nichtsdestoweniger, und sei es auch nur als das Symbol eines tyrannischen Jahrzehnts, repräsentierte die Vierer-Bande nunmehr Anarchie, Verstoß gegen die Vernunft und den Grund für die ganze verbohrte Rückständigkeit des Landes. Und so fragte ich Qiao Yü, ob man sich auf irgendeiner politischen Ebene Gedanken darüber mache, wie man künftig verhindern könne, daß eine neue wildgewordene Clique die Macht im Land an sich reißt. Es muß aber gesagt werden, daß die Chinesen heute, trotz einer sehr offensichtlichen peinlichen Verlegenheit bei einer solchen Frage, bereit sind, sich ihr zu stellen – und mit ihr der Tatsache, daß sie in der Vergangenheit so manchen kleinkarierten Tyrannen und Schlimmeren im Namen des Wissenschaftlichen Marxismus treu ergeben waren. Und es ist ebenfalls richtig, daß sie unter allen Bürgern sozialistischer Staaten fast allein in ihrer Bereitwilligkeit dastehen, in aller Öffentlichkeit nicht nur die Erfolge des Systems zu diskutieren, sondern auch dessen lähmende Fehlschläge.

»Viele von uns legen sich heute dieselbe Frage vor«, erwiderte Qiao Yü.

»Und haben Sie eine Antwort?«

Es war klar, daß er dieses Gespräch nur widerwillig führte, aber er fuhr trotzdem fort: »Wir haben geglaubt, sie spräche für den Vorsitzenden Mao, wissen Sie. Wir wußten ja nicht, wie krank er in den letzten Jahren seines Lebens war.«

»Und natürlich hat sie nach seinem Tod die Macht festgehalten.«

»Ja, allerdings.«

»Fällt es Ihnen schwer, sich jetzt mit diesen Jahren auseinanderzusetzen?«

Er blickte erst weg und sah mir dann wieder fest in die Augen. Er war verlegen. »Ja, es fällt schwer.«

Kun-Ming-See

Wir kreuzten langsam über das sonnenbeglänzte Wasser des flachen Kun-Ming-Sees im Pekinger Sommerpalast. Neben dem Boot sprangen Fische empor. Auf einem kleinen Tisch zwischen uns stand ein Tablett mit Äpfeln, Karamellen und Orangenlimonade, die von der amerikanischen *China People's Friendship Association* stammte. Wir fuhren parallel zu einer hohen Ziegelmauer, die die Stadt vor vier Jahrhunderten umgeben hatte. Den Privatpark mit See hatte die letzte chinesische Kaiserin zu Beginn unseres Jahrhunderts anlegen lassen, während die jüngste First Lady beides dem Volk um ein Haar weggeschnappt hätte. Jiang Qing ließ nämlich unglaublicherweise den Park für die Öffentlichkeit schließen und für sich selbst reservieren.

Es war zu Beginn unserer chinesischen Reise, und noch wußte ich nicht, was ich bald erfahren sollte: daß die Chinesen wie die Franzosen, ihr Land für den Mittelpunkt der Welt halten und daher wenig Interesse daran haben, ins Ausland zu reisen. Immer waren es Dürrezeiten, Überschwemmungen, Hungersnöte oder sonstige katastrophale Umstände, selten aber bloße Neugier gewesen, was sie aus China fortgetrieben hatte.

Ich fragte Qiao Yü: »Bekommen Sie eigentlich viel ausländische Literatur zu sehen?«

»Ja, ein bißchen.«

»Auch amerikanische?«

»Wir haben in der Schriftstellergewerkschaft ein Buch aus Amerika übersetzt.«

»Und welches war das?«

»*Die Möwe Jonathan.* Bisher steht es aber nur den Gewerkschaftsmitgliedern zur Verfügung, nicht der Öffentlichkeit.«

»Ist das das einzige neuere amerikanische Buch, das übersetzt wurde?«

»Ich habe auch *Love Story* gelesen. Was halten Sie von diesen Büchern?«

Es war unmöglich, an seinem gespannten, aber neutralen Gesichtsausdruck abzulesen, ob er ein Kompliment für die Übersetzung dieser Bücher hören wollte oder eine Bestätigung seiner eigenen niedrigen Meinung über sie.

»Sie sind schon recht«, sagte ich, »aber wir haben bessere.« Er nickte, immer noch neutral. »Warum wurden diese Bücher zur Übersetzung ausgewählt, wissen Sie das?«

»Weil sie in Amerika so populär waren. Man glaubte, sie würden uns helfen, die Amerikaner zu verstehen.«

»Aha.«

»Ja.«

»Und? Haben Sie etwas gelernt?«

Mit einem leichten Achselzucken blinzelte er geheimnisvoll in die Sonne. »Das ist schwer zu sagen; das ist uns alles so fern.«

Mir fiel ein sozialkritischer amerikanischer Autor ein, der bei den Russen besonders beliebt ist. »Es gibt hier vermutlich Jack London zu lesen?«

»Ja. Und Mark Twain.«

»Und Hemingway?«

Qiao Yü blickte unschlüssig zu Su Guang, der ihm den Namen noch einmal in chinesicher Aussprache wiederholte.

»Ja, vor vielen Jahren gab es *Der alte Mann und das Meer.*«

»Und Faulkner wahrscheinlich.«

Su Guang bat mich, dies zu buchstabieren, und sprach es für Qiao Yü »Fohl-Ki-nah« aus. Beide hatten diesen Namen nie gehört, auch nicht den von Steinbeck oder, wie sich herausstellte, von irgendeinem der anderen amerikanischen Schriftsteller, die ich jetzt nannte. In Qiao Yüs milden Augen sah ich die Vereinigten Staaten weit weit draußen, irgendwo in der Nähe der Milchstraße treiben.

Kun-Ming-See

»Wir haben Balzac.«

»Das ist aber ein Franzose.«

»Ja.«

Aber keine englischen Autoren, keine anderen ausländischen, von den nichtsowjetischen Russen nur Tschechow und Tolstoj, nicht einmal Dostojewski, obwohl er diesen Namen gehört hatte.

Ich war frappiert über die hermetische Isolierung dieses Schriftstellers, der mir bei Limonade und Äpfeln und Süßigkeiten an diesem lieblichen Nachmittag gegenübersaß, bis mir ein alter Witz über die Engländer durch den Kopf schoß, der Witz von der Londoner Zeitungsschlagzeile: DICHTER NEBEL – KONTINENT VON AUSSENWELT ABGESCHNITTEN. Von wie vielen chinesischen Schriftstellern wußte ich denn schon den Namen, ich, der ich die Möglichkeit hatte, alles zu lesen? Und hatte Qiao Yü nicht das größere Recht als ich auf eine provinzielle Einkapselung, wo es fast eine Milliarde Chinesen, ein Viertel der menschlichen Rasse, aber nur etwa 200 Millionen Amerikaner gab? Immerhin hatte er mehr Landsleute als die Bevölkerung Europas, Rußlands und halb Indiens zusammengenommen. Wer von uns beiden war da provinziell?

Das Marmorne Schiff der Ci Xi, Sommerpalast, Peking

Ich dachte hierüber eine Weile nach und kam schließlich zu dem Ergebnis, daß er es war, nicht zuletzt deshalb, weil er selbst offenkundig genauso dachte. »Wir sind weit zurück«, sagte er schließlich, »wir haben für keine Sprache genügend Übersetzer, und in den letzten Jahren ist alles Fremde entweder verboten oder als gefährlich hingestellt worden.« Doch dann schien er das Gefühl zu haben, daß er zu weit gegangen war. »Aber wir haben gerade eine Übersetzung von *Peer Gynt* herausgebracht«, fiel ihm ein.

Ich versuchte, anerkennend auszusehen. Wir trieben jetzt zu jener Stelle, wo am Ufer des Marmorne Boot steht. Dieses Gebilde aus Stein, ein »Weltwunder«, das sich die letzte Kaiserin Ci Xi um die Jahrhundertwende hat einfallen lassen, ist zwei Stockwerke hoch und erinnert mit seinen Schaufelrädern eher an einen Mississippi-Dampfer. Die Kaiserin hat dieses Kunstwerk aus Mitteln bestritten, die für die Aufstellung einer Kriegsmarine zur Abwehr der Fremden bestimmt waren. Aber in einem bestimmten Sinne hatte sie doch das Richtige getan; denn schließlich hat China diesen Park und dieses Marmorschiff als Gegenwert für Gelder vorzuzeigen, die die Macht Japans oder des Abendlandes keine einzige Woche länger aufgehalten hätten. So jedenfalls glaubte unser Dichterfreund.

*

Es bedurfte dreier Tage intensiver Gespräche, um mich von der fast völligen Unkenntnis der Chinesen über die westliche Kultur zu überzeugen. Man hält es aus irgendwelchen Gründen immer für ausgemacht, daß in einem totalitären Staat selbstverständlich die führenden Politiker und Intellektuellen über die vom Volk verordnete Isolierung erhaben sind. In meinem Falle gab es allerdings für diesen Irrtum kaum eine Entschuldigung, denn Inge und ich hatten zwei Jahre zuvor einen hohen chinesischen Beamten des Auswärtigen Amtes und seine Frau auf seinen Wunsch zu einer Aufführung eines Einakters von mir in New York begleitet. Beim anschließenden Abendessen waren mir zum erstenmal die weißen Flecken in ihrer Kenntnis des Westens aufgefallen. Dieser Diplomat, selbstverständlich ein intelligenter und gebildeter Mann, hatte zugegeben, daß der letzte Kenntnisstand in China über die amerikanische Literatur Dreiser und der vergötterte Mark Twain waren.

Mit der gleichen kulturellen Unwissenheit im Inneren Chinas konfrontiert, fiel mir nun wieder ein, daß das ganze Diner vorübergehen mußte, bevor der Diplomat mit dem Geständnis herausrückte, daß sie tatsächlich überhaupt nichts über Amerika wüßten, und zwar hauptsächlich wegen der amerikanischen Blockade Chinas. Was er wußte, aber nicht sagen konnte, war lediglich, daß die Blockade von der chinesischen Seite mindestens genauso schlimm war, doch mußte erst die Hofkamarilla Maos und seiner Frau verschwinden, bevor derartige Eingeständnisse möglich wurden.

(Unsere eigene, vom State Department herzuleitende Unwissenheit über China war natürlich in dem Augenblick besiegelt, als jene wenigen unserer Journalisten und Beamten im Auswärtigen Dienst entlassen und geächtet wurden, die die heraufziehende Revolution aus hinreichender Nähe miterlebt hatten, um sich dadurch verdächtig zu machen. Unsere sogenannte McCarthy-Periode mit ihrem hysterischen Hurrapatriotismus und den ferngesteuerten Verdächtigungen jeder nichtkriminellen politischen Meinung war unsere eigene analoge Erfahrung zum extremen Chauvinismus.)

Die Kluft, die durch unsere beiderseitige Unwissenheit von der wirklichen Kultur des anderen verursacht war, schien grenzenlos, als wir uns eines Morgens in einem Pekinger Hotel mit etwa einem Dutzend Drehbuchautoren, Filmregisseuren, Romanciers und einer Schauspielerin zu einem Gespräch zusammensetzten. Es fiel mir sogleich auf, daß niemand jünger als fünfundvierzig zu sein schien und daß die meisten über fünfzig waren. Ich fand dies entmutigend; es bedeutete, wie ich irrtümlich annahm, daß ich von einer älteren und zweifellos konservativeren Generation von Künstlern an die Leine genommen werden sollte und daß unser Besuch, der ja kaum erst begonnen hatte, ein »offizieller« und uninformativer werden würde. Und so begann ich, indem ich sagte, daß wir ja alle Künstler seien und daß ich hoffe, Erfahrungen und nicht bloß offizielle Signale auszutauschen und daß ich gekommen sei, soviel wie möglich über das Leben schöpferischer Menschen in China herauszufinden. Natürlich wußte danach niemand, wie er anfangen sollte, und, schlimmer noch, ich glaubte, sie möglicherweise beleidigt zu haben, indem ich unterstellte, daß sie beabsichtigten, nicht ganz aufrichtig zu sein.

Jin Shan

Wie in jeder solchen Gruppe schien eine Person die zentrale zu sein, ein Mann Anfang Sechzig, gutaussehend, aber mit abgehärmtem Gesicht, das auf körperliches Leiden schließen ließ. Und tatsächlich ging er an einem Stock, auf den er sich schwer stützte, und warf sich mit sichtlicher Erleichterung in einen der Polstersessel. Jeder von uns hatte eine breite und tiefe Tasse Tee vor sich, während Su Guang fortfuhr, für mich kurze autobiographische Skizzen aller Anwesenden zu übersetzen. Nach den Büchern und Stücken, die sie geschrieben, und nach den Filmen, in denen sie mitgewirkt oder Regie geführt hatten, schienen sie eine produktive und vielbeschäftigte Gruppe von Profis zu sein. Es dauerte jedoch nicht lange, bis mir klar gemacht wurde, daß sie in den letzten zehn Jahren überhaupt nichts produziert und daß die meisten von ihnen diese Zeit oder wenigstens einen Teil davon im Gefängnis gesessen hatten.

Nachdem ihre Biographien abgeschlossen waren, fragten sie mich, wer ich sei und was ich gemacht habe. Ich hatte eigentlich eine gewisse Mindestinformation in dieser Richtung erwartet, aber es gelang mir, meine Verlegenheit über diese gewünschte Selbstdarstellung zu verbergen. Weit tiefer befiel mich ein Gefühl der Hoffnungslosigkeit bei dem Gedanken, daß eine solche Isoliertheit tatsächlich hatte geplant und durchgehalten werden können. Doch als ich damit fertig war, mein Schaffen für sie zu skizzieren, fühlte ich mich merkwürdigerweise erleichtert, als ob wir alle miteinander gescheitert wären und nun keine andere Autorität hätten als die, die uns jetzt, bei dem Auftauchen aus der Dunkelheit und der Konfrontation miteinander, zuwachsen würde. Zweifellos war dies besser als das Sich-gegenseitig-Ausstechen-Wollen von Stars, unter dem ähnliche Sitzungen an anderen Orten in anderen Jahren gelitten hatten.

Zwar gab es in der Tat ein gewisses Prestige-Gerangel, doch war ich dankbar für das Fehlen jener falschen Herzlichkeit von Schriftstellerdelegationen, mit denen ich in anderen sozialistischen Ländern zusammengetroffen war, wo der Autor, der zur Begrüßung ausländischer Kollegen erscheint, entweder ein Funktionär *ist* oder sich bemüßigt fühlt, sich wie ein solcher zu verhalten. Es waren insbesondere die Schauspielerin und der Mann mit dem Stock, von denen etwas Gravitätisches auszugehen schien; man hätte es fast die unverstellte Botschaft des Leidens nennen können, das sie weder zu verbergen noch zu dramatisieren suchten. Der Mann mit dem Stock lächelte mir dauernd leise zu, und die Schauspielerin saß auf der Stuhlkante und schien nur darauf zu lauern, mir etwas zu sagen, was sie offenbar entschlossen war, mir ohne Aufschub mitzuteilen.

Aus höflicher Zurückhaltung jedoch oder vielleicht aus Unsicherheit, wie sie mir zu begegnen hätten, bewahrten die beiden noch Schweigen. Und der Augenblick zog sich hin, während sie mich erwartungsvoll anstarrten. Schließlich fand ich, daß es an mir als dem Gast sei, ein Thema anzuschneiden, und so fragte ich, ob sie mir von den Problemen erzählen könnten, die sie als schaffende Künstler hätten. Aber vielleicht, fügte ich rasch hinzu, hätten sie ja keine nennenswerten Probleme...

Rechts: Cheng Tsen Yao; links: Jin Shan

Diese Bemerkung rief spontanes Gelächter hervor, was uns einen bedeutenden Schritt näher brachte. Eine Schwierigkeit war, daß es in China praktisch keine ausgebildeten Schauspieler mehr gab, auch keine Schauspielerinnen oder Regisseure unter sechzig; und die jüngeren hatten noch keine Erfahrung. »Woher diese Lücke?« fragte ich naiv. Die Vierer-Bande, behaupteten sie, hätte die Ausbildungsstätten schon vor Jahren geschlossen.

Zu jener Zeit – an unserem dritten Tag in China – war ich mir immer noch nicht klar darüber, was sie mich wirklich glauben machen wollten. Nachdem ich es bereits gewohnt war, in Einparteienstaaten ambivalente Signale zu empfangen, insbesondere in Hotelzimmern wie diesem, wo mit der Möglichkeit versteckter Mikrophone zu rechnen war, schoß mir der Gedanke durch den Kopf, daß sie vielleicht mit steinernem Gesicht die offizielle Parteilinie gegen die Vierer-Bande vertraten, es gleichzeitig aber so absurd taten, daß mir die ironische Absicht nicht entgehen konnte. Diese Überlegung scheiterte jedoch daran, daß ich in ihren Augen nicht den leisesten Schimmer von Ironie entdeckte.

Ich beschloß, den Stier bei den Hörnern zu packen. »Ehrlich gesagt, kann ich nicht begreifen, was Sie mir da mitteilen. Welchen möglichen Grund könnte sie gehabt haben, die Schulen für Schauspieler und Regisseure zu schließen?«

Der Mann mit dem Stock, der gutaussehende Bursche mit dem abgehärmten Gesicht und den wunderbar intelligenten Augen, lächelte mich an und schwieg beharrlich weiter, obwohl sich die Blicke einiger anderer auf ihn hefteten, die offenbar von ihm erwarteten, daß er das Wort ergriff. Aber er tat es nicht – noch nicht. Erst sprach die Schauspielerin.

»Sie wollte verhindern, daß junge Leute berühmter würden als sie.« Es lag keine Schärfe in ihren Gesten oder Worten, so als ob diese Erklärung auf der Hand läge – etwas, was jedermann in China verstand.

»Ich muß Ihnen gestehen«, sagte ich, »daß Sie sie als ein bißchen verrückt hinstellen.«

Die Schauspielerin nickte und lächelte zaghaft wie die anderen – verlegen darüber, daß die Möchtegern-Kaiserin, die Frau des geliebten Vorsitzenden, nicht alle Tassen im Schrank gehabt und trotzdem ein Viertel der Menschheit regiert hatte, ohne daß sich dagegen eine wirksame Stimme erhob. (Und natürlich amüsierten sich die Anwesenden auch über die Idee der menschlichen Verrücktheit selbst.) Ich zog es vor, die schiere Trivialität ihrer jüngsten Führung nicht weiter zu vertiefen, da dies unvermeidlich zum Problem des marxistischen Systems selbst geführt hätte – etwas, was sie vermutlich nicht würden diskutieren wollen und erst recht nicht mit einem Fremden.

Und so wichen wir alle für einige Augenblicke der Spannung aus, und jemand fragte mich, wie amerikanische Schriftsteller bezahlt würden, eine Frage, die jeder chinesische Künstler vorbrachte, dem ich in den nächsten Wochen begegnete. Ich erläuterte unsere Theater- und Buchtantiemen, die es früher einmal auch in China gegeben hatte, bis die Vierer-Bande derartige Zahlungen eingestellt hatte, um zu verhindern, daß sich eine Klasse gutverdienender Autoren bildete, die sich durch ihr Geld von den Arbeitern und Bauern abhob. Über die Wiedereinführung des Tantiemensystems wurde jetzt allenthalben diskutiert, und noch wußte niemand, ob es wiederkehren würde. Unterdessen erhielt jeder Autor, jeder Regisseur und Interpret ein Entgelt von seiner Gewerkschaft, und zwar ungefähr 50 oder 60 yuan pro Monat, das sind ungefähr 40 Dollar. Über ihren Standpunkt in dieser Frage waren sie sich selbst nicht einig; auch sie fürchteten sich davor, sich von der allgemeinen Armut des Volkes zu unterscheiden.

Aber nachdem sie regelmäßige Zuwendungen bezogen, gleichgültig, ob sie etwas produzierten oder nicht (tatsächlich hatten einige von ihnen seit über einem Jahrzehnt nichts mehr geschaffen, sei es aus Mangel an Inspiration, sei es wegen der Einkerkerung), nahmen sie mit einer gewissen Ungläubigkeit meine Information auf, daß ein amerikanischer Autor sein Geld ausschließlich nach Maßgabe seiner Verkaufs- oder Aufführungsziffern erhält. Inge Morath, die merkte, daß sie nur zu höflich waren, um mich wissen zu lassen, daß sie dieses System barbarisch fänden, korrigierte mich und teilte ihnen auf Chinesisch mit, daß ein westlicher Autor durchaus jahrelang von einem einzigen Buch oder Stück leben könne. Überraschend genug, nickten sie erleichtert; denn wie ich später erkannte, war ihnen an schlechten Nachrichten über Amerika gar nicht gelegen. Offensichtlich brauchen wir alle etwas, woran wir glauben können.

Unterdessen war ich immer neugieriger auf den Mann mit dem Stock geworden, und zwar hauptsächlich deshalb, weil ich mir fast sicher war, daß er Englisch verstand, so facettenreich war das Minenspiel, mit dem er meine Reaktionen und Fragen begleitete. In einer Gesprächspause wandte ich mich darum direkt an ihn und fragte ihn, ob er hauptsächlich Autor oder Regisseur sei, worauf ein leichter Schatten der Peinlichkeit die Gesellschaft streifte, während ein unwilliger Zug über sein Gesicht glitt; dies alles verriet natürlich, daß er der Star und ich der Ignorant war.

Und in der Tat war, wie zwei andere Anwesende dem Dolmetscher Su eilfertig mitteilten – der sich sogar etwas geniert darüber zeigte, daß er mich nicht präziser informiert hatte –, Jin Shan seit den 30er Jahren der wahrscheinlich größte Filmstar Chinas gewesen, daürber hinaus einer der begabtesten chinesischen Regisseure, bis ihn vor über neun Jahren die Bande ins Gefängnis geworfen hatte. Außerdem war er, der nach außen hin das süße Leben eines Filmstars im Shanghai vor der Befreiung führte, insgeheim Kommunist gewesen und hatte der Partei unter täglichem Einsatz von Leib und Leben Informationen über die politischen und Unterweltorganisationen zugeleitet, die die Stadt lenkten und zu denen er Zugang hatte.

Ich entschuldigte mich bei Jin für meine Unwissenheit, worauf er lachte und mich beruhigte. Ich fragte ihn, warum er verhaftet worden war, und er sagte einfach: »Ich kannte sie in Shanghai.« Nämlich Jiang Qing. »Und auch, weil sie sich nie mit Leuten auseinandersetzen wollte, die Talent hatten. Jeder, den Sie hier sehen, ist zwei, fünf, acht oder neun Jahre lang im Gefängnis oder in Sicherheitsverwahrung gewesen, und bei jedem lief es letztlich auf sein Talent hinaus.« Er hörte nicht auf zu lächeln, sagte aber auch nicht, daß er nicht von mir erwarte, daß ich seinen Worten Glauben schenkte oder daß er versuchen wolle, mich von ihrer gemeinsamen Erfahrung zu überzeugen. Er war ein Mann von heute, mit modernem Witz im Auge, und er wußte, wie verrückt dies alles klang, aber so war es eben.

An dieser Stelle zog ich mein Notizbuch hervor und schrieb ungeniert auf, was er sagte. Ich fragte ihn, ob er den Stock infolge von Verletzungen während der Haft brauche, doch er sah mich einfach an, unwillig, darüber zu sprechen, und ich verstand. Dafür sprach jetzt die Schauspielerin. Sie saß neben ihm. Ich wandte mich zu ihr und war schockiert, ihr tränenüberströmtes Gesicht zu sehen.

»Sie haben seine Frau umgebracht, Sun Weishi«, sagte sie. »Das war unsere größte Schauspielerin, zu unseren Lebzeiten die beliebteste in ganz China. Sie haben sie ermordet.«

»Warum? Warum haben sie das getan?« Es war schwer, den Zorn und das Leid in ihrem Gesicht mit anzusehen.

»Weil das Volk sie so vergötterte. Sie war meine Lehrerin, wissen Sie. Wir waren sehr liebe und enge Freunde. Sie haben sie im selben Lager umgebracht, in dem er war, aber er wußte das nicht, als sie ihn freiließen. Er rechnete damit, zu ihr zurückzukehren. Aber sie hatten sie schon drei Jahre zuvor getötet und es ihm nicht gesagt.«

Ich blickt zu Jin Shan, der in dem enormen Polstersessel fast zu liegen schien, die eine Hand auf der Armlehne ruhend, die andere auf seinem Gehstock, und er lächelte mich immer noch an, und dieses Mal glaubte ich in seinem Lächeln eine Herausforderung zu sehen.

Ich wußte, wie sehr sie ihren Vorsitzenden Mao verehrt hatten, und schon nach unserer kurzen Zeit in China war offensichtlich, daß die Erinnerung an ihn geheiligt war oder für unverletzlich galt. Aber wenn ich genau nachrechnete, mußte ich feststellen, daß Jin zu einem Zeitpunkt verhaftet worden war, zu dem er noch keineswegs aktionsunfähig war. Und deshalb war mit dem, was ich jetzt äußern wollte und zu sagen für notwendig fand, ein gewisses Risiko verbunden. »Das klingt ja wie Faschismus.«

Su übersetzte. Zu meiner Überraschung und Erleichterung nickten alle, und zwar mit entschiedenem Nachdruck, und Jin sagte sofort: »Ja, Faschismus, aber...« er hob einen warnenden Finger, »es war Faschismus mit Feudalismus, und das ist viel schlimmer.«

»Können Sie mir das erklären? Ich glaube Ihnen, was Sie mir sagen, aber ich bin immer noch nicht sicher, daß ich die Motive dieser Leute verstehe. Ich meine, das klingt so, als ob sie einfach nicht wollten, daß es Filme oder Theaterstücke oder Bücher gab. Was hätten diese Leute darauf erwidert?«

Jin lachte, und die anderen schlossen sich ihm an; offensichtlich hatte ich einen Nerv getroffen. Er seufzte und holte zu einer Erklärung aus. »Wissen Sie Bescheid über die Drei Wichtigkeiten?«

»So ungefähr, ich glaube, ich habe irgendwo gelesen, daß...«

Er unterbrach mich. »Die Ästhetik von Jiang Qing – die, wie Sie begreifen werden, in allen Kunstformen rücksichtslos durchgesetzt wurde – forderte, daß es in jedem revolutionären Werk Drei Wichtigkeiten gebe. Es mußte ein böses Element geben, also praktisch einen Spion oder Agenten des Imperialismus, ferner eine Gruppe von Arbeiter-Bauern-Helden oder Helden Nr. 2, und schließlich einen Helden Nr. 1, einen Helden der Helden. Natürlich kann der Held Nr. 1 weder innere Konflikte noch persönliche Schwächen haben und selbstverständlich keinen Charakter. »Festhalten an dem Prinzip, Charaktere zu schaffen, in denen das Beste und Höchste der Arbeiterklasse wiedergegeben wird, *unbeschadet durch wirkliches Leben und Volk.*« (*China Reconstructs,* August 1976.)

»Die Helden Nr. 2 wurden sogar, wenn immer es möglich war, von Schauspielern des gleichen Formats gespielt. Übrigens mußte man, wenn man in eine Schauspielschule oder Theatergesellschaft eintreten wollte, nachweisen, daß die Familie seit mindestens drei Generationen aus Arbeitern oder Bauern bestand. Es versteht sich von selbst, daß es am Ende ihrer Herrschaft mehr Lehrer als Schüler gab.«

Ein anderer Mann fiel ein: »Wir haben jetzt mehr als 10000 Bewerber für Filmschulen und 2000 für die Theaterschule in Peking.«

Ich fragte Jin Shan: »Und die Zuschauer? Haben denen die Stücke mit den Drei Wichtigkeiten gefallen?«

»Oh, es gibt immer Leute, denen diese Art von Mathematik gefällt.« Jin Shan grinste. »Aber heute werden Sie in unseren Theatern meistens junge Leute finden, und ich kann Ihnen versichern, daß zu den Drei Wichtigkeiten nur wenige Zuschauer freiwillig kamen. Aber das Problem ist noch nicht ausgestanden; in den Köpfen vieler jüngerer Autoren spukt diese Formel weiter, und einige wissen ehrlich nicht, wie sie sich davon freimachen sollen. Das ist der Grund, weswegen wir so wenig gute Drehbuchautoren haben. Die Menschen, die in den letzten zehn Jahren herangewachsen sind, scheinen noch nicht fähig, mit dem Leben fertigzuwerden. Sie wissen doch wahrscheinlich über die Acht Modellwerke Bescheid?«

Jin Shan

Alle lächelten, zum Teil verlegen, aber hauptsächlich erleichtert, daß sie hierüber Witze machen konnten. Jin Shan sagte: »Die Kaiserin fand zuletzt, daß China nicht mehr als acht Theaterstücke brauche.«

»Meinen Sie das ernst?«

»Das ist leider die Wahrheit. Die Zahl acht war nicht nur das Limit, sondern in manchen Fällen wurde der Name des wirklichen Autors ausgelassen oder durch den Namen derjenigen Komitees ergänzt, die die Stücke angeblich geschrieben hatten. Und alle ohne Ausnahme bekundeten, ›von Jiang Qing inspiriert‹ worden zu sein, die sich tatsächlich als Autorin feiern ließ.«

»Mit anderen Worten«, sagte ich, »es sollte verhindert werden, daß sich irgendein einzelner hervortat.«

»Ausgenommen sie selbst, ja. Sie selbst und die drei anderen.«

Die Schauspielerin fügte hinzu: »Sie machte Filme, in denen sie sich selbst feierte. *Gegenangriff* steckt voller Eigenlob...«

Ein Regisseur sagte: »In dem Film *Großes Fest* wurden sie alle gefeiert, aber er ist nie fertiggestellt worden.«

Jin Shan fragte mich: »Sie haben von all dem nichts gewußt?«

»Sehr wenig. Es ist schwer zu sagen, warum. Ich glaube, ich habe mehr über China gelesen als die meisten Menschen, aber irgendwie ist mir der Ernst des Ganzen nie aufgegangen. Ehrlich gestanden, ist das alles so schwachsinnig, daß man es schwer verdauen kann...«

Wieder lachten sie alle und nickten einander zu, und die Schauspielerin ergänzte meine Bemerkung mit der Bestätigung: »Einmal haben sie *Die Tochter des Sklaven* gedreht, einen Film über einen Sklaven bei den Yi, und um sicher zu gehen, daß man jederzeit wußte, wer die Heldin war, zogen sie ihr eine rosa Bluse an. Es war, als ob man mit einem Pfeil auf sie gezeigt hätte.«

Ich konnte nicht an ihren Worten zweifeln, aber ich konnte auch nicht recht die Entwicklung ihres Unglücks erfassen, und nach einem Thema suchend, das ich mit diesen Berufskollegen gemein hätte, fragte ich sie, ob sie irgendeine bestimmte Theorie der Schauspielkunst unterrichteten, zum Beispiel die von Stanislawski.

»Stani«, wie man ihn hier nennt, ist in der Tat der grundlegende Theoretiker, aber sie schienen ein bißchen geniert, das zu sagen, und fügten hinzu, sie hätten ihre eigene chinesische Version, die nicht ganz authentisch sei. (Die fünf Stücke, die ich bald zu sehen bekam, verrieten keine Spur seines Einflusses, vielmehr wurde der Realismus vom Operneinfluß geradezu erstickt.)

»Wie sehen Sie die Zukunft«, fragte ich, »oder ist es zu früh, darüber zu sprechen?«

»Nun«, sagte Jin, »sie haben beispielsweise das gesamte Personal des Filmstudios Shanghai fortgejagt, das beste, das wir in China hatten. Die Arbeit dort wurde für neun Jahre unterbrochen. Aber wir sind langsam dabei, alles wieder zusammenzusetzen.«

Ich beschloß, nach Filmleuten zu fragen, deren Namen ich am Vortag erhalten hatte und die auf besonders brutale Weise umgekommen waren. »Haben sie Xian Bai Mo gekannt?«

»Das war ein Drehbuchautor«, sagte einer der Männer. »Er wurde zu Tode geprügelt. Er nahm bei seiner Opposition gegen die Dame kein Blatt vor den Mund.«

»Und Zheng Chunli?«

»Das war ein Filmregisseur. Einer seiner Filme wird heute sogar in Amerika gezeigt. Er wurde zu Tode gefoltert, aber man weiß nicht genau, warum.«

Rewi Alley, ein achtzigjähriger Neuseeländer, der ein halbes Jahrhundert in China verbracht hat, hatte mir am Abend zuvor von diesen Namen und Schicksalen erzählt. Er hatte auch gesagt, daß Lao She, der Autor von *Rikscha-Kuli,* einem großen Erfolg in Amerika vor fünfunddreißig Jahren, noch im Alter von siebzig Jahren umgebracht worden sei. (Einige behaupten, daß er aus Verzweiflung und als Protest gegen Mao Selbstmord beging.)

Wir hatten jetzt etwa eine Stunde miteinander gesprochen, und ich brauchte ein paar Minuten, um zur Besinnung zu kommen; denn ich merkte, daß ich, ohne es geplant zu haben, schlecht vorbereitet nach China, in den Einparteienstaat, gekommen war, trotz oder vielmehr wegen der Zeit, die ich in der Sowjetunion, in der Tschechoslowakei, in Polen und Ungarn verbracht hatte. Natürlich verfolgten auch diese Leute eine Parteilinie – die Schurkereien der Viererbande. Aber ich war in der Sowjetunion Mitte der sechziger Jahre gewesen, mitten in der »Entstalinisierung«, und selbst damals hatten die Russen nicht halb so offen und selbstsicher von ihrer Not unter dem Diktator gesprochen. Schon seinen Namen nannten sie nur ängstlich und nicht ohne einen gewissen psychologischen Blick über die Schulter, ganz als ob er aus dem Grab auferstehen könnte. Man wußte in Rußland, daß die Stalinisten weiterhin wichtige Positionen und ohne Zweifel die Polizei kontrollierten. Und auch in China waren die Anhänger der Vier keineswegs aus dem öffentlichen Leben

»ausgeschaltet«. War dieses unverblühmte Interview mit mir vielleicht Teil des Kampfes, der die Neuformierung des Feindes verhindern sollte? Ich vermutete es. Rewi Alley hatte mir gesagt, daß viele Mitläufer der Vier aus ihren Stellen gejagt worden waren und dafür geringerwertige erhalten hatten, und er hatte Mao zitiert, der über den Umgang mit Menschen, deren Ideen falsch sind, gesagt hat: »Menschen sind kein Schnittlauch; die Köpfe wachsen nicht mehr nach, wenn sie einmal abgeschnitten sind.« Dieses Interview war also Teil des fortdauernden Kampfes.

Aber ich wußte, daß ich den Sinn dieses Kampfes noch immer nicht verstanden hatte. Ich versuchte, mich Zheng Zenyao, der weinenden Schülerin der ermordeten Schauspielerin, verständlich zu machen. »Ich bitte um Entschuldigung für meine Begriffsstutzigkeit, aber aus irgendeinem Grund habe ich mir das Ausmaß Ihres Leidens nie klar gemacht. Aber ich begreife einfach nicht, warum eine Frau wie zum Beispiel Ihre Freundin Sun Weishi so angegriffen wurde. Gibt es dafür einen besonderen Grund?«

Jin Shan ergriff das Wort, und sein Lächeln war verschwunden. »Meine Frau war nicht nur sehr populär als Schauspielerin – was ja, wie Sie jetzt verstehen, eine Provokation für unsere Kaiserin war –, sondern sie stand auch Zhou Enlai sehr nahe. Dies war allgemein bekannt. Die Eltern meiner Frau waren der Guo Mindang zum Opfer gefallen, und sie sah sich ganz allein in der Welt und wurde praktisch von Zhou adoptiert. Er sorgte auch dafür, daß sie zur Schauspielerin ausgebildet wurde. Und zu der Zeit, als unsere Kaiserin die Macht erlangte, war meine Frau die Leiterin des Experimentiertheaters. Sie hat Ostrowski, Goldoni, Tschechow, Gogol eingeführt...«

»Wann war das?«

»In den fünfziger, Anfang der sechziger Jahre. Aber ihr Ruf als Schauspielerin war schon vor der Befreiung 1949 sehr groß. Ihr Schicksal bedeutete einen direkten Angriff auf Premierminister Zhou. Madame Mao sorgte höchstpersönlich dafür, daß meiner Frau im Straflager der Kopf geschoren wurde.«

Ich war immer noch unbefriedigt. »Ich glaube, was ich wissen möchte, ist: Warum dieser ungeheure Haß gegen Zhou?«

Jin Shan grinste. »Ja. Es gibt politische Gründe, aber Sie wissen zweifellos, daß er gegen ihre Heirat war.«

»Mit dem Vorsitzenden Mao?«

»Sie hat ihm das nie vergeben. Und natürlich hat sich auch meine Frau geweigert, zu tun, was man von ihr verlangte.«

»Und was war das?«

»Dem Premierminister Zhou und seinem Anhang abzuschwören.«

»Wie? Könnten Sie mir ein Beispiel geben?«

Alle lachten über meine Unwissenheit und über meine Hartnäckigkeit. Einer der Männer sagte: »Das spielte kaum eine Rolle – Jiang Qing mußte Zhous Einfluß im Lande auf jede nur erdenkliche Weise zerstören. Einmal gab er beispielsweise seiner Bewunderung für Beethoven Ausdruck. Sie setzte sich auf der Stelle hin und entwarf eine neue Richtlinie gegen das Spielen von Beethoven oder sonstiger europäischer Musik, ja, sie verbot diese Musik sogar, und so wurde sie nicht mehr gespielt.«

Ich erinnerte mich, über dieses Verbot Beethovens gelesen und mir dabei gedacht zu haben, daß die Chinesen in der Tat unergründlich seien. So war denn alles kleinkarierte Bosheit! Plötzlich schien es jede politische

Bedeutung verloren zu haben, auch wenn es mit politischen Konsequenzen befrachtet war. Ein persönlicher Machtkampf, mehr nicht.

Aber jetzt bedrängte mich der Gedanke, was für ein Mensch Mao gewesen sein mußte, daß er mit einer so banalen Frau zusammengeblieben war. Ich wagte nicht, diese Frage zu äußern, und stellte mich statt dessen naiv. »Und wie wirkte das alles damals – diese ganze Absurdität? Nicht, daß wir Amerikaner nicht unsere eigenen Absurditäten gehabt hätten, aber ich möchte versuchen, mich in Ihre Gefühle hineinzuversetzen; kommen Sie sich übertölpelt vor oder wie?«

Ich wußte ganz genau, wie peinlich solche im nachhinein gestellten Fragen sind – wie haben wir Amerikaner Nixon zweimal zu seinen beispiellosen Mehrheiten verhelfen können?

Jin Shan schien meine Frage leise zu mißbilligen, obwohl er ihre Berechtigung anerkannte. »Wenn Othello rechtzeitig gewußt hätte, wer Jago war, wäre es nicht zur Tragödie gekommen. Die Kulturrevolution begann als etwas Gutes und Notwendiges; jede Bewegung kann pervertiert werden. Aber die Erde fährt fort, sich zu drehen, und die Geschichte geht weiter. Deshalb sind wir zuversichtlich.«

So begreiflich, ja vorhersehbar diese Antwort war, sie hinterließ in mir das Gefühl, daß es für einen Ausländer hoffnungslos sei, in der westlichen Erfahrung nützliche Analogien zu dem zu finden, was diese Menschen durchgemacht hatten und wohin sie dadurch politisch und geistig geführt worden waren. Niemand konnte an der Ernsthaftigkeit zweifeln, mit der sie Jiang Qing und die Vier verdammten, aber es war im Augenblick unmöglich, den Anteil des Vorsitzenden Mao an der gemeinsamen Katastrophe zu erwägen. Ich hatte mich der ungeschriebenen Etikette gebeugt, ohne es zu merken; auch ich zog es vor, nicht auf den doch ganz unverkennbaren Umstand hinzuweisen, daß viele der Anwesenden ja längst vor der Machtübernahme der Bande in Schwierigkeiten gewesen waren, schon bevor Mao unfähig geworden war – falls er es wirklich jemals war –, den Staat zu kontrollieren.

Tien-An-Men-Platz, Peking

Ich hatte noch mehr zu fragen, aber die Leute erhoben sich bereits, um zu gehen. Jin Shan blieb jedoch sitzen und verhinderte damit, daß sich die anderen zerstreuten. Und über die allgemeine Gesprächsunruhe, die ausgebrochen war, rief er mir zu: »Was ist mit Hollywood? Macht es immer noch Filme?«

Ich erläuterte, daß die großen Studios mit dem Aufkommen des Fernsehens zusammengebrochen waren, eine Nachricht, die sie überrascht und etwas enttäuscht aufzunehmen schienen; doch daß die vielbewunderte technische Ausrüstung Hollywoods nicht aufgelöst worden war, war anscheinend eine erfreuliche Mitteilung.

»Und Charles Laughton? Was macht er jetzt?« wollte Jin Shan wissen.

Ich sagte, daß Laughton schon vor Jahren gestorben war, und es wurde still im Raum, aus Ehrfurcht, wie ich glaubte, aber auch aus Betroffenheit.

Ein Regisseur fragte, was Clark Gable mache. Ein anderer erkundigte sich nach William Powell, die Schauspielerin wollte etwas von Joan Crawford wissen, auch nach Edward G. Robinson wurde gefragt und nach den Marx Brothers; es gab viele Namen, die erwähnt wurden. Die meisten Interpreten waren tot. Ich konnte kaum herausbekommen, was meine Gesprächspartner hierbei empfanden: was es für ein Gefühl war, auf der Erde zu landen, nachdem man jahrelang irgendwo draußen im Weltraum gewesen war. Aber aus ihren gedämpften Blicken und einer gewissen Besonnenheit, die meine Trauernachrichten ihrem Gesichtsausdruck verliehen hatten, entnahm ich, daß sie offenbar damit beschäftigt waren, ihre Gefühle über die Rückkehr in die Welt zu sortieren.

Es war der falsche Zeitpunkt, um die folgende Frage zu stellen, aber wir waren unverkennbar im Aufbruch, und ich wollte die Reaktion der Leute beobachten: »Gibt es irgendwelche Überlegungen, wie dies alles künftig verhindert werden kann?«

Schweigen trat ein, und ich bedauerte meine Frage sofort, denn offensichtlich konnte man nicht von ihnen erwarten, die Antwort parat zu haben, die vielmehr in den Händen der Politiker lag, sofern es überhaupt eine aktuelle Frage war. Trotzdem schienen sie es nicht ganz töricht zu finden, daß ich sie gestellt hatte, und Jin Shan, dem die Schauspielerin beim Aufstehen half, sah mir voll in die Augen, lächelte und sagte: »Das ist selbstverständlich die Frage«, woraufhin alle nickten, murmelten und zustimmten, und sie schienen es sogar tapfer von ihm zu finden, daß er dies zu mir gesagt hatte.

»Können Sie wieder arbeiten?« fragte ich ihn.

Einmal mehr war ich in ein Fettnäpfchen getreten, wie ich an den Köpfen merkte, die sich überrascht umdrehten, und an dem Grinsen auf seinem Gesicht war abzulesen, daß Jin einen Augenblick brauchte, um mir zu vergeben.

Es war so, als ob man Cecil B. de Mille gefragt hätte, was er in diesen Tagen mache, während er aus den Kulissen zu den *Zehn Geboten* kam. »Ich bin jetzt seit fast zwei Jahren bei den Dreharbeiten in Daqing«, sagte er, und ich wußte sogleich, daß er tatsächlich an einem Epos mitwirkte. Daqing ist ein Ölfeld, das 1964 entdeckt wurde und ausschließlich von den Chinesen, ohne sowjetische oder sonstige fremde Hilfe, ausgebeutet wird. Es symbolisiert die Kraft des gewöhnlichen ungeschulten Volkes, technologische Wunder zu vollbringen, ohne sich durch »Experten« versklaven zu lassen. Daqing war vielleicht der nachdrücklichste Beweis der kulturrevolutionären Grundthese vom proletarischen Selbstvertrauen.

Und offensichtlich war ich im Rahmen dieser Zusammenkunft mit Opfern der Kulturrevolution oder zumindest der kulturrevolutionären Exzesse nicht imstande zu begreifen, wie Jin ausgerechnet auf dieses Thema verfallen konnte, nachdem er sich kaum von der Verhaftung durch die Kulturrevolutionäre erholt hatte. Aber jede Frage hat in China drei Seiten, und er fuhr mit seiner Erklärung fort: »Der Film ist nicht über den Eisernen Mann von Daqing...«

»Übrigens«, unterbrach ich ihn, »hat es den Eisernen Mann wirklich gegeben?«

»Oh ja! Aber Sie müssen wissen, was sie ihm angetan haben.«

Der Eiserne Mann war ein fabelhafter Held, dessen beispielhafte Unerschrockenheit, Findigkeit, Tapferkeit und physische Ausdauer das Volk angefeuert hatten, bei den Arbeiten am Daqing-Komplex auszuharren. Er war anscheinend jener Held des wirklichen Lebens, den Jiang Qings Drei Wichtigkeiten auf der Bühne zu verkörpern hatten.

Jin Shan fuhr fort: »Sie schickten Gangster aus, um ihn zu foltern, wissen Sie.«

»Die Vier?«

»Sie hängten ihn mit Drähten an seinen Zehen und Fingern auf und packten dann Ziegelsteine auf seinen Leib.«

»Wozu denn das?« Auch hier handelte es sich um den Feldzug zum Sturz Zhou Enlais. Der Eiserne Mann sollte gestehen, »daß das rote Banner von Daqing in Wirklichkeit ein schwarzes Banner ist...«

Mit einem Wort, in dieser hochsymbolischen Kultur sollte ein berühmter Held Zhou verleugnen und ihm damit das Volk abspenstig machen. »Sie banden mit dünnem Draht Eimer an seinen Hals und gossen sie langsam mit Wasser voll. Sie schoben seinen Kopf in einen erhitzten Kasten in der Wand, und als er ohnmächtig wurde, weckten sie ihn auf und wiederholten die Prozedur. Aber er blieb standhaft bei seiner Ergebenheit für Zhou.

»Soong Sunming jedoch, unser Minister für Ölindustrie« – Jin lachte – »sie nannten ihn den ›Ölkönig‹ – wurde in Daqing ebenfalls gefoltert, aber er hielt es nicht aus und gab die gewünschte Erklärung ab, aber später widerrief er sie. Doch in meinem Film *Die aufgehende Sonne* geht es eigentlich um die Frauen von Daqing. Er beruht auf einem Stück, in dem meine verstorbene Frau auftrat, bevor sie verhaftet wurde, und das ganz besonders von Zhou gelobt wurde. Mao hat gesagt, ›Frauen tragen den halben Himmel‹, aber die Männer von Daqing und überhaupt in China sind noch immer nicht bereit, ihnen ihren Platz zuzuerkennen. Um ehrlich zu sein« – Jin lächelte – »bin ich nicht sicher, ob ich selbst schon meine eigenen männlichen Widersprüche überwunden habe. Aber ich versuche es. Jedenfalls ist die Handlung des Films schrecklicher als in *Macbeth...«*

Jetzt streckte er Inge und mir die Hand entgegen. »Viel Spaß auf Ihren Reisen. Bleiben Sie das nächste Mal länger!« Und während ihn die Schülerin seiner verstorbenen Frau nicht aus den Augen ließ, drehte er sich um und ging, gefolgt von den anderen, davon.

Ich wußte, daß er daran verzweifelte, jemals erklären zu können, was er jetzt fühlte, woran er sich erinnerte, oder auch nur, was er sich erhoffte. Wer hat nicht die Erfahrung gemacht, daß er einem Fremden die verwikkelten und paradoxen Nuancen eines oder zweier vergangener Jahrzehnte begreiflich machen wollte? Aber hier war es zum Verzweifeln schwierig, denn sie waren die Opfer einer Bewegung, der Großen Kulturrevolution, vor deren moralischen und sogar politischen Zielen sie tiefen Respekt, ja, Ehrfurcht empfanden und deren Perversionen – wie sie es sahen – sie um große Stücke ihres Lebens betrogen hatten.

Wenn ich auch nicht den Schlüssel zu ihrem jetzigen Lebensgefühl besaß, so schien es mir doch, daß ich auf eine große Frage gestoßen war, die ihnen ihr Leiden zurückgelassen hatte: wie eine Wiederholung dieser Katastrophe verhindert werden könne. Denn es unterlag keinem Zweifel, daß sich an der Struktur des Systems durch ihre Pein im Grunde überhaupt nichts geändert hatte.

*

»Der Besucher, der einen Monat bleibt, schreibt ein Buch, derjenige, der drei Monate bleibt, verfaßt einen Artikel, und diejenigen, die fünf Jahre herziehen, schreiben überhaupt nichts.« Frank Coe saß, sein Bier schlürfend und kettenrauchend, in dem überwucherten Garten seines Pekinger Hauses auf einem der neuen Korbstühle, die seine Frau vor kurzem gekauft hatte. In den fünfziger Jahren war er Mitarbeiter von Harry Dexter White gewesen, einem Beamten des amerikanischen Finanzministeriums, und er war, wie dieser, sozusagen der hochverräterischen Loyalität zu den Rotchinesen beschuldigt worden. Als er feststellte, daß er in den Vereinigten Staaten keine Stellung mehr fand, hatte Coe in der damals brandneuen Mao-Regierung eine Stelle als Wirtschaftsberater angenommen.

Seine Frau Ruth arbeitet als Redakteurin des englischsprachigen Bulletins, das in Peking täglich für Ausländer veröffentlicht wird. Dieses Blatt ist eine der Überraschungen Chinas; es enthält Meldungen aus den westlichen wie auch aus chinesischen Nachrichtenagenturen, von denen viele keineswegs prochinesisch sind und einige der offiziellen Parteilinie sogar direkt widersprechen. Die chinesischsprachige Ausgabe, für dortige Verhältnisse klein, wird in 16 Millionen Exemplaren hergestellt und hat eine weite Verbreitung. Eine vergleichbare Überraschung wäre es, wenn die amerikanische Regierung jeden Morgen auf eigene Kosten Meldungen von TASS und Xinhua verbreitete.

Frank Coe, Peking

Die junge Tochter Coes spricht besser Chinesisch als Englisch, während Coe überhaupt nicht Chinesisch kann. Sein elegantes Haus, im Stil der alten Pekinger Oberschicht, steht in einem geräumigen, ummauerten Garten, ist aber viel aufwendiger als die meisten Häuser, da es einem längst verschwundenen Kapitalisten gehört hat. Viele Werke der chinesischen Kunst hängen an den zerbrechlich aussehenden, durchbrochenen Wänden, werden abgenommen und umgehängt. Die Coes sind rastlos. Ruth ist in den letzten Jahren verschiedentlich in die Vereinigten Staaten zurückgekommen und hätte, so scheint es, nichts dagegen, für immer in die Heimat zurückzugehen. Coe indessen ist ein Exilierter. In den USA, und vielleicht auch in China. Er spricht ohne Bitterkeit von der Vergangenheit, doch die Bitterkeit ist da, muß da sein; er wirkt, wie er so in seinem unkrautüberwucherten Garten mit der hohen Ziegelmauer sitzt, wie ein eingesponnenes Wesen an einem endlosen Nachmittag, und in der Luft um ihn liegt etwas Regungsloses und Distanziertes. Er hustet, raucht, lächelt und hustet wieder. Er ist einer aus dem winzigen Stamme jener Amerikaner, die zu früh erkannten, daß Amerika und die chinesische Revolution keine Todfeinde waren und auch nicht zu versuchen brauchten, es zu sein.

(Premierminister Zhou Enlai versuchte 1945, von der amerikanischen Botschaft die Erlaubnis zu bekommen, nach Washington zu fliegen und Präsident Roosevelt die chinesische Revolution zu erklären. Die Erlaubnis wurde nicht erteilt.)

Mit gemischten Gefühlen verfolgt er jetzt, wie sich beide Länder endlich aufeinander zubewegen. Das hätte man schon vor einem Vierteljahrhundert haben können, und es hätte Amerika unter anderem seine Verluste in Korea und Vietnam erspart. Und es hätte Frank Coe und den anderen die ewige Entfremdung und das Exil erspart.

Doch wie den anderen erlaubt ihm seine maoistische Perspektive nicht, ein solches Bedauern zu hegen, und er weiß, daß irgendwo auf den verschlungenen Wegen der Geschichte dieser nutzlose Konflikt vorherbestimmt und notwendig war. Nicht nur er oder jene Menschen sind im vergangenen Vierteljahrhundert verspielt worden, sondern weit mehr. Als renommierter Wirtschaftswissenschaftler und zeitweiliger Professor an der Universität Toronto schrieb er in den fünfziger Jahren aus Peking eine Abhandlung, die auf regierungsamtlichen Zahlen basierte. Diese Zahlen waren, wie es im Jargon heißt, »getürkt«, so daß er sich in der Lage fand, praktisch ein Lügenwerk geliefert zu haben. Er behauptete konsequent,

Verständnis dafür zu haben, daß ihn die Regierung mißbraucht hatte – schließlich stand mehr auf dem Spiel als Frank Coes akademischer Ruf, den zu respektieren die Revolution nicht verpflichtet war. Nichtsdestoweniger machte ihm dieser Vorfall in seiner eigenen Einschätzung die Rückkehr in die Vereinigten Staaten unmöglich. Wenn man ihn jetzt beobachtet – einen Mann in den Siebzigern, recht adrett gekleidet und für den Nachmittag frisch rasiert, an dem er, wie gewöhnlich, seinen Tag beginnt –, kann man den Mißbrauch seiner Person nur bedauern, auch wenn man dabei vorübergehend vergißt, daß die Macht überall und immer das tödlichste Spiel von allen gewesen ist. Ist, war und sein wird, und nichts ist so eitel wie das Lamentieren hierüber oder über die immerwährende gegenseitige Anziehung von Macht und Unwahrheit. Vielleicht tut ein Coe klüger daran, etwas Vergnügen am vorteilhaft Möglichen zu finden – er zeigt eine gewisse bescheidene Befriedigung, als er mir einen hübschen, soeben erschienenen Band von Maos Werken auf Englisch vorlegt, mit dessen Überarbeitung er ein Jahr beschäftigt war. Ich bemerke, als ich im staubigen Sonnenlicht des schweigenden Gartens die Seiten durchblättere, daß nirgendwo im Buch der Name eines Übersetzers oder englischen Bearbeiters steht, und sage ihm das, und er hustet und lächelt, ohne etwas zu erwidern – die Bücher der ganz Großen entspringen dem Haupte Jupiters, wie wir alle wissen, und der Gedanke an menschliche Vermittlung lenkt nur vom Wesentlichen ab.

Sol Adler auf der anderen Seite wirkt weit weniger wie ein Exilierter, eher wie ein munterer Reisender in einem anderen Land, auch wenn er ebenfalls fast sein halbes Leben in China verbracht hat. Inge und ich sind bezaubert von dem Haus, in dem er mit seiner Frau lebt; es ist ebenfalls von einer schützenden Gartenmauer umgeben, aber sie ist mit weißer und roter Hochglanzfarbe frisch gestrichen, alle Räume öffnen sich zu einem Garten hin, und es gibt sogar einen jungen Chinesen in weißem Jackett, der neben dem großen Eingangstor lebt und gleichzeitig Koch und Mädchen für alles ist. Adler weiß nicht, wem das Haus gehört, und es scheint ihn auch nicht besonders zu interessieren. Er ist von Geburt Engländer, hat aber ebenfalls zu jener Zeit im amerikanischen Finanzministerium gearbeitet, als in der Truman-Ära das Dach einfiel und die Hochverratsvorwürfe wie Sommergewitter durch Washington fuhren.

Adler leidet heute abend Qualen und soll am nächsten Morgen ins Krankenhaus kommen, um sich untersuchen zu lassen; er fürchtet, daß es ein Magengeschwür ist. Er ist verkrampft, unfähig, still zu sitzen, dürr und groß, und sein Gesicht zuckt vor Schmerz; aber er besteht darauf, uns beim Abendessen Gesellschaft zu leisten. Ich hatte ihn wegen der Fakten sprechen wollen, die ihm möglicherweise über die chinesische Wirtschaft zur Verfügung standen, und es macht ihm Spaß, klare Differenzierungen zu treffen.

»Natürlich wollen alle gerne glauben, daß die Wirtschaft unter der Vierer-Bande den Bach runterging, aber ich habe die Zahlen endlich bekommen – diese Woche erst –, und hier ist die Grafik. 1974 und 1975 gab es praktisch keine Veränderungen in der Produktion. Sie blieb einfach bei dieser Marke stehen. Die Zahlen von 1976 und 1977 zeigen dann, daß es bergab ging. Die Wirtschaft war dabei, zusammenzubrechen, und man konnte durchaus von einem drohenden Bankrott reden. Die Kurve macht hier einen deutlichen Knick nach unten.«

»Was hatten sie denn vor, können Sie mir das sagen?«

»Nun, es ist keine Frage, daß sie die Laufplanke einholen und zur traditionellen Isolation Chinas zurückkehren wollten. Beispiel: Sie stellten die elektrischen Turbinen in Shanghai von Kohle auf Öl um, um den Ölverkauf an Japan zu drosseln. Es war absolut unsinnig. Aber das steckt tief im chinesischen Charakter, diese Idee, daß sie den Rest der Welt nicht brauchen.«

»Wie die USA.«

»Nun ja, in den alten Tagen. Die Isolationisten. Sie werden sicherlich wissen, vermute ich, daß Sie es noch vor wenigen Jahren absolut sinnlos gefunden hätten, mit einem Chinesen reden zu wollen; er wäre einfach zu mißtrauisch gewesen – er hätte eine tödliche Angst vor Ihnen gehabt.«

Ich wiederholte die Frage, die mich andauernd beschäftigte. »Frank Coe«, sagte ich, »scheint den Eindruck zu haben, daß es durchaus eine Neuauflage der Vier geben könnte, eine neue Art von Machtergreifung durch eine zu allem entschlossene Clique des Zentralkomitees.«

»Ja, natürlich. So etwas könnte wieder passieren.«

»Aber niemand scheint sich fürchterlich darüber aufzuregen«, sagte ich. »Coe meint, daß es Aufgabe der Partei sei, sich zu Fehlern und Irrtümern zu äußern, die sie bemerkt, und darauf zu bestehen, daß der Staat nicht das Recht hat, sich an seinen Kritikern zu rächen, aber...«

»Das ist nicht immer so leicht zu verhindern«, gab Adler zu.

»Eben. Das hat Coe auch gesagt. Aber ich habe den Eindruck, sie machen nicht einmal besonderen Dampf dahinter, trotz allem, was passiert ist. Ich meine insbesondere irgendeine institutionelle Veränderung, die es für eine kritische Stimme der Minderheit absolut legal und ungefährlich macht, sich Gehör zu verschaffen, bevor das Land zu Bruch geht, weil es der Mehrheitslinie folgt.«

Sol Adler, Peking

»Ja, ich weiß«, sagte er, nickte und dachte nach. Aber ich hatte den Verdacht, daß er erkannt hatte, daß sich hinter meinem Gefühl eine bis jetzt unzulässige Herausforderung an das Macht- und Gedankenmonopol der Partei verbarg. Ich sagte ihm das. Es war angenehm, mit Adler zu sprechen – seine britische Toleranz, trotz seiner offensichtlichen Magenschmerzen, machte die Unterhaltung mit ihm leicht. Aber unvermeidlich schoß mir der Gedanke durch den Kopf, daß weder er noch die anderen »revolutionären Rentner« es gewagt hatten, das heraufziehende Unglück zu kritisieren, während sie es beobachteten.

»Das Problem ist natürlich nicht bloß das Gedankenmonopol der Partei. Dieses Land ist direkt vom Halbfeudalismus zum Sozialismus übergegangen, ohne die Zwischenstufe des Kapitalismus...«

»Das hat Coe auch gesagt...«

»Ja, das liegt auf der Hand, aber es ist trotzdem wichtig.

Die Chinesen haben nie eine Tradition nach Art des westlichen Individualismus gehabt. Ich meine insbesondere die Vorstellung, daß jedes Individuum mit einer Existenz ganz auf *einer Seite der Gesellschaft* begabt ist. Obwohl Mao, wie Sie wissen, damit gerechnet hat, daß nach der Revolution eine Periode des Kapitalismus einsetzen würde.«

»Hat er es tatsächlich als eine Revolution gegen den Feudalismus gesehen?«

»Ich glaube, das ist überhaupt keine Frage. Und eine Art von infantilem chinesischem Kapitalismus gab es ungefähr vier Jahre lang, doch er hat nie besondere Stärke gewonnen und fiel einfach in sich zusammen wie ein

Soufflé. Nach vier Jahren hat dem Staat alles gehört, verstehen Sie.«

Für Mrs. Adler, eine Engländerin und frühere Lehrerin, die nach China gekommen war, um »sich umzusehen«, und die dann geblieben war, um Englisch zu unterrichten, hatten die wiederholten Auftritte des jungen Kochs mit der Leinenweste, der immer wieder einen neuen Gang unseres Abendessens herbeibrachte, etwas Überwältigendes; er war neu bei ihnen und verlieh diesem renovierten Haus eine ungewohnt luxuriöse Atmosphäre. Der Raum war nach chinesischer Manier sparsam möbliert, mit einigen wenigen, auserlesenen Stücken, die mit breitem Abstand aufgestellt waren, und ein oder zwei Bildrollen zwischen breiten Flächen weißer Wand. Mrs. Adler war mit ihrem Unterricht den ganzen Tag beschäftigt, sie hatte in China Sinn und Zweck ihres Lebens gefunden. Eine glückliche und von ihrer Aufgabe erfüllte Frau; sie trug eine Bluse und einen nicht dazu passenden Rock.

»Coe hat gesagt, Jiang Qing soll versucht haben, sich die Rechte an Maos Büchern anzueignen. Haben Sie das auch gehört?« fragte ich.

»Oh, das ist bekannt. Die Tantiemen waren das einzige Geld, das er hatte. Er verdiente nur 450 yuan im Monat. Aber reden wir über etwas anderes. Wenn Sie über diesen Ort schreiben, dann sagen Sie nicht, daß hier ›alles Chinesen‹ sind. Das ist ein verbreitetes Mißverständnis. Es gibt einen Schwall von Dialekten in den verschiedenen Distrikten, die in den anderen Distrikten unverständlich sind; so als ob die Waliser immer noch nicht Englisch könnten, wissen Sie. Und sie sind auch rassisch sehr differenziert und unterscheiden sich voneinander, selbst wenn sie für den Fremden alle gleich aussehen. Und Sie dürfen nicht denken, daß sie unfähig sind – China exportiert Maschinen in die Dritte Welt, wissen Sie...« Er sprudelte diese Sätze schnell und zusammenhanglos hervor, und man konnte die Wellen des Schmerzes erkennen, während er sprach. »Und über Harry Dexter White. Er, und nicht Keynes, war der eigentliche Vater des Internationalen Währungsfonds. Keynes hat White enorm bewundert, wissen Sie, und er selbst hat Whites Priorität freimütig eingestanden. Er starb urplötzlich an Herzversagen...«

»Das Komitee für unamerikanische Umtriebe...«

»Nun, der Herzanfall kam zufällig, als sie hinter ihm her waren, ja, aber in Wirklichkeit starb White an seiner Arbeit, an seiner intensiven schweren Arbeit für die Regierung der Vereinigten Staaten. Das ist das Wesentliche, wissen Sie.« Wie Coe war auch Adler in jenen längst vergangenen Tagen unter White im Finanzministerium tätig gewesen. Jetzt berät er die Chinesen über die westliche Wirtschaft, und sein Leben scheint mit Arbeit ausgefüllt zu sein. Der Sturz der Bande war für ihn der Beginn einer willkommenen, neuen Ära, in der sich China der Welt zuwandte.

Käuferschlange vor einem Buchladen, Peking

»Wir sind in den Buchläden gewesen«, sagte ich. »Es stehen lange Schlangen davor, vorwiegend junge Leute. Auf Tafeln steht angeschrieben, daß sie *Robinson Crusoe, Tom Sawyer* und etwas von Balzac vorrätig haben...«

»Ja, das ist sehr aufregend. Sie sind ausgehungert nach ausländischer Literatur.«

»Es ist interessant, daß sie ausländisches Zeug kennenlernen wollen, obwohl sie so lange davon abgeschnitten waren...«

»Es ist eine ganze Generation, verstehen Sie«, sagte er, »die in dieser Richtung überhaupt keine Bildung genossen hat.«

»Das Ganze ist doch frappierend, nicht?« sagte ich. »Ich meine die Vorstellung, daß sich das größte Land der Erde auf diese Weise isoliert... Es ist kaum zu fassen.« Er nickte schweigend. »Könnten Sie den Zeitpunkt festlegen, zu dem Jiang Qing die Macht übernahm? Wann hat nach Ihrer Meinung Mao das Kommando verloren?«

Adler brachte seine schmerzverzerrten Gesichtszüge unter Kontrolle und dachte einen Augenblick über meine Frage nach. Und ich wußte, während ich ihn beobachtete, daß auch er das vage Gefühl der Orientierungslosigkeit hatte, das noch jeder Chinese hatte erkennen lassen, als ich ihm diese Frage vorlegte. »Das kann man sehr schwer genau sagen...«

Und während er wieder pausierte, um grübelnd vor sich hinzustarren, hatte ich die gleiche Empfindung, die ich bei der Befragung der Chinesen hatte – das Gespräch und wir selber schienen umfangen zu werden von einem riesigen Banner aus knisternder grauer Seide. Mittlerweile war ich mir natürlich bewußt, daß Mao selbst mit den jetzt verhaßten Vier übereingestimmt haben mochte. Oder vielleicht hatte ihn, wie mancher vermutete, die Parkinsonsche Krankheit außer Gefecht gesetzt. Oder vielleicht doch nicht, und das, was man jetzt Faschismus nannte, konnte nicht ohne weiteres von ihm getrennt werden. Daher diese Aufhebung der Vergangenheit in einer zeitlosen und undurchlässigen Zelle, daher dieses Verwischen von Konturen vergangener Ereignisse, das die Historie wie einen Plasmaklumpen ohne Anfang oder Ende zurückließ, während auf allem eine übergeschnappte alte Schauspielerin sitzt, ihre törichten Befehle hinausschreit und endlos ihren eigenen Namen schreibt. Über dieses Spektakel nachzudenken, mußte für Marxisten fürchterlich sein, deren Stolz es ist, die Irrationalität dem Kapitalismus überlassen zu haben.

»Sie dürfen dabei nicht vergessen«, sagte er, »daß die Kulturrevolution ursprünglich...«

»Von welchem Zeitpunkt reden wir jetzt?« fragte ich, entschlossen, ein für allemal den Sumpf zu durchdringen.

»Nun, so um 1966. Wissen Sie, Mao versuchte wirklich, eine Art von Renaissancemensch zu schaffen, der ein bißchen von allem verstand. Das Ziel war natürlich politisch – eine Verhärtung der Elite sollte verhindert werden, die Partei sollte nicht die Spur des Volkes verlieren. Der Wissenschaftler sollte fähig sein, eine Axt zu schwingen, der Bauer sollte gleichberechtigt bei Konstruktionsplänen mitreden können. Aber bei einer derartigen Sache ist es absolut notwendig, daß ihr Geist rein erhalten wird, und die Bande hat das fürchterlich verzerrt. Mao zum Beispiel war kein Gleichmacher. Er hatte kein Interesse daran, sich an irgend jemandem zu rächen, bloß weil der Betreffende begabt oder intelligent war. Die Bande aber hat einfach ganze Klassen von Schülern aus den Schulzimmern gefegt und sie zum Schweinefüttern geschickt.«

»Ich hatte den Eindruck, sie hätten sich freiwillig zur Arbeit auf dem Bauernhof gemeldet...«

»Einige haben das gewiß getan.«

»Aber die meisten wurden dazu gezwungen?«

»Nun... ja, sicher.«

»War Mao dagegen?«

Er wußte ebensowenig wie irgendein anderer, wie er auf diese Frage antworten sollte. Und ich fragte mich, ob dieser amnesieartige Affekt vielleicht auf die allgemeine Unfähigkeit des Menschen zurückging, sich an einen verlorenen Enthusiasmus zu erinnern. Nichts ist unerklärlicher als eine verschwundene Begeisterung. Es ist wie eine schal gewordene

Liebesaffäre – wie konnte man nur bereit sein, für sie oder für ihn zu töten oder zu sterben?

Und tiefer drunten im Bauch mußte natürlich die hellwache Angst liegen, daß die Erlöser, Mao und Zhou, und die Revolution selbst einen fatalen Bruch in die Welt gebracht haben könnten. Hier war in der Tat ein letzter Raum, den Adler und China selbst nicht, oder zumindest noch nicht, kritisch zu untersuchen wagen konnten. Das war verständlich. Zu vieles, was schlecht war, ist von der Revolution hinweggefegt worden, und zu viele gute und aufrichtige Menschen waren gestorben, um ihr zum Sieg zu verhelfen. Und so würde es wahrscheinlich noch eine Weile dauern, bevor man mehr oder weniger präzise wissen konnte, wann die Große Kulturrevolution zum Schlimmen umgeschlagen war.

*

Von links nach rechts: Su Guang, Qiao Yu, Arthur Miller, Tai Ji

Als Gäste der *U.S.-China Peoples Friendship Association* reisen wir allein, nicht in einer Gruppe, doch weicht unser hart arbeitender Führer und Dolmetscher Su Guang gewöhnlich nicht von unserer Seite. Um lange Eisenbahnreisen und die unvermeidlichen Durststrecken während unendlicher Autofahrten auf schlechten Straßen aufzuheitern, kann ich Su wegen seiner Mittagsschläfchen auf den Arm nehmen.

Er ist ein zivilisierter Mann von zweiunddreißig und erwartet von jedem Menschen, der es nur irgend ermöglichen kann, daß er nach dem Mittagessen ein kurzes Nickerchen macht. Ich denke, daß bei Su entweder die Mittagsschläfchen zu kurz kommen oder die Vier Modernisierungen – der Landwirtschaft, der Industrie, der Wissenschaft und der Technologie, während die Verteidigung ohnehin bis mindestens in die nächste Generation verschoben wird. Su braucht einige Tage, bis er meine Signale zu deuten versteht, und mit Inges Hilfe hat er sich schließlich davon überzeugt, daß ich nur Spaß mache. In der zweiten Woche unseres Zusammenseins kann er sich sogar bereits ein paar milde Späßchen auf meine Kosten erlauben.

Es verdient festgehalten zu werden, daß wir Su Guang nicht für einen Geheimpolizisten halten. So kann Inge den Wagen jederzeit unerwartet an Straßen und Wegen anhalten lassen, wo sie etwas Fotografierenswertes sieht, auch wenn die Motive zum Teil alles andere als schmeichelhaft für ein Land sind, das es darauf anlegt, sich von seiner besten Seite zu zeigen oder seine schlimmste zu verbergen.

Nachdem wir jeden Tag zwölf Stunden mit Su zusammen sind, wird unser Umgang immer zwangloser. Bis zu einem gewissen Grad sieht man das Land unvermeidlicherweise durch seine Augen, und so wird China allmählich weniger dramatisch und unzusammenhängend und ein bißchen gleichförmiger und damit ein wenig realer. Welche Schwächen der chinesische Volkscharakter auch haben mag, Prahlerei gehört nicht dazu, und es gibt 1978 auch nicht die eingefleischte und lächerliche Verlogenheit von offiziellen Führern beim Anblick eines offenkundigen Versagens des Systems. So sind wir es, die sich über die Menschenmassen begeistern, die allenthalben in Höfen und auf den Straßen vor den Gebäuden, in denen sie arbeiten, Gymnastik nach der Tai-Ji-Methode treiben. Auf den Bürgersteigen kann man ganze Gruppen von Büroangestellten sehen, die in den Himmel starren, wo sie sich Wolken vorstellen, die sie langsam und mit graziös gespannten Händen zu formen und hin und her zu tragen versuchen, während sie gleichzeitig Rumpf und Knie beugen und sich wenden, verrenken und strecken. Aber Su Guang ist kein Sportstyp, und trotz aller Pluspunkte, die sich China durch diese Gymnastik erwirbt, würde er am liebsten einfach sitzen bleiben.

Ich bin es, dem auffällt, daß anscheinend die Fahrräder überall ohne Kette und Schloß geparkt sind, während Su mir zu seinem Bedauern mitteilen muß, daß sie tatsächlich durch einen unauffälligen Mechanismus am Hinterrad versperrt sind, weil sie nicht selten gestohlen werden. Außerdem gibt es in der Nähe von Marktplätzen oder sonstigen Menschenansammlungen ältere Frauen, die geparkte Fahrräder gegen ein kleines Trinkgeld bewachen. Wenn es auch nichts der Größenordnung von Diebstählen in New York Entsprechendes gibt, wird doch keine Gelegenheit versäumt, dort ein Schloß anzubringen, wo es von Nutzen sein kann.

Und es ist Su Guang, der uns aufklärt, nachdem ich bemerkt habe, wie sauber die Menschen zu sein scheinen: »Na ja, einige sind nicht so sauber. Aber es ist auch schwierig, sich sauber zu halten.«

»Kein heißes Wasser?«

»Keine Badewannen.«

Diese Nachricht verändert einigermaßen das malerische Bild des Kaltwasserhahns, den man gewöhnlich in Pekinger Gärten sieht, besonders wenn man an den Januar und Februar denkt...

Nach einigen Tagen wird klar, daß er, falls er nicht ohnehin den förmlichen Auftrag bekommen hat, die Wahrheit zu sagen, dies nichtsdestoweniger für seine Pflicht hält, auch dann, wenn es ihm ein bißchen schwer fällt. Man muß notgedrungen zu seiner Aufrichtigkeit eine gewisse politische Fußnote hinzudenken, denn wenn er instruiert worden wäre, gewisse Zeugnisse der chinesischen Rückständigkeit zu verbergen oder abzustreiten, so wäre ihm nichts anderes übriggeblieben, als zu gehorchen. Aber er ist es, nicht ich, der das Wort »rückständig« gebraucht.

Das Resultat seines Freimuts ist, daß man bei seinesgleichen die bekannte Tendenz aufgibt, sich sozusagen psychologisch anzuschreien, weil einem die Mittel zur Formulierung von Nuancen fehlen. Was Barrieren zwischen uns schafft, sind weit weniger die kulturellen oder sprachlichen Unterschiede als vielmehr die Unaufrichtigkeit; es ist die Verteidigungshaltung politischer Systeme, die versuchen, Erfolge zu heucheln, und zwar nicht nur vor Fremden, sondern ganz wesentlich auch vor sich selber.

Dennoch divergieren unsere Beobachtungen, als wir zum Beispiel die Passanten auf der Straße betrachten, unter denen es auffallend wenig Paare zu geben scheint, die einfach zusammen spazierengehen – gar nicht zu reden von Männern und Frauen, die sich berühren oder Händchen halten. Ich glaubte natürlich, Su würde mir hierin zustimmen.

Tatsächlich aber ist nicht nur *er* anderer Meinung, sondern auch meine Frau, die findet, daß die Zahl der Paare ganz normal ist. Ich bin immer noch der Überzeugung, daß es bei den Chinesen weit mehr Männer und Frauen gibt, die ihren Ehegatten zu Hause lassen, wenn sie ausgehen, auch wenn sie dabei ihre kleinen Kinder mitnehmen. Es ist ganz normal, einen Mann mit einem Kleinkind auf der Hüfte zu sehen, daß er über den Rinnstein abhält, wo es sich durch den Hosenschlitz erleichtert – Windeln verwenden die Chinesen nicht – doch ein Ehepaar mit Kindern sieht man selten.

Sus eigene Eltern sind tot – seine Mutter ist erst im letzten Jahr gestor-

Quan: Morgengymnastik, Peking

ben, an Krebs, und zwar, als er ausgerechnet eine Gruppe amerikanischer Krebsforscher begleitete. Er stammt aus einer Bauernfamilie und ist das einzige von fünf oder sechs Kindern, das höhere Schulen besuchte. Als wir am Nationalfeiertag mitten in einer Menschenmenge in der Nähe des Sun-Yat-sen-Denkmals in Nanjing standen, fragte ich mich, ob überhaupt Bauern zum Feiern in die Stadt gekommen waren.

»Das sind ringsherum alles Bauern«, sagte er.

Ich schaute die Menschentrauben an, die sich um Inge sammelten, fasziniert von ihren umgehängten Kameras. Sie waren natürlich alle identisch gekleidet, in der Sun-Yat-sen-Jacke, die im Ausland irrigerweise Mao-Jacke heißt. »Woher wissen Sie das?« fragte ich.

»Die Leute mit der dunklen Hautfarbe. So wie ich.«

»Sie meinen, das ist genetisch bedingt?«

»Ich denke schon – ich bin zwar nicht viel an der Sonne, aber ich bin trotzdem dunkel.«

Wir stehen am Fuß der 1000-Stufen-Treppe, die vom Sun-Yat-sen-Denkmal herunterfließt, und Su nimmt mit einer wahrhaft schmerzlichen Beseligung die Nachricht entgegen, daß ich die Absicht habe, mich hier mit ihm und dem Romancier Ai Xuan hinzusetzen und Inge sowie eine örtliche Dolmetscherin allein zum Denkmal hinaufsteigen zu lassen. (In jeder Stadt verlangt es das Protokoll, daß uns ein örtlicher Dolmetscher begleitet, auch wenn Su zugegen ist.)

Aber die Steinbänke vor der Freitreppe sind alle besetzt, und während ich mich nach einem geeigneten Platz umsehe und vorschlage, daß wir uns auf eine Stufe setzen, geht Ai Xuan auf drei Personen zu, die auf einer Bank sitzen und sagt: »Macht Platz bitte für diesen ausländischen Freund Chinas«, worauf die drei – zwei junge Männer und eine Frau mittleren Alters mit ihrem fünfjährigen Kind an der Hand – unverzüglich aufstehen und mir selig zunicken, als ob *ich* es wäre, der *ihnen* einen Gefallen tut; und während sie mich mit einer Handbewegung zum Platznehmen auffordern, entfernen sie sich und verschwinden in der dichten Menschenmasse, die ununterbrochen vom Denkmal herunterströmt.

Der Zauber dieses Vorgangs wird gestört durch das ungute Gefühl seiner Unwirklichkeit, um nicht zu sagen seiner Unfairneß. Er fügt sich zu einer Reihe ähnlicher Vorkommnisse, die mir im Kopf herumgehen. So ist es Su nicht gestattet, gemeinsam mit uns, seinen Schäfchen, zu essen, sondern er verfügt sich in einen getrennten Speisesaal des Hotels zu seinen chinesischen Landsleuten, sofern nicht seine Gegenwart als Dolmetscher erforderlich ist. Und obwohl er sich nie beklagt, ist sein Essen wirklich nicht so abwechslungsreich und interessant und auch nicht so gut wie das unsere.

Da ist ferner die Frage des Armeepostens, den man manchmal – obgleich nicht immer – in der Einfahrt des Hotels sieht, das Gewehr quer vor der Brust, mit aufgepflanztem Bajonett. Gewöhnlich ist es ein sehr junger Soldat, der alle einfahrenden Autos zackig begrüßt, und als Antwort auf meine Frage, was der Mann bewacht, zuckt Su mit den Achseln und ist ratlos. »Wahrscheinlich ein Überbleibsel von früher«, sagt er und läßt die Sache auf sich beruhen.

Doch von unserer Chinareise nach Hause zurückgekehrt, lernen wir eine junge, in San Francisco geborene Chinesin kennen, deren Kusine ein befremdliches Erlebnis mit einem solchen Posten gehabt hatte. Die Kusine hatte sich eine Standardausführung der Sun-Yat-sen-Jacke und -Hose gekauft, einen sogenannten »Satz«, und nachdem sie den Anzug in ihrem Hotel angezogen und sich die Haare nach Art vieler chinesischer Mädchen zu einem Zopf geflochten hatte, war sie aus dem Hotel fortgegangen. Als sie später zurückkehrte und die vordere Treppe hinaufgehen wollte, tauchte plötzlich ein Posten auf und stieß sie beiseite, und als sie protestierte, beschimpfte er sie und fragte sie, was zum Teufel sie sich einbilde, einfach von der Straße hier hereinzuschneien! Dummerweise hatte sie ihren amerikanischen Paß in ihrem Zimmer liegenlassen, und so dauerte es einige Zeit, bevor sie sich als Übersee-Chinesin ausweisen konnte, woraufhin der Posten sich nervös entschuldigte. Mag es also Ausländern freistehen, zwar nicht nach Belieben, aber relativ unbeeinträchtigt zu fotografieren und sich zu bewegen, so ist offensichtlich noch ein gutes Stück Weges zurückzulegen, bevor die Beschränkungen für das Recht der Chinesen fallen, das gleiche zu tun. Nach allem, was wir hörten, werden aber selbst Fremde erst seit etwa einem Jahr an so langer Leine gehalten, und so kann man vielleicht erwarten, daß die Verbesserungen weitergehen werden, bis sie auch die Einheimischen erreichen.

Einen unerwarteten Beweis für diesen neuerdings geänderten Sachverhalt erhielten wir an unserem ersten Morgen in China, als wir uns entschlossen, Pekings Nebenstraßen allein zu durchstreifen, noch bevor Su Guang erschien, um uns nach dem Frühstück abzuholen. Wir verließen an jenem schönen Herbstmorgen gegen 7.30 Uhr das Hotel und zogen einfach kreuz und quer durch die Straßen. Zu diesem frühen Zeitpunkt unserer Reise machte mir die Armut der Häuser enormen Eindruck; wäre nicht die Ziegel- anstatt der Luftziegelbauweise gewesen, so hätte man in einem mexikanischen Altstadtviertel sein können. Doch die Vitalität dieser Menschen war ebenso unbestreitbar wie das Fehlen der geringsten Scheu oder Furcht in ihren Blicken. Der von ihren Kochstellen zu uns dringende Geruch brennender Kohle, der ewige Staub auf den Straßen, die niedrigen und oft wunderschön geformten bootsähnlichen Dächer; dies alles verlieh der Hinfälligkeit der Gebäude einen Hauch von Heiterkeit. Doch es lag nicht der Geruch der Verwesung in der Luft, es roch weder nach Abwässern noch nach dem fauligen Gestank der Armut, und diese Frische der Atmosphäre, zusammen mit der blitzblanken Reinlichkeit der Menschen, befand sich in merkwürdigem Widerspruch zu den sichtbaren Zeugnissen der Überbevölkerung. Falls Auge und Nase über solche Dinge urteilen können, herrschte nirgends das Gefühl der Demoralisierung.

Plötzlich tauchte aus einem schmalen Gäßchen ein Mann auf, der sein Fahrrad schob; er war alt, bestimmt Mitte Siebzig, trug einen langen und dünnen Backenbart, und sein Hemdkragen stand unbekümmert offen. Er sah aus, als sei er eben erst aus dem Bett gesprungen und hätte sich verspätet; doch als er uns erblickte, hielt er an der Einmündung seiner kleinen Gasse an und schien vor Verblüffung zu zerspringen. Seine Lippen begannen zu zittern, und in seine Augen traten Tränen.

Inge schickte sich an, ihm auf chinesisch einen guten Morgen zu wünschen – es war ihr erster wirklich öffentlicher Versuch, diese Sprache anzuwenden, die sie jetzt vier Jahre lang studiert hatte und auf beachtlichem Niveau lesen und schreiben konnte, doch bevor sie etwas herausbrachte, fragte er – in stockendem, aber brauchbarem Englisch –, wer wir seien, woher wir kämen und was wir ausgerechnet hier täten. Allmählich sammelte er sich wieder, unter einem Ansturm von Gefühlen, die alle eine Variation von Entzücken waren.

Erste Begegnung, Peking

»Stellen Sie sich vor!« rief er atemlos aus, »daß ich Sie hier finden muß, ausgerechnet auf *dieser* Straße! Und so mit Ihnen sprechen kann!«

Wir waren noch so neu in China, daß sein Erstaunen kaum zu verstehen war.

»Aber noch vor einem Jahr hätte ich es kaum gewagt, so an Sie heranzugehen, selbst wenn man Sie alleine hätte umhergehen lassen... Nein, nein, nicht die Polizei, die Nachbarn hätten mich in alle möglichen Schwierigkeiten gebracht.«

Und er blickte sich herausfordernd in dem Wirrwarr von Häusern in seiner kleinen Straße um, als ob er hoffe, einer der Nachbarn werde ihn hier stehen sehen, während er sich legal mit uns unterhielt. »Wir sind jahrelang drangsaliert worden, wissen Sie... Diese furchtbare Angst, dieser Fremdenhaß. Ich hätte nicht einmal auf Sie zugehen können, und jetzt« – er strahlte – »jetzt stehen wir hier! Und können uns über alles und jedes unterhalten!«

Er hatte in den dreißiger Jahren in Japan Englisch studiert, wie damals nicht wenige Chinesen, und war so begierig, uns wiederzusehen, daß wir uns mit ihm für den Abend in unserem Hotel verabredeten. Und als wir am Ende dieses Tages zurückkehrten, fanden wir ihn kerzengerade auf einem der Polsterstühle unseres Hotelganges sitzen und uns mißbilligend entgegenblicken, während wir zu ihm hingingen. »Sie kommen spät«, sagte er abrupt. In der Tat hatten wir ihn völlig vergessen und entschuldigten uns für die halbe Stunde, die wir ihn hatten warten lassen. Er ließ sich begütigen, aber nur langsam, und kam gleich zum geschäftlichen Teil, indem er sich erbötig machte, uns durch China zu führen. Er könne alles stehen- und liegenlassen und morgen früh anfangen.

Was uns frappierte, war weder seine Geschäftstüchtigkeit noch seine Abenteuerlust, noch beides zusammen, sondern der Umstand, daß er nur wenige Häuserblocks von einem der größten Touristenhotels entfernt leben konnte, in dem ständig Hunderte von Ausländern ein- und ausgingen, stets in Begleitung chinesischer Führer, und dennoch nicht gemerkt haben sollte, daß es dieses Bevormundungssystem gab und daß es uns unmöglich war, mit ihm private Abmachungen zu treffen. Und so trivial dieser Vorfall auch sein mochte, er ließ wieder einmal ein gewisses unwägbares Gefühl der individuellen Isoliertheit aufkommen, das Gefühl, von jedem Menschen abgeschnitten und distanziert zu sein – in diesem Falle von einem aufgeweckten und intelligenten alten Mann. Wir luden ihn ein, am nächsten Abend wieder zu kommen, aber er ließ sich nie mehr sehen.

Um aber auf unseren soeben eroberten Sitzplatz an der riesigen Freitreppe des Sun-Yat-sen-Denkmals zurückzukommen – wir drei Männer ließen uns dankbar aufatmend auf der Bank nieder und winkten Inge und der örtlichen Dolmetscherin ein Lebewohl zu. Die beiden Frauen verschwanden in der Menschenmenge, die sich zum himmelblauen Dach des scheinbar kilometerhohen Bauwerks emporschob. Die Temperatur war ideal, etwas über 20 Grad, eine leichte Brise wehte, und ich bedauerte in Gedanken das geschlechtslose Einheitsgrau der Hosenanzüge, mit dem sich die Frauen an ihrem höchsten Feiertag zeigten.

»Su, alter Knabe«, sagte ich, »irgendwann zwischen Ihren Mittagsschläfchen sollten Sie mal die da oben aufklären, daß es unter diesen Menschen eine Menge junger Mädchen gibt.«

Zu dieser Zeit traute er mir noch nicht ganz und gab sich entrüstet. »Natürlich gibt es Mädchen. Das wissen wir.«

»Wie wäre es, wenn man sie einmal Röcke tragen ließe?«
»Das ist nicht die Jahreszeit dazu.«
»Aber es ist doch ein warmer Tag.«
»Ja, aber es ist Oktober.«
»Nach September keine Röcke?«
»Gewöhnlich nicht, nein. Es ist eben so Mode.«
»Na, ich will mich nicht streiten, aber ich finde das sehr entmutigend.«

Su übersetzte unseren Dialog für Ai Xuan, der hinter seinen Gläsern amüsiert mit den Augen zwinkerte und sagte: »Vielleicht ändert sich das jetzt auch, wie so vieles andere. Sie...« (mittlerweile wurde von Jiang Qing nur noch in der dritten Person gesprochen, so häufig tauchte ihr Name in derartigen Zusammenhängen auf) »zwang den Leuten eine stark puritanische Mode auf. Obwohl natürlich privat ihr Leben ganz anders war.«

»Männerfreundschaften?«

Seine persönliche Bescheidenheit schien es ihm zu verbieten, mehr als eine Umschreibung zu geben. »Ach, alles mögliche. Wissen Sie, sie ließ sich raffinierte Kleider im Stil einer Kaiserin machen.«

»Glauben Sie wirklich, daß sie das mit der Kaiserin ernst gemeint hat?« fragte ich so skeptisch wie möglich.

»Sie war schlimmer als eine Kaiserin«, warf Su ein, »sie war ein weiblicher Kaiser!«

»Ai Xuan«, sagte ich, »warum sehe ich hier niemals einen Mann und eine Frau, die sich anfassen? Das ist ein sehr seltener Anblick, wissen Sie.«

Wieder schaltete sich Su ein. Ich wußte mittlerweile, daß er wirklich perplex über mein nachhaltiges Interesse für die chinesische Sexualmoral war. Aber es war weniger Befangenheit auf seiner Seite als vielmehr Verständnislosigkeit darüber, daß man solchen persönlichen Dingen überhaupt eine allgemeine Bedeutung beimessen konnte. »Das ist nicht unsere Tradition« sagte er einigermaßen energisch, »wir tun das eben nicht in der Öffentlichkeit.«

Ich wandte mich an Ai Xuan; er war fünf Jahre älter als Su Guang, geradeheraus und stets zum Lachen aufgelegt. Auch er hatte eine Zeitlang im Gewahrsam auf dem Lande verbracht, doch hatte ihn, im Gegensatz zu fast allen anderen, dieses Erlebnis anscheinend nicht deprimiert. »Ich mag Bauern gern. Die meisten meiner jetzigen Freunde sind Bauern«, sagte er.

»Die Kulturrevolution hat ihnen nicht zugesetzt?«

»Nicht sehr. Für sie war das etwas, was sich in den Städten abspielte. Und aktiv haben sich nur die wenigsten daran beteiligt. Es war für sie kein besonderer Zusammenhang ersichtlich zwischen der Kulturrevolution und ihrem Einkommen und ihrer Arbeit, die sich ja nicht besonders verändert.« Er war von offener, unkomplizierter Gemütsart und stand den Massen wahrscheinlich näher als andere, denen wir begegnen würden.

»Sie meinen, die Kulturrevolution hat viel Schaden angerichtet?«

»Ja, schon, aber das ist jetzt alles behoben. Wir können nicht immer schnurstracks geradeausgehen; die Wahrheit ist wie ein Fluß, kein Fluß ist gerade.«

»Sie haben also nicht das Gefühl, daß Sie durch Ihre Haft eine Menge Zeit verloren haben?«

»Doch, schon, aber wer weiß, ob ich die Zeit nicht auch so verloren hätte...?«

Unversehens war ein junges Paar vor uns aufgetaucht und stellte sich in

Von links nach rechts: Arthur Miller, Ai Xuan, Su Guang vor dem Sun-Yat-sen-Mausoleum, Nanjing

Positur, um sich von einem Bekannten fotografieren zu lassen. Der junge Mann hatte seinen Arm um die Schultern seiner Freundin gelegt. Ich drehte mich zu Su Guang um. »Ich habe mich geirrt, sie berühren sich doch.«

Su Guang sah aus irgendeinem Grund nicht glücklich aus über den Sieg, den er errungen hatte.

»Was ist denn nun wieder?«

»Erstens waren das keine Chinesen«, sagte Su.

»Sondern?«

»Das waren Malaien.«

»Aber es findet trotzdem nicht Ihren Beifall?«

»Nein... Noch nicht.« Und er lächelte über seinen Konflikt. »Es ist wirklich gegen unsere Tradition.«

»Sie meinen, entweder sollen sie richtig zusammen schlafen oder gar nichts?«

»Nein, nein. Später, wenn es dunkel wird, können die Leute ja ihr...«, er lachte verlegen, »ihr Liebesgeflüster treiben.«

Wir saßen eine Weile schweigend da und beobachteten die Menschen. Dann sagte ich: »Wissen Sie, warum das wichtig ist?«

»Nein«, sagte Su.

»Weil sich das alles verändern wird, und zwar so schnell, daß Ihnen schwarz vor Augen wird.«

»Das wissen wir. Es verändert sich jetzt schon«, sagte Su.

»Zum Beispiel?«

»Weibliche Babys sind jetzt genauso gut wie männliche Babys.« Sein Bürgerstolz vermochte jedoch nicht völlig seinen eigenen Unmut darüber zu verbergen. »Sie müssen gleichgestellt sein; wir können uns so viele Kinder nicht leisten.«

»Sie meinen, die Leute versuchen immer noch, einen Jungen zu bekommen?«

»Das ist das Problem – die Schwiegereltern und die Verwandtschaft erzwingen diesen Bevölkerungszuwachs, indem sie einen Jungen verlangen, um den Ahnen genehm zu sein. Aber sie werden sich jetzt auch mit einem Mädchen begnügen müssen.«

»Ihr Kind ist aber ein Junge, nicht?«

»Oh ja! Er heißt Frühlingsdonner«, und er konnte die Befriedigung nicht verbergen, die bei der Erwähnung seines Sohnes in seinen Augen aufblitzte.

»Sie brauchen also keinen zweiten Anlauf zu nehmen.«

»Nein, nein, wir werden nur ein Kind haben.«

»Was sind die Vorteile bei einem Jungen? Frauen arbeiten doch heute auch und verdienen das gleiche, nicht?«

»Jungen bleiben in der Familie, um ihre Eltern im Alter zu unterstützen. Mädchen ziehen nach der Heirat weg.«

»Dann werden Sie ja ein glückliches Alter erleben.«

»Ich denke nicht an mein Alter!« protestierte er lachend.

»Warum denken Sie bloß immer an die Zukunft?«

Ohne besonderen Grund kam mir jetzt die Frage in den Sinn: »Ai Xuan, darf ich Sie fragen, ob zur Zeit in China irgendwelche Schriftsteller im Gefängnis sitzen?«

Die Augen des Romanciers wurden vor Überraschung größer. »Jetzt?«

»Ja.«

Ai Xuan

»Oh nein, nein, jetzt nicht. Aber früher natürlich schon.«

»Wie lange wurden Sie tatsächlich festgehalten?«

»Drei Jahre. Sie haben mich in die Schweineställe gesteckt.« Wir sahen den hinauf- und herunterströmenden Menschenmassen zu. Die meisten waren junge Leute, und viele sahen mir beim Vorübergehen direkt ins Gesicht. Wußte irgend jemand, was sie in diesem Augenblick dachten?

»Übrigens war ich bis zu diesem Jahr zehn Jahre lang nicht in der Lage, zu schreiben.«

»Wie geht denn die Zensur vor sich? Haben Sie ein richtiges Büro, so ähnlich wie die Russen?«

»Zensur?« fragte er und sah mir mit klaren, offenen Augen ins Gesicht.

»Nun, Sie setzen sich doch nicht einfach hin und schreiben alles auf, was Ihnen in den Sinn kommt, oder? Es gibt einen Zensor, nicht wahr?«

»Nein. Ein solches Büro haben wir nicht.«

»Wie funktioniert es denn dann? Nehmen wir einmal an, Sie haben eine Idee für ein Buch.«

»Ich diskutiere sie mit der Schriftsteller-Gewerkschaft.«

»Warum?«

»Um sie wissen zu lassen, wie lange ich ungefähr schreiben werde, worum es in dem Buch geht und so fort.«

»Und warum müssen sie das wissen?«

»Damit ich nicht irgendeine andere Arbeit zugeteilt bekomme und damit ich weiter bezahlt werde, während ich an dem Buch schreibe.«

»Ah ja, ich verstehe. Und ist damit zu rechnen, daß Ihnen die Gewerkschaft abrät, wenn ihr das Thema nicht gefällt?«

»Oh nein.«

»Aber nehmen wir einmal an, daß irgend etwas in Ihrer Geschichte der derzeitigen Parteilinie zuwiderläuft: würde man dann versuchen, Sie am Schreiben des Buches zu hindern? Oder würde man Sie bestrafen, wenn Sie weitermachten und das Buch trotzdem schrieben?«

Seelenruhig und ohne daß sich sein zufriedenes Lächeln im geringsten änderte, sagte er: »Die Wahrheit wird zuletzt gewinnen. Es ist gleichgültig, ob sie eine Zeitlang unterdrückt wird.«

»Aber für Sie ist es doch nicht gleichgültig, ob das Schreiben Ihres Buches für Sie unmöglich wird?«

»Oh ja, natürlich, das ist für mich nicht gleichgültig.«

»Was meinen Sie dann – daß es vor der Geschichte gleichgültig wäre?«

»Allerdings, vor der Geschichte wäre es gleichgültig. Die Wahrheit kann nicht zerstört werden. Niemandem gelingt das für alle Zeit.«

»Und das würde Ihnen genügen, um Sie mit dem Fehlschlagen Ihres Buches zu versöhnen?«

Er seufzte, aber nicht tragisch; das alles war sehr weit weg. Die Wahrheit, so schien es jetzt, lag darin, daß er sich zunächst einmal überhaupt nicht vorstellen konnte, ein solches Buch zu schreiben. Was immer auch der Grund für seine Verhaftung gewesen sein mochte, ein dissidenter Geist war er gewiß nicht mehr. Er hatte sich eingerichtet in der Zeit und ihrem neuen Optimismus, wenn man es so nennen konnte, und die Vierer-Bande war eine Verirrung, deren mögliche Wiederholung in der Zukunft gegenwärtig nicht seine Sorge war.

»Wie werden Sie bezahlt, Ai Xuan?«

»Mit ungefähr zwei bis sieben Cents pro tausend Worte. Es ist sehr wenig, wir müssen das anheben. Aber die Vierer-Bande hat Tantiemen gänzlich abgeschafft. Alle Schriftsteller erhielten das gleiche, auch wenn sie überhaupt nicht schrieben.«

Su Guang schaltete sich ein. »Er meinte chinesische Cents.« Sein Sinn für Genauigkeit war verletzt worden.

»Dann ist es also noch weniger, als es schien.«

»Ja. Es ist sehr wenig.«

»Schriftsteller sind arm.«

»Ich glaube schon«, sagte Su Guang. Vor der Rundreise mit mir war er noch nie mit Schriftstellern zusammengetroffen und hatte sich auch keine Gedanken über sie gemacht. Die Schriftsteller, über die er nachdachte, waren alle tot, die meisten von ihnen schon seit Jahrhunderten. Ich drehte mich zufällig um, und wieder einmal fiel mein Blick auf die mächtigen Bildnisse von Marx, Mao und Stalin, die auf die Menge herabsahen. Ich sagte zu Ai Xuan: »Ich nehme an, der Name Solschenizyn sagt Ihnen etwas.«

Ai Xuan blickte verständnislos, und Su Guang fragte mich: »Was für ein Name?«

»Solschenizyn.«

»Ach ja, Sie meinen diesen Russen, der aus der Sowjetunion weggelaufen ist?«

»Nein, er wurde davongejagt.«

»Ja, ich habe von ihm gehört«, sagte Su Guang und erklärte es auch Ai Xuan, für den dies eine interessante Neuigkeit war. Doch jetzt verriet sein Blick zum erstenmal Unsicherheit.

»Er hat Stalins Lagersystem aufgedeckt«, fügte ich hinzu, und Ai Xuan nickte, sagte aber nichts. Su Guang schwieg ebenfalls, trug aber im Inneren sichtlich einen ideologischen Kampf aus, und zwar keinen einfachen, angesichts der Nähe des fünf Meter hohen Bildnisses des großen Sowjetführers. »Er hat eine Reihe von Büchern darüber geschrieben. Stalin hat eine Menge Menschen vernichtet, wissen Sie.«

Su Guang meinte – bewunderungswürdigerweise, wie ich fand – ohne das leiseste Zittern in der Stimme: »Wir halten ihn für einen wirklichen Revolutionär.«

Ai Xuan sagte: »Als Stalin noch lebte, haben uns die Russen viele wertvolle Dinge geschickt, aber danach kam nur noch Schund.«

»Stalin hat wahrscheinlich mehr Revolutionäre erschossen als Chiang Kai-Shek« sagte ich. »Haben Sie das gewußt?« fragte ich Su.

»Wir meinen, daß er zu 70 Prozent gut und zu 30 Prozent schlecht war.«

Hier im Nanjing-Park erinnerte ich mich, daß an unserem zweiten Abend in Peking gegen Mitternacht ein amerikanischer Landsmann aufgetaucht war, William Hinton. Ohne das Gespräch mit ihm wäre ich jetzt überzeugt, daß die Chinesen im Gegensatz zu den Russen oder anderen Völkern wahrscheinlich nie eine Dissidentenliteratur hervorbringen würden. Tatsächlich erzählte Hinton aber, daß er die ersten Seiten eines in Maschinenabschrift zirkulierenden Romans gelesen habe, eines Untergrundbuches, das in einem wilden surrealistischen Stil einen Mordanschlag auf Mao beschrieb, der einzig und allein auf das Konto der Bande gehen konnte. Das Manuskript war zu einer Zeit geschrieben worden, als die Vier noch an der Macht waren, und der Autor hätte das Schlimmste befürchten müssen, wenn seine Identität bekannt geworden wäre.

Hinton, der mit Unterbrechungen dreißig Jahre in China verbracht hatte, schien über die Existenz eines solchen Romans nicht erstaunt zu sein. Daß es oppositionelle Parteiungen und Strömungen gibt, wird im Inneren Chinas für viel selbstverständlicher gehalten als draußen. Zumindest war dies unter Mao so, als Ausländer im allgemeinen eine monolithische Einförmigkeit des Denkens vermuteten, die weit mehr dem von der Propaganda entworfenen Bild entsprach als der Wirklichkeit. Beobachter Chinas im Westen sind häufig deswegen von Ereignissen im Inneren des Landes so überrascht worden, weil der westliche Pragmatismus unfehlbar nach der nützlichen, fertigen Lösung sucht, während die Wirklichkeit ein im Fluß befindlicher Zustand ist, von dem viele Elemente nicht einmal öffentlich bekannt sind.

Tatsächlich scheinen die Chinesen eine größere Fähigkeit als wir zu haben, mit dem logisch Unabgeschlossenen zu leben. In Nanjing war mir aufgegangen, daß es sogar eine Vereinfachung gewesen sein mochte, in den vergangenen Jahren von »Maos China« zu sprechen, wenn seine Parteilinie vielleicht nur eine von mehreren, gleichzeitig um die Herrschaft ringenden war. Vor allem aber war mir aufgegangen, daß dieser Zustand nicht als ungeordnet galt. Es war also, was das Volk betraf, eine Diktatur, aber eine solche, die unfähig oder nicht willens war, auf höchster Ebene alle anderen Meinungen als die des Führers zu unterdrücken. Es mochte das Gefängnis auf denjenigen warten, der die falschen politischen Ansichten vertrat, und der Tod auf den Grundbesitzer und »Klassenfeind«, aber es gab möglicherweise mehr Spielraum für Meinungsstreit in der Führungsspitze als zum Beispiel unter gewissen amerikanischen Administrationen, wie etwa derjenigen Lyndon B. Johnsons. Darüber hinaus spiegeln sich oppositionelle Parteiungen der Spitze weiter unten in nachgeordneten Stellen, die oppositionelle Meinungen vertreten, wann immer dies ungefährlich scheint. Der Monolith ist von anderer Art als der in der Sowjetunion, wo die Meinungsverschiedenheiten an der Spitze nicht annähernd so offen nach unten projiziert werden.

Doch wie dem auch sein mochte, der Schriftsteller, der hier am Fuße der großen Freitreppe zum Sun-Yat-sen-Denkmal saß, der ungefähr zwei chinesische Cents pro tausend Worte verdiente, dessen graue Baumwollhose fadenscheinig und dessen Hemd vom vielen Bügeln brüchig war; er schaute überhaupt nicht zurück. Er hatte ein Buch im Kopf, das er schreiben wollte, seine Bezahlung sollte, wie man hörte, in Kürze angehoben werden, und, alles in allem, war das Leben gut.

»Sie sehen aus wie ein glücklicher Mann, Ai Xuan«, sagte ich, als ich meine Frau mit der Dolmetscherin zurückkommen sah.

»Glücklich?« Er sah mich mit besonders tiefer Überraschung an und lachte kurz. »Ja, ich bin glücklich«, – als ob dies eine absurde Frage an einen Mann sei, der unter den Lebenden weilte und seine Zukunftsentwürfe hatte.

*

Innenhof, Peking

Schon nach wenigen Tagen fühle ich, wie sich eine Depression bei mir bemerkbar macht, das Ergebnis von Frustration. Es liegt nicht etwa daran, daß ich, wie anderswo, den Argwohn hätte, wir würden sinn- und zwecklos in die Irre geführt, abgehört und von Polizisten beschattet. Keineswegs. Falls sich die »Innere Sicherheit« wirklich um uns kümmert, dann tut sie es mit ausgesuchter Diskretion.

Viel mehr liegt es an der Nutzlosigkeit des Versuches, *verstehen* zu wollen und schließlich zu so etwas wie einem persönlichen Standpunkt gegenüber einem so unermeßlichen Phänomen zu kommen. Denn was wir in diesen Tagen kennenlernen, ist nicht einfach nur China, sondern es sind die zahllosen Überlebenden von dreißig Jahren Revolution, ganz zu schweigen von den Kriegen seit der Mitte der dreißiger Jahre.

Ich persönlich bin immer wieder versucht, geradezu in Ehrfurcht vor Mao Zedong zu ersterben, weil es ihm gelungen ist, seine Vorstellung des endlosen Konfliktes *gegen* seine eigenen Bürokraten in die Praxis umzusetzen. Und dabei nicht allein die Amtsinhaber von der Ansammlung ungebührlicher Macht abzuhalten, sondern auch dem Bewußtsein des Volkes nachzuhelfen, daß es das Recht und die Fähigkeit hat, alles Erdenkliche zu verändern und neu zu erschaffen. Falls dergleichen wirklich wahr war, dann war Mao eine Apotheose der Demokratie.

Aber dann tritt das Detail auf den Plan – das Detail, der Fluch der Theorie und der Verallgemeinerung, und es beginnt sich ein recht verändertes Bild abzuzeichnen. Es ist unmöglich geworden, daran zu glauben, daß eine »Bande« oder »Clique« ohne die Billigung und Anleitung des Großen Steuermanns mit der Volksrepublik hätte tun und lassen können, was ihr beliebte. Schon das kleine Einmaleins macht uns hier einen Strich durch die Rechnung. Denn wir begegnen ja Menschen, die bereits Mitte und Ende der sechziger Jahre ins Gefängnis geworfen und gefoltert wurden, als Mao immerhin noch kräftig genug war, um sechseinhalb Kilometer quer über den Yangtze zu schwimmen. Und da ist noch etwas anderes, was mich deprimiert. Ausländische Touristen und Beobachter sprechen geradezu mit Neid von der öffentlichen Ordnung in China, auf den Straßen und in den Hotels, in den Eisenbahnzügen und auf den Flughäfen. Die soziale Disziplin im Lande ist zweifellos tief verankert und steht in erheblichem Gegensatz zu der anarchistischen Selbstsüchtigkeit, Korruption und Kriminalität, die jedermann in Amerika und im Westen beklagt. In einem so armen Land hört man selten davon, daß Fremde belästigt werden, denn China ist sauber. Wenn es für einen Besucher abends nichts zu tun gibt und er in etwa 20 Prozent der Fälle in seiner Badewanne kein heißes Wasser findet, so wird er über diesen Mangel gerne hinwegsehen, wenn er feststellt, daß er seine Hoteltür nicht zu verschließen braucht, um seine Habseligkeiten zu schützen, weil in jeder Etage die jungen Männer an der Rezeption aufpassen, und sollte er sich nach Einbruch der Dunkelheit ins Freie wagen, so stehen die Chancen 1:1000000, daß er belästigt wird. Ein junger amerikanischer Bankier, der über sechs Jahre lang in Hongkong stationiert war und schon zum zweiten Mal durch die Volksrepublik reist, sagt mir: »Ich habe in fast allen Ländern Asiens gearbeitet, und man kann über Rotchina sagen, was man will, aber es ist der einzige Fleck in diesem Teil der Welt, der absolut nicht korrupt ist.«

Ich bin bereit, ihm zu glauben, und sei es nur deshalb, weil ich mich an Su Guangs innere Kämpfe erinnere, als ich ihm ein Fläschchen mit Medizin für seine Füße anbot. Erst als ich es als absurd hingestellt hatte, wenn er eine finanziell so wertlose Gabe ablehnte, noch dazu eine, die ich ihm aus rein menschlicher Sympathie schenkte, als Leidensgefährte mit dem gleichen Fußpilz, willigte er schließlich ein. Aber natürlich steht ein geschichtlicher Hintergrund hinter diesem Konflikt in bezug auf das Annehmen eines Geschenkes von einem Ausländer. Und es stehen Tatsachen dahinter – die obszöne Ausbeutung der Chinesen durch Ausländer in der Vergangenheit, und es gibt die jüngste, zielbewußt inszenierte Wiederbelebung der altehrwürdigen Fremdenangst durch die Bande – oder genauer gesagt: durch Mao. Su ist unter anderem auch ein Überlebender. Tatsächlich gehörte dieser nüchterne junge Mann in den sechziger Jahren zu den Studenten, die sich die Kehle aus dem Leibe schrien gegen die »Kapitalistenknechte« in jeder nur erdenklichen Herrschaftsposition. Jetzt lächelt er, ja ein- oder zweimal lacht er sogar über manche Verrücktheiten seiner Generation.

Aber es gibt noch einen subtileren, schwerer faßlichen Grund für meine Depression, und das ist das Bedürfnis des Abendländers, die Dinge festzunageln; in China hämmert man dabei auf die Oberfläche des Ozeans.

In welchem anderen Lande ist es möglich, sich folgenden Vorgang vorzustellen?: Auf dem Höhepunkt der Gewalttätigkeiten der Kulturrevolution, als Ba Jin, ein berühmter Romancier, und schon ein alter Mann, gezwungen wurde, auf Glasscherben zu knien, im Angesicht von Zehntausenden von Zuschauern, die sich in einem Stadion versammelt hatten, um seine Demütigung mitzuerleben, und zwar zu einer Zeit, als die Menschen ermordet und zu Tausenden zum Selbstmord gezwungen wurden und als *die Regierung selbst nicht eingriff* – zu eben diesem Zeitpunkt warnte sie alle, die es anging, vor Gewalttätigkeiten und vor einem kommenden »Tag der Abrechnung«. In der zweiten Hälfte des Jahres 1978, acht bis zehn Jahre danach, wurden in der Tat Gerichtsverfahren in Gang gesetzt und Übeltäter ins Gefängnis geschickt.

Aber – sie wurden von einem Nach-Mao-Regime ins Gefängnis gesteckt, das ohne Zweifel die Absicht hat, manches an Maos anarchischer Politik umzukrempeln. Kurzum, es gibt etwas, was man versucht ist, das lange und unpersönliche chinesische Geschick zu nennen, das sich gegen die jeweilige Regierung und ihre momentane Politik durchsetzt: Eine Anti-Mao-Regierung bestraft Maoisten, verwirklicht aber hierdurch Maos Drohungen gegen sie. Darüber hinaus kommt es häufig vor, daß selbst diejenigen, denen durch die Exzesse des vergangenen Jahrzehnts Unrecht geschehen ist, es nicht besonders eilig haben, dieses Unrecht gerecht zu sehen. China hat jede Menge Zeit hinter sich und vor sich.

Und schließlich ist man durch das Bild eines Mao deprimiert, das in seinen Konturen nicht stillstehen will. Nachdem ich vor einigen Jahren wieder einmal von einer erbitterten Straßenschlacht zwischen »Fraktionen der Kulturrevolution« gelesen hatte, fragte ich mich – zum hundertsten Mal –, welche dieser Fraktionen denn nun Mao unterstütze. Und ich dachte daran, eine Szene folgender Art zu schreiben:

Man sieht Mao in der Mitte der Bühne auf einem Polsterstuhl sitzen. Um seine Mundwinkel spielt ein leises Lächeln. Zwei junge Revolutionäre, die rechts und links von ihm sitzen und zu ihm aufschauen, erwarten eine Aufforderung zum Sprechen. Mao wendet sich an den Ersten Revolutionär, der beginnt, seine Auffassungen über die Gesellschaft und über die Welt darzulegen, und abschließend sagt: »Genosse Vorsitzender, meine Freunde würden sich glücklich schätzen, wenn Sie bekanntgeben würden, daß unsere Auffassung die wahrhaft maoistische ist.«

Nun dreht sich Mao zum Zweiten Revolutionär um, der sich sogleich in seine Ideologie stürzt, die sich in allen wesentlichen Punkten diametral von der des Ersten Revolutionärs unterscheidet, und mit einer ähnlichen Bitte schließt, den Titel des wahren Maoisten zuerkannt zu bekommen.

Schweigen. Mao, dessen schwaches Grinsen unverändert ist, blickt nach vorn. Beide Revolutionäre sitzen gespannt da, leicht nach vorne gebeugt, um ja kein Wort der abschließenden Äußerung des Vorsitzenden zu versäumen.

Ganz langsam, quälend und doch irgendwie inspirierend, beginnt der Vorhang zu fallen, und Mao denkt gar nicht daran, irgend etwas zu sagen, sondern er hält einfach den durch die beiden Standpunkte geschaffenen Spannungszustand aufrecht. Nur eines ist sicher, und zwar, daß *sein Schweigen den Ausschlag gibt.*

Ende 1978 war es immer noch so.

Um begreifen zu können, womit man es in China und bei Maos einzigartigen Methoden im Umgang mit den Chinesen zu tun hat, muß man vielleicht zu allererst die entscheidende Tatsache zur Kenntnis nehmen, daß es die historisch überlieferte feudale Gefügigkeit der Menschen war, die in Stücke zerschlagen, gesprengt und ausgerottet werden mußte, gleichgültig mit welchen Mitteln und unter welchen Schlagworten. Ohne ein Volk mit Selbstvertrauen, das bereit war, an seine eigene Fähigkeit zu großen Veränderungen zu glauben, war überhaupt nichts zu machen. Daher das Konzept dessen, was praktisch auf die permanente Veränderung hinauslief. Natürlich wurde die Armee abseits gehalten oder vielmehr, sie weigerte sich, sich an der Kulturrevolution zu beteiligen, der sie prinzipiell ablehnend gegenüberstand. Mao indessen degradierte die widerspenstigen Offiziere nicht; wahrscheinlich war er es zufrieden, sich auf seine Streitkräfte verlassen zu können, sollte das aufgepeitschte Volk völlig außer Kontrolle geraten. Dies heißt, der Dialektik bis an den Rand des Abgrunds folgen.

*

Erst vier Tage in Peking, habe ich das intensive Bedürfnis, mit irgend jemandem über das Recht zu sprechen, ein Thema, für das in China niemand auch nur das geringste Interesse zu haben scheint. (Tatsächlich tauchten zwei Wochen nach unserer Abreise aus China Wandzeitungen und Parolen bei Demonstrationen mit der Forderung auf, die Führungsspitze solle eine neue, respektvolle Einstellung vor der Legalität einnehmen.) Wenn ich Chinese wäre und Wert darauf legte, daß mein Land nicht noch einmal ein oder zwei Jahrzehnte an die Anarchie verliert, oder, noch wichtiger, daß ich nicht für nichtexistente Verbrechen angeklagt und bestraft werde, würde ich bestimmt im Recht eine gewisse Rückversicherung dafür suchen, daß sich die Vergangenheit nicht wiederholt. Zur Zeit unseres Aufenthalts hatte China noch nicht einmal ein Strafgesetzbuch verabschiedet. Die Partei hat die Macht, alles, was ihrer Herrschaft schädlich oder hilfreich zu sein scheint, zu bestrafen oder durchgehen zu lassen, und sie kann, was noch schlimmer ist, ihren Standpunkt nach Gutdünken verändern. Dies ist Herrschaft nicht kraft Gesetzes, sondern kraft politischer Entschließung – etwas, was in den Anfangsphasen einer Revolution verständlich sein mag, was aber nach fast dreißig Jahren gelinde gesagt fragwürdig wird. Es gibt natürlich eine Verfassung, doch kann diese kaum mehr als eine Richtschnur sein, wenn darunter kein kodifiziertes Recht existiert, das die Bestimmungen der Verfassung universell anwendbar macht.

Sid Shapiro kam Mitte der vierziger Jahre nach China, hat seitdem hier gelebt und ist chinesischer Bürger. Er ist jetzt über sechzig, übersetzt aus dem Englischen und spricht fließend Chinesisch. Er hat an der St. John's University in Brooklyn studiert und wuchs wenige Häuserblocks von meinem Elternhaus entfernt in Midwood auf. Sein Haus steht in einem ruhigen Viertel Pekings, in der Nähe eines künstlichen Sees, und die Gegend wirkt an diesem frühen Vormittag wie ein verträumter Vorort. Drei Häuserblocks weiter, ähnlich wie in manchen Teilen Brooklyns, findet man kaum einen Passanten, der diese Straße kennt, und während unser Chauffeur eine schmale Gasse nach der anderen absucht, starre ich zu meinem eigenen Erstaunen auf die Mamas und Papas, die Omas und Opas, die in der Gegend unterwegs sind, einen Stuhl oder eine Kiste tragen oder am Boden nach einem Schlüssel suchen und einfach Menschen sind, und ich verspüre eine hoffnungslose Sehnsucht nach dem Tag, da es, vielleicht in tausend Jahren, möglich sein wird, die Menschen schlicht dadurch zu regieren, daß man sie in Ruhe läßt.

Während sich Inge mit seiner chinesischen Frau unterhält, einer früheren Schauspielerin und jetzigen Theaterkritikerin, korrigiert mein Landsmann aus Brooklyn meine Sicht der Dinge hier. »Nein, freiberuflich tätige Anwälte gibt es nicht, aber wenn ein Beschuldigter Rechtsbeistand wünscht, dann kann er ihn erhalten. Allerdings brauchen die meisten eine solche Hilfe nicht, weil die Verfahrensregeln bei Gericht einfach und leicht zu verstehen sind. Aber sie können jedermann berufen, der für sie aussagen oder sie vor Gericht vertreten soll, und sie tun es auch.« Er ist ein Mann, dem es bei seinen Ideen ebenso beneidenswert wohl ist wie bei seinem Hopje-Bonbon, das hier einen chinesischen Namen trägt und mich an Brooklyn erinnert, wo diese aus Holland stammende, nach Koffein schmeckende Süßigkeit des Dentisten bester Freund war.

»Wo um alles in der Welt kriegst du Hopjes her?« frage ich.

»Sie wissen nicht, daß es Hopjes sind«, gesteht er. »Sie machen sie einfach. Aber sind sie nicht toll?«

Wir sitzen kauend in seinem recht düsteren Wohnzimmer. Er ist kürzlich wieder in Brooklyn gewesen, um seine Familie zu sehen, aber das einzige, was er nach dreißigjähriger Abwesenheit an Amerika eindrucksvoll fand, war die Angst vor Verbrechen. »Sie haben fürchterliche Angst gehabt, weil ich nachts um zwölf mit der U-Bahn nach Manhattan zurückgefahren bin. Ich konnte es einfach nicht fassen! Wenn man sich vorstellt, daß man Angst hat, aus dem eigenen Haus zu gehen!«

»Und hier keine Angst?«

»Nicht eine Minute. Diese Menschen sind Glieder der Gesellschaft.«

»Aber schlagen sie nicht auch einmal über die Stränge?«

Er lehnt sich zurück, und ich merke, daß wir bei seinem Lieblingsthema sind. Wir wickeln beide unsere Hopjes aus. Ich sehe ihn noch deutlich vor mir, im Brooklyn der Depression, wie er für seine Kurse büffelt, gute Examina macht, sich von einer gescheiterten Wirtschaft abwendet und seine Seele mit den kommunistischen Idealen einer mühelosen Gerechtigkeit nährt. Denn Ungerechtigkeit ist nicht ein angeborener Hang des Menschen, sondern etwas, das ihm durch ungerechte Zustände aufgezwungen wird. Der Mensch ist nicht nur von Natur aus gut, er ist meistens auch Chinese.

»Wie Mao sagt, gibt es zwei Arten von Widersprüchen: Die Widersprüche im Volk und die Widersprüche zwischen dem Volk und dem Feind. Mit den Problemen der ersten Art befassen sich unsere Gerichte nicht...«

»Angenommen, ein Kind schmeißt ein Fenster ein, oder jemand prügelt seine Frau windelweich.«

»Solche Sachen kommen nie vor Gericht.«

»Und die Polizei?«

»Die kriegt das kaum zu sehen. Es passiert höchstens, daß sich die Nachbarn das Kind und seine Eltern vorknöpfen. Der soziale Druck kann fünfzig Tonnen wiegen.«

»Wie in Brooklyn.«

Shapiro zögert mit seiner Zustimmung – in China sollte nichts so sein wie in Amerika.

»Ich meine«, fahre ich fort, »daß damals die Familien wirklich die Hauptquelle der Disziplin waren.«

»Na ja, irgendwie schon«, stimmt er zu, mehr aus Höflichkeit als aus Einsicht, »aber hier ist der Druck nicht bloß sentimental, sondern basiert auf politischer Überzeugung.«

»Seine Frau zu verprügeln, ist antikommunistisch.«

Und plötzlich fiel mir eine Zeile aus einem Depressionsstück von Clifford Odets ein: »Ein Mann, der seine Frau prügelt, ist der erste Schritt zum Faschismus.«

Chang-An-Avenue, Peking

»Du kannst es so ausdrücken, klar. Aber eine Frau zu prügeln, ist politisch, weil es dem Standpunkt der Partei in Sachen Gleichheit der Frauen in die Quere kommt; es ist ein feudaler Rückfall.«

»Kapiere.«

»Solche Sachen eben.«

Wir lachen beide über diese Reaktivierung unserer alten Redeweise. »Aber was tun sie mit den harten Fällen?«

»Da gibt es nicht viele.«

»Aber einige muß es doch geben.«

»Nun, in diesem Fall kommt er vor einen Richter und zwei Laien, die den Beklagten kennen. Und die ringen dann mit ihm um die Reformierung seiner Ideen. Verbrechen ist im Grunde politisch, das Resultat reaktionärer Ideen.«

»Nenn mir mal ein Beispiel. Sagen wir: Diebstahl.«

»Okay. Diebstahl ist der Versuch, Güter zu verbrauchen, ohne zu arbeiten oder zu produzieren, deshalb ist es ein antisozialistischer und damit politischer Akt.«

»Sehr gut.« Ich bin beeindruckt.

»Deshalb sind politische Mittel die einzigen, um das abzustellen.«

»Mit anderen Worten, statt moralischer Hemmungen...»

»Die meistens sowieso nicht funktionieren«, fügt er rasch hinzu.

»Warum funktionieren sie nicht?«

»Weil es unter dem Kapitalismus riesige Massen gibt, die uberhaupt nichts haben, während ein paar wenige sehr viel haben.«

»So daß es in gewisser Weise«, sage ich, »politisch korrekt ist, unter dem Kapitalismus zu stehlen.«

»Und auch moralisch korrekt! Damit wird Ungerechtigkeit berichtigt. Aber«, warnt er, »man kann das chinesische System nicht einfach nach

Amerika verpflanzen, weil es hier auf einem gerechten Wirtschaftssystem beruht. Man kann es einem Menschen zum Vorwurf machen, wenn er stiehlt, obwohl er eine Arbeit und genug zu essen hat, aber man kann es nicht, wenn er arbeitslos und am Verhungern ist.«

Diese sozialistische Lektion habe ich schon in den Tagen der Depression in Brooklyn gelernt, aber Sid trägt sie vor, als ob sie die allerneueste Neuigkeit wäre, und ich bin ebenso fasziniert wie beunruhigt über den Mangel an frischem Wind in seiner Welt, in die in Wirklichkeit seit vierzig Jahren nichts Neues mehr gedrungen ist. »Aber glaubst du wirklich nicht, daß jemand mal einen Verteidiger braucht, wenn er in Schwierigkeiten ist?«

Ich bemerke eine Spur von Abwehrhaltung an ihm, nicht mehr.

»Aber wieso denn! Bevor jemand angeklagt wird, sind die Ermittlungen absolut fair und gründlich und dauern Wochen. Glaube mir, Leute, die nicht schuldig sind, werden niemals angeklagt. Das Problem ist überhaupt nie die Schuld, sondern die Frage, wie man einen Menschen reformieren kann.«

»Und es kann nicht einmal ein Fall von Personenverwechslung vorgekommen sein?«

»Na ja, vielleicht einmal in zehntausend Fällen, aber das ist wirklich kein solches Problem, daß man Anwälte in das System einführen müßte.«

»Aber, Sid«, sage ich und versuche den Ärger in meiner Stimme zu unterdrücken, »seit der ersten Minute in diesem Land habe ich von nichts anderem gehört als den Verbrechen der Viererbande, von den Tausenden, die ins Gefängnis geworfen wurden, ohne Anklage, ohne Einspruchsmöglichkeit, ungerecht...«

»Ja, aber das war doch nicht das System, das war der *Zusammenbruch* des Systems! Die Vierer-Bande hat das System durcheinandergebracht!«

Wang-Fujing-Straße, Peking

Ich staunte über mich selbst, daß diese besondere Art von Einfältigkeit immer noch Wut in mir hervorrufen konnte. Aber es gab in der ganzen Welt Millionen Menschen wie ihn, die selbst überzeugt davon waren, daß eine Revolution den Menschen nicht freier machen kann und soll. Jede Revolution des 18. und 19. Jahrhunderts hatte zumindest erklärt, daß die Rechte der Person das zentrale Stück der Gesellschaft seien, und hatte versucht, eine Linie zu ziehen, über die hinaus der Staat nicht in das Leben des einzelnen eingreifen konnte. Jetzt hatte nur noch der Staat Rechte und Macht, und die Person, wie auch ihr Eigentum, gehörte dem Kollektiv selbst, ohne Zuflucht oder Einspruchsmöglichkeit, wenn es irgendwelchen Narren oder Cliquen einfallen sollte, ihren Ruin zu beschließen.

Doch bevor man Shapiros Behauptung als Routinepropaganda abtun konnte, daß Ungerechtigkeiten, wie sie unter der Bande vorgefallen waren, lediglich vorübergehende und untypische Episoden und nicht unvermeidliche Konsequenzen des Systems waren, mußte man sich die entsprechende Frage in bezug auf Amerika vorlegen. Wird zum Beispiel die amerikanische Zivilisation durch das wahrhaftige Heer von Häftlingen, von denen die meisten arm oder schwarz oder beides sind, in einem entscheidenden Maße definiert? Wenn ich einerseits bezweifeln muß, daß die chinesische Justiz so fehlerlos funktioniert, wie Shapiro glauben machen will, so weiß ich andererseits zuverlässig, daß die amerikanische Justiz in viel zu vielen Fällen nicht funktioniert. Wir behandeln in der Tat die großen Diebe viel nachsichtiger als die kleinen, und der Anwalt, der den Armen zur Verfügung steht, ist fast nie so kompetent oder kämpferisch, wie es die Anwälte der Reichen sind, und so fort. Und ebenso: Wenn der soziale Druck die chinesischen Jugendlichen von ihrer Kriminalität abbringen kann, so kann er auch zur Tyrannei der Mehrheit über jede nonkonformistische Meinung werden. Aber was wir in Amerika Individualismus nennen, ist häufig nur eine Wurzellosigkeit, bei der den Familien der menschliche Kontakt fehlt, der geeignet wäre, die Probleme zu lösen, bevor sie an die Gerichte kommen. So mag es sein, daß formeller Schutz der individuellen Rechte bei völligem Absehen von den Realitäten der gesellschaftlichen und ökonomischen Ungleichheit in der Tat bloß leerer Legalismus ist. Doch folgt daraus kaum, daß der Schlüssel zu einer gerechten Gesellschaft in der Abschaffung dieses Schutzes besteht. Shapiros Position verfehlt das Problem nicht weniger als die amerikanische, die für den Bau weiterer Haftanstalten ist, nicht aber für eine radikale Überprüfung der Tendenz des Systems, neue Häftlinge zu produzieren. Das Problem scheint zu sein, wie man Freiheit und gleichzeitig breite soziale und ökonomische Möglichkeiten aufrechterhalten kann, und nicht, wie man das Fehlen des einen oder des anderen rechtfertigt.

Als unsere Meinungsverschiedenheit offen zutage lag, fiel mir auf, daß dieser Augenblick von derselben Undurchlässigkeit gekennzeichnet war, wie sie häufig auftrat, wenn man mit Chinesen irgendeine Prinzipienfrage dikutierte. Es mußte Shapiro bestimmt unwohl sein beim Gedanken an eine praktisch rechtlose Gesellschaft, doch ein Revolutionär darf seine eigene Unsicherheit nicht zeigen, geschweige denn, sie zum Bestandteil einer Diskussion werden lassen. Und so war es wieder einmal nicht so sehr eine kulturelle Barriere, die mich von China fernhielt – in kultureller Hinsicht hätten Shapiro und ich nicht ähnlicher sein können –, sondern ein politisches Credo, dessen Grundsätze nicht einmal untersucht werden durften, vor allem nicht in Gegenwart der Ungläubigen.

»Bevor ich gehe, möchte ich dir noch ein Beispiel geben für das, was ich meine. Ich hatte«, sagte ich, »vor einiger Zeit mit einem Mordfall in Connecticut zu tun; ein halbwüchsiger Junge war wegen Mordes an seiner Mutter verhaftet, angeklagt, für schuldig befunden und verurteilt worden. Er war weder Neger noch Jude noch Hippie – nichts weiter als ein Mehrheits-Junge, der von der Mehrheits-Polizei verhaftet worden war, weil sie einfach den falschen Verdächtigen geschnappt hatte. Aber die Polizei und die politische Bürokratie konnte und wollte nicht zugeben, daß sie unrecht hatte, und hat die Sache jahrelang vertuscht, immer neue Lügen aufgetischt, Beweise gefälscht usw. Wir haben den Jungen schließlich frei bekommen, und zwar mit Hilfe von Anwälten, Sid.«

Er murmelte etwas über die entfernte Möglichkeit von Irrtümern, aber wir waren bereits im Aufbruch begriffen, und ich bedauerte, so töricht gewesen zu sein, mich überhaupt in einen Streit mit ihm eingelassen zu haben. Schließlich war er machtlos, zumal er in China ein Ausländer war. Wir fuhren durch die stillen Pekinger Seitenstraßen, labyrinthartig verschlungen und schmal, und ich spürte ihre Altehrwürdigkeit bis in unser Auto hinein. Mir fiel wieder ein, daß kaum mehr als 10 Prozent aller Chinesen in Städten wohnen, und daß die überwältigende Mehrheit auf dem Lande lebt, der Erde verbunden wie seit eh und je. Und ich erinnerte mich, daß es in Rußland nicht sehr viel anders gewesen war, diese Tendenz, sich totzustellen, wenn das Gespräch auf die Selbständigkeit des Menschen gegenüber seiner Regierung kam, auf sein Recht auf Entfremdung sogar, aus der seine kritische Intelligenz und die Abwehr der Tyrannei entsprang. War der Marxismus, mit seiner geradezu religiösen Erwartung der Wiedergeburt der menschlichen Gemeinschaft, das eigentliche Nachfolgesystem des Kapitalismus oder des Feudalismus? Die Distanz zum parlamentarischen Kapitalismus der Nach-Renaissance ist tatsächlich enorm, die zum Feudalismus dagen verblüffend gering. Der feudale Mensch, wie der Mensch hier und in Rußland, »verdankte« der Gruppe vieles, ja eigentlich alles. Unter diesem Sozialismus konnte er nicht ohne Erlaubnis seinen Wohnsitz verlegen, denn er war »Bestandteil« seiner Kommune, seiner Fabrik, seiner sozialen Organisation, und jeder einzelne der ungefähr eine Milliarde zählenden Chinesen war, wie die Russen, ein Mitglied dessen, was man in Feudalzeiten eine Gilde nannte und hier ein Kollektiv – ein Kollektiv von Ärzten, Zahnärzten, Arbeitern, Bauern. So gesehen, war in der Tat kein Platz für Anwälte, denn schon der Begriff eines seiner Gruppe isoliert gegenüberstehenden Individuums war eine Denkunmöglichkeit geworden.

Überdies war dies alles, wie mir wieder einfiel, schon zu anderer Zeit und an anderem Orte vorgekommen. Auch die Puritaner hatten Anwälte verboten, und ich hatte sogar dem Richter Danforth in meinem Stück *Hexenjagd* eine Antwort auf eben das Geheimnis in den Mund gelegt, das mir jetzt durch den Kopf ging. »Wer reinen Herzens ist, braucht keinen Anwalt«, hatte er den Klägern gesagt, die ihn um die Verteidigung von Angehörigen gegen den Vorwurf der Hexerei gebeten hatten.

Und dort wie hier war es nicht bloß Zynismus, was intelligente Menschen dazu gebracht hatte, ihre eigene Wehrlosigkeit gegen Ungerechtigkeit herbeizuführen und zu feiern.

Es war der uralte Traum der Einheit, der Sohn- und Tochterschaft, des in soziale Beziehungen übersetzten Familienvertrauens. Und dies alles dank des hohen Glaubens an die Erhabenheit des Staates, an die »Gemeinschaft der Heiligen« in Massachusetts und an den Sozialismus hier. Über die Naivität dieses Glaubens könnte man lächeln, nicht aber über die Moral, mit der er die Gläubigen so häufig erfüllt, und auch nicht über die heldenhaften Leistungen im Krieg und im Aufbau, zu denen er sie anstachelt.

Die puritanische Theokratie verlor ihr Monopol, als Überschüsse an Lebensmitteln und Gütern die fühere Notwendigkeit einer quasi-militärischen Einheit unterminierten, die die Unterdrückung abweichender Ideen rechtfertigte. Ist für China die Zeit gekommen, da die Unterdrückung aus analogen Gründen nicht mehr in dem Maße gerechtfertigt erscheint, wie sie es war, als die japanische Armee noch das Land besetzt hielt und ein feudaler Chiang Kai-shek erst ins Meer geworfen werden mußte?

*

Knapp außerhalb von Peking stehen drei Fabriken, die elektrische Generatoren herstellen. 1958 gab es noch keine. Doch während mir der Propaganda-Direktor der Firma und seine beiden Assistenten, von denen keiner über fünfunddreißig ist, diese heroische Geschichte erzählen, sehen sie nicht besonders inspiriert aus. Ja sie werden sogar verlegen, während sich die Konturen füllen. »Die Arbeiter haben diese Fabrik zur selben Zeit errichtet, wie sie die ersten Dynamos gebaut haben; die Produktion begann, bevor das Dach fertig war. Die Leute kamen, ungefähr 6000, aus den verschiedensten Berufen und Orten und bildeten sich selbst aus. Es war der Große Sprung nach vorne von 1958...«

Es wird einem klar, wenn man dem kleinen Mann zuhört, der am Rand seines einsitzigen Sofas hockt und zu uns spricht, daß nun die schlimmen Neuigkeiten kommen. 1978 ist es Pflicht, die Vier zu vernichten, und so äußert er die allgemeine Anschuldigung: »Sie haben das Volk demoralisiert.«

»Könnten Sie mir Beispiele dafür geben?«

»Sie sind zu den Arbeitern gegangen und haben ihnen gesagt, es sei ihre Aufgabe, sich gegen die Führung zu stellen.«

»Wie sich dagegenstellen?«

Er beginnt noch verlegener auszusehen. »Durch Ungehorsam gegen die Autorität der Führung.«

»Und warum hat die Führung sich das gefallen lassen?«

Er blickt Su Guang einen langen Augenblick ins Gesicht, bevor er sich zu mir wendet. Dann senkt er den Blick zu Boden. Offensichtlich ist dies für ihn wie für andere Teil des Traumes, des Alptraumes, dessen zerrissenes Gewebe noch in den Haaren klebt. Wie hatte man es auch so lange zulassen können, daß eine Bande frischfröhlicher Irrer eine Gesellschaft zugrunde richtete?

Dieses Mal habe ich selbst, wenn ich die Antwort nicht weiß, zumindest den stärkeren Verdacht, daß es etwas mit Glauben zu tun hat, ja, mit einem an das Religiöse grenzenden Glauben, in dessen Bann die Chinesen nicht einmal das Gesetz der Schwerkraft hätten akzeptieren können, wenn Mao es als bürgerliches Relikt außer Kraft gesetzt hätte. Aber es ist für die drei jetzt nur zum Teil Verlegenheit. Während ich dasitze und sie beobachte, spüre ich, daß es ihnen schwerfällt, einem Ausländer die Wahrheit zu sagen, ungeschminkt und unbeschönigt, und, wie mir scheint, bewunderungswürdig.

»Ich bin Schriftsteller«, sage ich zum Propaganda-Direktor, »und ich kann die Sache mit den Vieren nur mit Beispielen erklären. Ich würde mich über alle Beispiele freuen, die Ihnen einfallen. Geschichten, verstehen Sie? Die Menschen verstehen Geschichten besser als allgemeine Feststellungen.«

Er nickt. Es ist ihm recht, daß sich die Kunde im Ausland verbreitet, und es soll begriffen werden, daß die Gefolgsleute der Vier nicht erschossen worden sind, sondern sich immer noch zu Zehntausenden in der Gesellschaft bewegen. Wieder einmal wird klar, daß es jetzt die Funktion des Propaganda-Direktors ist, alles zu tun, was in seiner Macht steht, um den Wahnsinnigen die Rückkehr unmöglich zu machen.

Empfangsraum in der Generatorenfabrik, Peking

Wir verlassen den förmlichen Empfangssaal mit seiner offensichtlich von den Sowjets entworfenen Zwangssymmetrie: Zwei sich gegenüberstehende Reihen von Sofas, mathematisch plazierte Teetische und die symmetrisch aufgehängten Bildnisse von Hua Guofeng und Mao. Es gibt Augenblicke in solchen Räumen, in denen man sich fragt, ob an den Wänden nicht auch dieselbe Anzahl von Fliegen auf- und abmarschiert. Doch sind in China keine Fliegen mehr zu sehen.

Draußen in der Werkhalle ist zu bemerken, daß die Maschinen aus Shanghai, Deutschland, Rußland und Schweden kommen. Doch nichts dreht sich, und die etwa zwanzig Arbeiter, die in den drei Gängen der Halle verstreut herumstehen, scheinen mehr damit beschäftigt zu sein, beschäftigt auszusehen. Oder ist grade Mittagszeit? Ich verkneife es mir, den Propaganda-Direktor danach zu fragen. Ich lächle einem der Arbeiter zu, und er scheint überrascht zu sein und lächelt zurück. Manche der Fräsmaschinen und die große Drehbank sind mir aus der Marinewerft in Brooklyn von vor fast vierzig Jahren vertraut, und ich teile dies dem Propaganda-Direktor mit. Er sieht mich mit einem gewissen Leuchten in den Augen an, nickt und gesteht mir (nun, da ich es von selber bemerkt habe), wie veraltet ihre Geräte wirklich sind.

»Wir stehen technisch noch in der Mitte der fünfziger Jahre.«

»Das ist aber schade.«

»Ja.«

Wir gehen umher, und Inge fotografiert Turbinenschaufeln, herrliche Strukturen konzentrischer Flügel.

»Aber jetzt fangen wir an, aufzuholen.«

»Können Sie mir sagen, was hier passiert ist?«

Wir sind an der weit offenen Tür am Ende einer Nische stehen geblieben, den blauen Herbsthimmel über unseren Schultern. Der Propaganda-Direktor muß immer noch lächeln. Nachdem ihm ein Leben lang der Argwohn gegen Ausländer eingeimpft wurde, muß er sich erst daran gewöhnen, mir die Schwächen seines Landes einzugestehen. Wenn diese Menschen (so überlege ich, während er spricht) sogar imstande sind, sich an das Sagen der Wahrheit anzupassen, was könnte sie jemals besiegen?

»In den Jahren 1970/71 hatten wir hier viele junge Arbeiter unter zwanzig. Das erste, was man ihnen beigebracht hatte, war Anarchie.«

»Aber wer hat ihnen das beigebracht?«

»Die Kader der Partei.«

»Brachten ihnen bei, niemanden zu gehorchen?«

»Mehr noch – jedem zu widersprechen, der ihnen irgend etwas sagte.«

»Zum Beispiel?«

»Wenn sie eingeteilt wurden, um beispielsweise ein Stück Metall zu polieren, weigerten sie sich und sagten: ›Ich will ein anderes Stück, mit diesem Stück will ich nicht arbeiten.‹«

»Tatsächlich?«

»Oh ja.«

»Und was passierte dann?«

»Er bekam die Anweisung noch ein zweites und drittes Mal, und wenn er sich weiter weigerte, hörte seine Arbeitsgruppe mit der Arbeit auf und diskutierte seine Handlungsweise.«

»Und wie lange dauerte das, eine Stunde?«

»Zwei Wochen, einen Monat. Manchmal länger.«

»Das ist doch nicht Ihr Ernst?«

»Oh doch!«

Ich erinnerte mich an eine frühere chinesische Schauspielerin, die jetzt in New York lebt und arbeitet. Deren Truppe hatte den Befehl bekommen, mit dem Spielen aufzuhören, und stürzte sich in eine Periode gemeinsamer Konfrontation, die drei Jahre dauerte. In dieser Zeit hatten die Schauspieler absolut nichts anderes getan, als pausenlos aufeinander einzureden, bis das letzte Detail aus dem Leben jedes einzelnen zuckend am Boden lag. Neben vielem anderen war die Kulturrevolution die Selbstkonfrontation einer Nation, die ungefähr ein Jahrzehnt dauerte. Der Zweck des Ganzen war es, durch Selbstdarstellung vor der Gruppe den letzten Rest an selbstsüchtigem Ehrgeiz und an elitärem Überlegenheitsgefühl auszutreiben, aber wie sich schließlich herausstellte, wurde zuletzt die Arbeitswilligkeit selbst ausgetrieben. Etwas Vergleichbares kann es in der Geschichte nicht noch einmal gegeben haben.

Generatorenfabrik, Peking

Freilich hatte ich immer angenommen, daß man eine lebenswichtige Industrie wie diese hier verschonen würde, doch anscheinend war das nicht der Fall.

»Und wie«, fragte ich, »wurde ein solcher Fall dann beigelegt?«

»Manchmal wurde beschlossen, das Recht des Betreffenden auf Arbeit zu suspendieren. Zu anderen Zeiten wurde der Fall überhaupt nicht geregelt, sondern nur eine Zeitlang ignoriert, bis er wieder hochkam.«

»Aber wie ist dann überhaupt etwas geschafft worden?«

»Die Veteranen, die älteren Arbeiter, haben diesen Anarchismus nie gebilligt. Wissen Sie, die Jüngeren glaubten, daß sie jetzt an der Reihe wären, Revolutionäre zu sein.«

»Sie haben es einfach zu gut gehabt.«

»Allerdings. Sie haben nie gegen die Japaner oder gegen die Chiang-Kai-shek-Reaktionäre gekämpft, dehalb hielten sie den Ungehorsam in der Fabrik für heldenhaft. 1973 gab es den Zhang-Tiesheng-Zwischenfall, von dem Sie wahrscheinlich gehört haben.«

»Nein, worum ging es da?«

»Ein Student lieferte als Zulassungsarbeit für das Landwirtschaftsinstitut ein völlig leeres Blatt ab. Zhang-Tiesheng wurde auf der Stelle in ganz China zum Helden des Tages.«

»Von der Regierung ermutigt? Das ist es, was ich nicht ganz begreife.«

Er holte Atem. Wir waren dem Thema Mao gefährlich nahegekommen. Schließlich sagte er: »Ermutigt durch die Vierer-Bande.«

»Und diese Fabrik gehört doch der Regierung, nicht?«

»Gewiß.«

»So hat also die Regierung zur Sabotage an sich selbst aufgerufen.«

Er nickte. »Die Vierer-Bande...«

»Richtig«, sagte ich und verkniff es mir, in ihn zu dringen.

»Da gab es auch«, fuhr der Propaganda-Direktor fort, »den Fall der Huang Shuang. Das war eine Volksschülerin, die gegen die ›Würde des Lehrers‹ kämpfte.«

»Was heißt ›Würde des Lehrers‹?«

»In China ist es Tradition, daß der Lehrer immer das letzte Wort, die Würde hat. Huang Shuang ist mit ihrem Kampf auch eine große Heldin geworden.«

Für eine Maschinenhalle war es hier schrecklich ruhig, fand ich.

»Natürlich waren es meistens die schlechtesten Schüler, die solche Dinge machten – sich weigerten, zu lernen oder sich prüfen zu lassen. Aber das schlimmste in dieser Fabrik war die Respektlosigkeit gegenüber den Meistern.«

»Maschinenmeister, meinen Sie?«

»Ja. Wenn sie morgens hereinkamen, sagten sie nicht ›guten Morgen, Meister Chang‹, sondern ›hey‹!«

»Verstehe«, nickte ich und versuchte, mich daran zu erinnern, wie wir in der Marinewerft unsere Maschinenmeister begrüßt hatten. Vermutlich auch mit »hey«, aber in Wirklichkeit gab es keine Analogie. »Meister« klang für den Kulturrevolutionär zweifellos nach Feudalismus und Sklaverei, während wir in Amerika keinen Feudalismus gehabt hatten, der uns gefährlich werden konnte.

»Und anstatt von den Veteranen zu lernen, lungerten sie herum und unterhielten sich und ließen die Alten die ganze Arbeit machen. Und so hat eine ganze Generation von jungen Arbeitern nie etwas Vernünftiges gelernt, sondern bloß eine Menge Zigaretten geraucht.«

»Und wie ist es jetzt?«

»Oh, jetzt sind die Veteranen glücklich.«

Ich blickte den Gang hinunter, an dessen Ende wir standen, und die Arbeiter mochten in der Tat glücklich sein, aber es sah mir nicht so aus, als ob sie besonders viel täten. »Die Führer wagen es, wieder zu führen.«

»Kein Affentheater mehr«, sagte ich.

Su Guang brauchte eine zusätzliche halbe Minute, um dies dem Propaganda-Direktor zu erklären, dem der Ausdruck gefiel; zum erstenmal sah ich ihn lächeln. »Das ist richtig, kein Affentheater mehr. ›Den Klassenkampf begreifen und die große Ordnung im Land schaffen‹, ist jetzt unser Motto, wie es der Vorsitzende Hua Guofeng gesagt hat, dazu die Vier Modernisierungen, die...«

Und wieder einmal waren wir mittendrin in den Schlagwörtern, die wie die Münzen aus den Spielautomaten hervorsprudelten.

»Aber sagen Sie mir«, unterbrach ich ihn, »einmal ganz aufrichtig, glauben Sie, daß die Kulturrevolution irgend etwas Gutes bewirkt hat? Ich meine, glauben Sie, daß es seither in dieser Fabrik demokratischer zugeht?«

Er wirkte etwas nervös und sagte defensiv: »Wir haben jetzt ein oder zwei Massenzusammenkünfte im Monat. Das ist mehr, als wir unter diesen Leuten gehabt haben!«

Trotzdem mußte man sich fragen, ob »diese Leute«, übergeschnappt, wie sie zweifellos waren, nicht doch einiges dafür geleistet hatten, die Revolution ehrlich zu halten, bevor sie selbst in eine selbstgemachte Tyrannei der Jungen, der Unerfahrenen, der Ignoranten und Selbstgerechten hineingerutscht waren.

»Und was wird mit unserem Lande geschehen«, fragte Mao 1962 vor 7000 Kommunisten, »wenn es uns nicht gelingt, eine sozialistische Wirtschaft aufzubauen? Es wird sich verwandeln in eine ... Diktatur der Bourgeoisie (das heißt der neuen Klasse der Technologen und Experten), und zwar in eine reaktionäre, faschistische Diktatur.«

Die Kulturrevolution wurde inszeniert, um die Menschen »unten«, die Unterklasse, den Willen des Arbeiters und Bauern zu stärken. Wenn man den Überlebenden Glauben schenken durfte, dann hatte dieser Drang nach Demokratie in Wirklichkeit Faschismus, Folter, Massendenunziationen und ein industrielles Chaos hervorgerufen. Welches Element oder Prinzip war übersehen und ausgelassen worden, durch das die Bewegung sich selbst treu geblieben wäre? Denn die Wahrheit war offensichtlich weit mehr als die Verfehlungen der Vier; man brauchte sich nur daran zu erinnern, daß jeder Künstler, mit dem wir bisher gesprochen hatten, immer noch geradezu ehrfürchtig an den ursprünglichen Konzeptionen der Kulturrevolution festhielt. Derartige Maximen erfordern nichts Geringeres als eine Demokratie, in der sich buchstäblich jeder lebende Mensch mit jedem anderen in das Königreich teilt, in der es nicht mehr Hoch und Niedrig gibt und in der der erste der letzte ist...

Während ich dem Propaganda-Direktor zum Abschied die Hand gab, konnte ich mir lebhaft die Angstgefühle in seiner Brust vorstellen. Hatte er das Rechte gesagt oder zuviel und damit Schwächen offenbart, die ein Gegner ausnützen könnte? Konnte ein Fremder verstehen, wie das, was als reines weißes Pferd auf die Bühne stolziert war und was trotz allem und allen immer noch als solches in der Erinnerung lebte, eines Tages nach China zurückkehren würde, strahlend in seiner Schönheit und Verheißung, und daß es rätselhaft blieb, wie es sich zu einem so häßlichen Monstrum hatte verwandeln können, das alles in Grund und Boden stampfte?

*

Während sich die Geschichten von den Verwirrungen des vergangenen Jahrzehnts Tag um Tag anhäuften, schien mir eine Bemerkung, die Frank Coe hatte fallen lassen, dem Zentrum aller möglichen Erklärungen am nächsten zu kommen. »Mao wollte nicht glauben, daß er warten mußte, bis die Produktivkräfte den Produktionsverhältnissen entsprachen.«

Jeder Geschäftsmann weiß, daß die Produktionsfähigkeit seines Betriebes an erster Stelle steht; die Maschinen und Verfahren müssen da sein, bevor er zum Beispiel darangehen kann, Arbeitskräfte anzuwerben. Gewiß müssen auch Transportmöglichkeiten, Wohnraum, Wasseranschluß usw. vorhanden sein. Aber die Produktivkräfte, Menschen und Maschinen, haben vor all dem zweifellos Vorrang.

Mao dachte anders. Entsprechend motivierte Menschen, die erfüllt waren von den schöpferischen und uneigennützigen marxistischen Ideen, konnten sich sehr wohl auf der grünen Wiese zusammenfinden und Stahl, Glas, Städte und überhaupt alles herstellen, was sie sich nur denken konnten. Er glaubte nicht daran, daß China mit der Produktion dessen, was es brauchte, warten müsse, bis eine geeignete technologische Infrastruktur zur Verfügung stand. Und so hatten die Arbeiter, wie wir sahen, Generatoren gebaut, während gleichzeitig die Fabrik entstand, und nicht gewartet, bis sie fertig war. Ebenso konnte man Stahl in Hinterhöfen herstellen, und man tat es auch, desgleichen alle möglichen primitiven, aber häufig sinnreichen Maschinen.

Die Viererbande ging sogar noch weiter, indem sie nicht nur einseitig die Produktionsverhältnisse betonte, sondern indem sie jeden, der sich auf irgendeinem Gebiet Fachkenntnisse angeeignet hatte, davonjagte, zu Tode prügelte oder in den Selbstmord trieb.

Was freilich noch interessanter erscheint, ist die Breite der Unterstützung, die diese Nivellierung bei den Chinesen fand. (Und, wie man hinzufügen könnte, bei den verbitterten Söhnen und Töchtern des gehobenen Bürgertums in Europa und den Vereinigten Staaten.)

Schon nach einem kürzeren Aufenthalt in China nehmen die späteren sechziger und die siebziger Jahre die Gestalt einer sich auftürmenden Woge an, die an einem gewissen Punkt brach und auf den Strand niederstürzte. Zweifellos, um Mao zu schonen, ist niemand willens oder in der Lage, ein präzises Datum anzugeben, aber an einem bestimmten Punkt wurde Maos idealistisches und erfindungsreiches Konzept für eine durchaus schöpferische Bevölkerung in eine Waffe gegen jeden umgewandelt, der irgend etwas geleistet hatte, was ihn zu einem gesellschaftlichen Privileg hätte berechtigen können.

War diese Verzerrung die überspannte Tat einer frustrierten Frau, halb wahnsinnig vor Neid und vor Angst, daß sie, sobald Maos Kräfte nachließen, von den mächtigen Männern um ihn herum ausgebootet werden würde? (Nach allgemeiner Überzeugung haben die führenden Mitglieder des Zentralkomitees von Mao das Versprechen verlangt und erhalten, daß er Jiang Qing niemals als politische Gestalt in den Vordergrund schieben werde – andernfalls hätten sie seine Ehe mit ihr nicht unterstützt. Sie hat sich an ihnen allen gerächt.) Oder repräsentierte diese Verzerrung einen tiefen Wesenszug des Chinesen, der seit Jahrtausenden von »Expertenklassen« versklavt worden war, von Gelehrten und Intelligenzlern, die nichts als Verachtung für Arbeit und Arbeiter hatten und sich darauf verstanden, sie zu manipulieren? Traditionellerweise und wie in jeder feudalen Gesellschaft verstand es noch der letzte Träger staatlicher Macht, und wenn es nur um das Amt des Postmeisters ging, sich mit einer Clique von Speichelleckern zu umgeben und mit diesen gemeinsam die Massen zu demütigen und auszubeuten. Durch eine Kulturrevolution waren es nicht nur die Angehörigen der »Expertenklasse«, die gedemütigt und davongejagt werden sollten, sondern diese Klasse selbst sollte vernichtet werden. Nie wieder sollte ein Mensch in der Lage sein, einen anderen Menschen zu führen; es sollte praktisch ein Körper ohne Kopf sein.

Doch wen ich auch immer fragte, ob dies in der Tat die revolutionäre Zielvorstellung gewesen war: ich erhielt als Antwort stets das gleiche Achselzucken. Zu keinem Zeitpunkt hatte die Kulturrevolution ein Zukunftsprogramm verkündet, und kein Mensch glaubte, daß Jiang Qing und ihre Clique tatsächlich jemals so weit gedacht haben könnten. Hatte Mao so weit gedacht? Oder war alles eine ungeheure Improvisation gewesen, durch deren Schutt wir uns jetzt unseren Weg bahnten und versuchten, Nasen, Gliedmaßen und Finger zusammenzusetzen, die allerdings niemals zu irgendeiner Form verbunden gewesen waren, sondern die man dort hatte fallen lassen, wo wir sie fanden, wild durcheinander und überall, wohin man blickte?

Eines wenigstens schien einigermaßen wahrscheinlich – das Gespenst, dessen Heraufkunft durch alle diese Anstalten hatte verhindert werden sollen, war offensichtlich die technologische Zivilisation des Westens und Rußlands, mit ihrem Substrat von Mißbildung und Zynismus, ihrer spektakulären Atomisierung der Menschlichkeit in private Einzelteile, neurotisch, mit sich selbst beschäftigt und mit allen Krankheiten der Seele behaftet.

Falls dies zutraf, mußte man zumindest mit Maos Motiven sympathisieren; denn so, wie die Welt voranschreitet, scheint sie zu sterben. Das Geheimnis und das Scheitern des Maoismus muß infolgedessen viele Geister beschäftigen, nicht nur im Reich der Mitte.

*

Es ist kaum zu glauben, daß wir noch nicht einmal eine Woche in China sind. Die Außenwelt, die »wirkliche« Welt, hat sich für mich immer weiter zurückgezogen. Und so ist es eine schöne Sache, wieder einmal eine amerikanische Stimme zu hören. Um Mitternacht kreuzt Bill Hinton auf, ein großer blonder Mann, mit selbstironischem Kichern, der trotz seiner Robustheit, seinem Stiernacken und seinen stämmigen Gliedern zutiefst erschöpft wirkt.

Hinton ist der Verfasser von fünf Büchern über China – darunter *Fanshen. Dokumentation über die Revolution in einem chinesischen Dorf*, das ich jahrelang bewußt nicht las, weil ich es für eine schrecklich ins Einzelne gehende und, wie ich glaubte, eifernde Apologie hielt. Aber ich täuschte mich gewaltig. Nachdem ich es wenige Tage vor unserer Abfahrt nach

China angelesen hatte, wurde es nicht nur für mich, sondern auch für Inge zum täglichen Bezugspunkt. Hinton hatte sich in den vierziger Jahren mitten in einem typisch bäuerlichen Leben im Befreiten Gebiet befunden und sich persönlich an den Kämpfen der Bauernschaft gegen den Feudalismus und für die Errichtung des Sozialismus auf dem Lande beteiligt. Überraschenderweise ist das Buch, wie ein Roman, mit Persönlichkeiten angefüllt, mit Individuen, die aus der Dunkelheit des von den Roten zerschmetterten Feudalismus nach einer Lebenslinie tasten. Unter anderem ist es eine genaue Schilderung des Lebens ganz unten, manchmal ein Tag-für-Tag-Bericht von dem Versuch, jeden Menschen im Dorf gleichzuschalten, bis hin zur Anzahl der Töpfe und Pfannen in seinem Haushalt, von der Größe seines Grundbesitzes ganz zu schweigen. Der Freimut dieses Buches hat natürlich dazu geführt, daß es von vielen Radikalen im Ausland verurteilt wurde, aber dafür wird es von den Chinesen selbst gelesen, deren eigene Schriftsteller einen wahrheitsgetreuen Bericht über die Revolution erst noch vorlegen müssen.

Hinton war aus Cornell in den Fernen Osten gekommen. Seine Mutter hatte in Vermont die Pudney School gegründet. Jetzt bewirtschaftet er eine Ein-Mann-Farm von 400 Morgen in Pennsylvania. Er hat, wie er schätzt, insgesamt zehn Jahre in China verbracht und pendelt seit dreißig Jahren zwischen Amerika und China hin und her. Er wirkt heute bekümmert und irritiert, aber nicht hoffnungslos. China ist sein Augapfel, und wenn er es kritisiert, dann nur, um es vor sich selbst zu schützen.

»Ich muß nächste Woche nach Hause fahren, wegen der Maisernte. Ich hatte in Shanxi Lungenentzündung und habe einige Wochen verloren. Es wäre wahrscheinlich schneller besser geworden, aber es sind die ganze Zeit Leute erschienen, mit denen ich in den vierzigern zusammengearbeitet habe, und haben mir Süßigkeiten und alles mögliche gebracht, was ich nicht essen konnte. Ich bin kaum zum Schlafen gekommen.« Er lacht voll Liebe und Stolz, aber der Ausdruck der Besorgnis schwindet nie aus seinen Augen.

»Wir haben jetzt alles über die Kulturrevolution gehört...«

»Ach Gott, ja.« Er nickt eine halbe Minute lang, überlegt, wie er das sagen soll, was er ausdrücken möchte,und seufzt dann. »Ich weiß nicht, wie ich es Ihnen erklären soll...«

»Es hat alle Merkmale einer Massenhypnose.«

»Ja, das könnte sein.« Jetzt wagt er sich vor. »Ich weiß positiv, daß es Fälle gegeben hat, in denen Menschen gekreuzigt wurden – wo man sie mit den Handflächen an die Wand nagelte und sterben ließ...«

Aber selbst wenn die Exzesse der Kulturrevolution nie das Gute daran überwiegen könnten, so ist die Erinnerung an sie doch immer noch schmerzlich für ihn. Ich wechsle das Thema.

»Weswegen sind Sie diesmal hier?«

»Ich bin Berater bei einem Bodenkultivierungsprojekt in Heilungjiang.«

»Und kommt es voran?«

»Ja, ich denke schon. Die sind bei solchen Sachen ziemlich gut.«

Ich versuche, einen leichten Ton anzuschlagen und lache. »Sie klingen, als ob Sie Ihre Zweifel hätten.«

»Nein, über die Kultivierung nicht. Das Problem ist die Mechanisierung des Landes. Sie haben sich gerade John-Deere-Traktoren im Wert von einer Million Dollar liefern lassen; die Leute von John Deere wollten nicht glauben, daß sie diese Riesenmaschinen zu 50000 Dollar das Stück wirklich brauchen, aber die Chinesen bestanden darauf, und die Fahrzeuge wurden geliefert, und als die Deere-Leute Felder sahen, die bis zu 2000 Morgen groß sind, waren sie überrascht, aber erleichtert.«

»Wissen sie überhaupt, wie sie damit umgehen müssen?«

»Oh, die lernen rasch, das wird schon in Ordnung gehen. Aber wenn man auf solchen Riesenflächen etwas ernten will, muß man die Maschine das tun lassen, wozu sie gebaut wurde. Aber sie versuchen ja nicht, den Zuzug von Leuten in das Gebiet zu bremsen. Damit werden sie die Vorteile, die die Mechanisierung haben könnte, wieder kaputt machen. Man will doch nicht, daß Zehntausende von Bauern ein derartiges Land verlieren, zumal wenn man die Maschinen hat, um es zu bearbeiten. Sie werden das noch zum Stillstand bringen! Ich allein produziere mit meinen Maschinen mehr Mais auf meinen zweitrangigen Pennsylvania-Hügeln als eine chinesische Brigade von mehr als 400 Leuten.

Ihre Bevölkerung nähert sich allmählich der Milliarden-Grenze, da können sie sich eine derartige Verschwendung einfach nicht leisten. Das Problem liegt in der Fortdauer früherer Praktiken – zu Anfang hat man zu viele Leute in dieses Gebiet geschickt, und jetzt, da man versucht, die Produktion zu rationalisieren, gibt es ein böses Umsiedlungsproblem. Und was das schlimmste ist; die neu erschlossenen Landwirtschaftsgebiete werden in der gleichen Geschwindigkeit bevölkert wie die alten – etwa 300 Landarbeiter auf 1700 Morgen. Da scheint wirklich die eine Hand nicht zu wissen, was die andere tut. Die eine Farm hat amerikanische Maschinen, mit denen 90 Prozent der Landarbeiter ersetzt werden können, und ein paar Meilen weiter bevölkern sie das Land im selben Tempo wie bisher. Das Ergebnis ist, daß eine wirkliche Mechanisierung gar nicht stattfindet, sondern daß sie selber einen großen Teil des Getreides verbrauchen, das sie produzieren. Wo sie ein modernes Manitoba oder North Dakota aufbauen könnten, reicht es nur zu einem Shandong. Das ist die ungeheure Tendenz jeder Gesellschaft, sich selbst noch einmal zu erschaffen.«

William Hinton

»Ich vermute, sie wissen nicht, wohin mit all den Menschen.«

»Allerdings, und ich weiß es auch nicht, aber so kommt man nicht zu einer Antwort.« Er schüttelt den Kopf, schnaubt, fährt mit den Händen durch sein blondes Haar. »Es ist so verdammt schwierig, eine Tradition zu ändern.« Und in China war es eben Tradition, brauchbares Land mit Menschen zu überschwemmen.

Ich unterdrücke nach Kräften mein Interesse für die Kreuzigungen, von denen er gesprochen hat, und sage statt dessen:

»Wie ich sehe, haben sie hier eine Menge von diesen Einachsschleppern...«

»Ach ja, die stellen sie jetzt zu Tausenden her.«

»Ich habe selbst einen in Connecticut...«

»Für die Feldarbeit sind sie eigentlich nicht viel wert, aber die Chinesen ziehen sie viel zum Transport und zum Pumpen heran – als fahrbare Stromquelle –, und ich denke, in dieser Weise sind sie nützlich. Aber zur Mechanisierung der Landwirtschaft tragen sie eigentlich nicht viel bei.«

»Ich habe sie ja auf allen Straßen gesehen.«

»Sicher. Selbst mit den großen 50- und 60-PS-Traktoren befördern sie hauptsächlich Güter auf den Straßen, weil sie auf diese Weise das schnellste Geld machen können.«

»Ich hätte gedacht, daß sie diese Maschinen rationaler einsetzen würden. Mehr Kontrolle von oben...«

Er lächelte. »Ich bin mir nicht so sicher, ob die Kontrolle von oben auch immer so rational ist.« Dann lachte er. »Sie haben mir ein paar von ihren neuen Traktoren gezeigt, in der Hauptsache die klobige alte russische Bauweise. Und ich habe gesehen, daß sie überhaupt keine Zugstangen haben...« (Die Zugstange ist eine massive Stahlstange am Heck des Schleppers, an die man einen Pflug, eine Mähmaschine oder ein anderes landwirtschaftliches Gerät anhängt. Sämtliche Zugkräfte im Schlepper laufen in der Zugstange zusammen, und ein Traktor ohne sie ist wie ein Rechen ohne Zähne.)

»Und wie ziehen sie dann Sachen?«

»Am Dreipunkthaken«, sagte Hinton.

»Aber der ist doch nur zum Heben und Ziehen von *montierten* Geräten. Brechen die denn nicht ab?«

»Natürlich brechen sie ab. Der Vizeminister des Ersten Maschinenministeriums hörte mir zu und rief dann seine Ingenieure und fragte sie: ›Warum haben wir an unserem Traktor keine Zugstange?‹ Nun«, fuhr Hinton fort, »nach endlosen Diskussionen stellte sich heraus, daß sie ihre Schlepper noch nie mit Zugstangen konstruiert hatten, weil es in China keine geeigneten Geräte zum Ziehen gab. Ich wies darauf hin, daß die Leute solche Geräte nicht erfinden konnten, weil es eben keine Zugstange gab, an die man sie hängen konnte. Es lief auf ein Patt hinaus, und der Vizeminister verlor die Geduld.«

»Das ist ja traurig.«

»Ja, das ist es.«

»Worüber sprechen wir eigentlich?« fragte ich ihn.

»Nun, unter anderem darüber, wie sie hier Planung und Praxis trennen. Darauf läuft es überall hinaus, ganz oben und ganz unten in der Gesellschaft. Es ist Teil ihres feudalen Erbes, und diese Last ist verdammt schwer abzuschütteln.

Ich war vor nicht allzu langer Zeit in einer Traktorenfabrik bei Tianjin und dort habe ich mich auf eine ihrer Maschinen gesetzt, weil ich herausfinden wollte, warum sie so einen enormen Wendekreis haben. Ein anständiger Schlepper muß sich um sich selbst drehen, wenn man ein Rad abbremst. Das ist wichtig, wenn man auf dem Feld manövrieren will.

Nun, als ich diesen Traktor bremste, kreischten sämtliche Innereien, und ich glaubte, das Ding fällt auseinander. Beim nächsten Versuch war es genau dasselbe – es klang so, als ob es ihn zerreißen würde. Der Vizeminister und alle seine Ingenieure sahen mir zu und waren von dem Radau deprimiert. Dann sah ich, daß sie einen alten Massey-Ferguson dort stehen hatten, wahrscheinlich den einzigen seiner Art in ganz China. Weiß Gott, wo sie ihn herhatten. Ich kletterte hinauf und flitzte mit ihm hin und her wie mit einem Spielzeugauto. Der Vizeminister war beeindruckt.

Dann fragte er, warum *ihre* Maschinen nicht auch so wendig seien, und die Ingenieure schauten etwas belämmert drein. Darauf fragte er seinen Oberingenieur: ›Sind Sie jemals auf einem Traktor gefahren?‹ Und er war nicht. Dann fragte er den zweiten Ingenieur. Na ja, es hatte natürlich keiner je in einem Traktor gesessen, aber sie entwarfen sie. Ich meine, das ist eben das wirkliche Leben.«

»Aber sind sie nicht wenigstens einmal neugierig genug gewesen, um sich...?«

Einachsschlepper

»Nein, das ist es ja gerade. Das Fahren dieses Apparats ist Handarbeit, und sie sind keine Handarbeiter und wollen keine sein. Daß ich zum Beispiel einen akademischen Grad habe und acht Jahre lang als LKW-Mechaniker gearbeitet habe und einen Bauernhof bewirtschafte – das sind in ihren Augen unvereinbare Widersprüche. Und im feudalen China hat kein Kopfarbeiter einen Gegenstand auch nur angefaßt. Das hätte ihn deklassiert. In diesem Fall befahl der Vizeminister jedem einzelnen von ihnen, binnen eines Monats das Traktorfahren zu lernen, und das war eine revolutionäre Idee.«

»Entmutigend.«

»Ja, das stimmt, aber das bedeutet nicht, daß sie es nicht schaffen. Sie werden es schaffen. Aber es wird noch lange dauern.«

Wir saßen einen Augenblick schweigend da. Plötzlich sagte er:

»Ich bin ein amerikanischer Nationalist.«

Wie seltsam das aus dem Munde eines Mannes klang, der so viel von seinem Leben für die Revolution einer anderen Nation gegeben hatte! Aber so simpel war das kaum. Er wollte wirklich dem Land, das er liebte, dabei helfen, mit seinem Genius denen beizuspringen, die ihn so verzweifelt nötig hatten, um eine neue Lebensweise aufzubauen. Solange es noch Nationen gab, mußte man eben zugeben, daß man selbst Teil seiner Nation war, so wie niemand »ganz Gesellschaft und kein bißchen Ich« sein konnte, wie es die Ultralinken gerne haben wollten. Daß er sich einen Nationalisten nannte, war ein Schlag gegen die Abstraktion, ein Schlag von vielen, mit denen er hoffte, den verhängnisvollen Zirkel aus Illusion und Enttäuschung bei den Kommunisten zerbrechen zu können, den Prozeß der Idealisierung, der nur allzu oft im Absurden und im Linksradikalismus endete. Es verlangte ihn nach Konkretem: »Wenn man das amerikanische Volk nicht liebt, wie zum Teufel kann man dann die Chinesen lieben? So, wie ich es sehe, baut der Internationalismus auf dem Nationalismus auf, ebenso wie es kein Kollektiv ohne Individuen geben kann. Die Leute landen immer in irgendeinem Schattenreich, wenn sie sich für ein ideales Mutterland engagieren, in dem die Utopie bereits Realität geworden ist, bis sich das Gegenteil herausstellt. Erst einmal muß man mit seinen Beinen fest auf eigenem Boden stehen, bevor man es mit der Welt aufnehmen kann. Andernfalls hat man überhaupt keine Kriterien, um zu beurteilen, was an anderen Orten und anderen Revolutionen gut oder schlecht ist.«

»Waren in Ihrer Familie Bauern?«

»Nein. Schon seit Generationen nicht mehr. Es waren Engländer, Freiberufler in Neu-England und im Mittleren Westen.«

»Ich stelle immer wieder dieselbe Frage und bekomme keine Antwort. Ich finde, nach dieser jüngsten Katastrophe hier sollte sich irgend jemand um das Recht kümmern. Um irgendeine unabhängige Berufungsinstanz gegen Ungerechtigkeit, und wenn es nur eine Parteibehörde ist...«

Doch eine unabhängige Rechtspflege war nach seiner Ansicht ein peripheres Problem. In Wirklichkeit war es die Heiligkeit des Eigentums und der Respekt vor Eigentumsrechten, der in den Vereinigten Staaten das System zusammenhielt und die Sicherheit der Bürgerrechte verbürgte. »Letztlich werden die Eigentumsrechte aufrechterhalten, weil alles andere das ganze System gefährdet. Das liegt nicht daran, daß die Rechtspflege unabhängig wäre, das ist sie nicht, sondern daran, daß das Eigentum immer noch ziemlich weit gestreut ist, woraus sich eine Vielfalt von Interessen und Standpunkten ergibt und damit eine gewisse Unabhängigkeit.

Bisher ist noch nicht jedes Vermögen monopolisiert. Nicht, daß nicht eine unabhängige Rechtspflege lebensnotwendig wäre.

Das Problem beim Sozialismus ist, daß es keine andere Macht als die Macht des Staates gibt. In den USA liegt die wirkliche Macht beim großen Geld, und die Staatsmacht dient dem großen Geld. Wohlhabende Leute gehen in die Politik und verlassen sie wieder, haben aber im allgemeinen mit Politik lieber nichts zu tun. In China ist das nicht so. Wenn man nicht *in* der Politik ist, ist man nichts. Dadurch wird die Macht etwas sehr Unstabiles. In den USA bleibt der Reichtum von Generation zu Generation in denselben Familien. Präsidenten kommen und gehen, aber die Macht bleibt stabil. Nicht so in China. Ein Regimewechsel bedeutet hier, daß einer aufsteigt und ein anderer absteigt.

Für eine unabhängige Rechtspflege in China kann ich also keine mögliche Basis entdecken. Wie könnte sie sich behaupten, wenn es einmal hart auf hart kommt? Aber an sich ist das, glaube ich, nicht so wichtig; was wichtig ist, sind Bürgerrechte, das Recht, seine Meinung zu äußern und schöpferisch tätig zu sein.« Aus seinen Worten und Blicken und obwohl er versuchte, konkret zu sein, schien mir hervorzugehen, daß die ganze Frage der Koexistenz von Freiheit, Kreativität und Sozialismus für ihn noch nicht gelöst war.

»Ich vermute, Sie sprechen Chinesisch, nicht wahr?« fragte ich.

»Nicht großartig, aber ziemlich gut.«

»Gibt es eine Art Schleier zwischen den Chinesen und Ihnen?«

Er dachte einen Augenblick nach. »Nicht bei den Bauern. Von den Bauern erhalte ich ehrliche Antworten.«

»Sie haben keine Angst, über die Mängel des Systems zu sprechen?«

»Manchmal schon. Aber meistens rücken sie gleich damit heraus. Wissen Sie, man kann Bauern nicht weiter degradieren, weil sie ohnehin ganz unten stehen.« Er lächelte.

»Die Landarbeit ist Strafe.«

»Für einige Intellektuelle und Stadtmenschen allerdings, es sei denn, sie gehen aufs Land, um Punkte für ihre Karriere zu sammeln. Aber der Bauer weiß, daß er nicht weiter absinken kann, und deshalb hat er keine Angst, offen zu reden. In Peking ist das anders, etwa bei den Funktionären. Da ist die Indirektheit manchmal so groß, daß sie mich schwindeln macht. Ich kann an diese Leute nicht herankommen. Sie machen eine Kunst daraus, ausweichend zu sein. So möchte beispielsweise niemand derjenige sein, der eine Entscheidung fällt, für die er später vielleicht kritisiert werden kann.«

»Verstehen Sie, was hier in den letzten zehn Jahren passiert ist?«

»Nein, ich verstehe es nicht. Und ich zweifle, ob es überhaupt jemand versteht.«

»Es wird alles irgendwie schwammig, wenn man darüber nachdenkt, nicht?«

Er starrt einen Augenblick vor sich hin, dann sieht er mich an. Etwas zutiefst Schmerzliches liegt über seinem Gesicht. »Es ist oft passiert, wissen Sie, daß sie wie aus dem Nichts hervorbrachen...«

»Wer?«

»Menschen. Tausende von ihnen, um einen Führer geschart. Ein Führer, von dem niemand jemals zuvor etwas gehört hatte. Ein neuer Kriegsherr, jung, mit frechem Maulwerk, der sich den Teufel um irgend etwas oder irgendwen scherte. Er kam aus irgendeiner Fabrik, irgendwo, und er brachte gleich seinen eigenen Stab mit: Meldegänger, Lastwagen, Waffen, ja sogar Konkubinen. Wie aus dem zehnten Jahrhundert entlaufen, einschließlich der Verachtung für den Bauern, der Rotznäsigkeit...«

Seine Augen blitzen vor Wut. »Es waren in vielen Fällen Namenlose, die erst seit einigen Monaten irgendwo eine Stelle gefunden hatten, aber aus ihnen wurden die mächtigen Führer, die Hunderttausende von Gefolgsleuten mobilisieren konnten. Das schlimmste war, mitanzusehen, wie rasch sie dabeiwaren, einander zu zerfleischen und jeden zu demütigen, der ihnen zwischen die Finger kam. Das war das ungeheuerlichste daran, diese gräßliche Lust, jemanden in den Boden zu stampfen...«

Eine Pause. Die Miene der Hilflosigkeit vor Beweisen, die er nicht unterdrücken kann, vor allem nicht vor sich selbst.

»Es war ein regelrechter Bürgerkrieg im Gang. Schwere Artilleriegefechte. Tausende von Menschen sind getötet worden...«

»Was ich einfach nicht begreifen will, ist: Was hat denn Mao aus dem Chaos gemacht? Ich meine, er war doch immer noch da, nicht wahr? Und funktionierte noch...?«

Hinton schüttelt den Kopf, grinst mich an. »Er sagte, beide Seiten hätten unrecht.«

»Aber er hat nichts unternommen, um die Kämpfe zu beenden?«

»Oh nein! Er sagte: ›Diskutiert, aber kämpft nicht‹.«

»Aber sie *haben* doch gekämpft. Sogar mit Artillerie.«

»Ja, das ist richtig. Aber der Kampf war völlig außer Kontrolle geraten.«

»Und was tat er dann?«

Hinton blickt zuerst auf seine Hände, dann wieder zu mir und schüttelt den Kopf. »Niemand versteht das, Miller. Noch nicht. Vielleicht ist es noch zu früh.«

»Ich frage mich manchmal, ob Mao nicht mit dem Gedanken gespielt hat, den Staat auszulöschen. Die wechselnden Strömungen so lange regieren zu lassen, wie sie konnten, bis sie ihrerseits von irgendeinem neuen Konzept hinweggefegt würden, bis schließlich, nach Strömen von Blut und Gott weiß welchem Chaos, die Demokratie da wäre.«

Hinton nickt einen Augenblick und zuckt mit den Achseln. »Ich weiß nicht. Niemand weiß das.«

»Sie stimmen meiner Idee also nicht zu.«

»Nein, wahrscheinlich nicht.« Er streckte die Beine von sich und legte die Hände auf seinen Scheitel. »Ich habe eine Untersuchung geschrieben, *Hundred Day War*, über die Kulturrevolution in einer bestimmten Universität, in Qinghua.«

»Ich habe sie noch nicht gelesen...«

»Sie können ja mal hineinsehen. Was ich herausgefunden habe, ist, daß nach den ersten Wochen der Auseinandersetzung jede Erörterung von politischen Prinzipien buchstäblich zusammenbrach. Zum Schluß war einfach ein Machtkampf zwischen verschiedenen politischen Führern da. Es ging um keinerlei moralische oder politische Auseinandersetzungen mehr, sondern einzig und allein um das Ego. Das ist es, was unsere amerikanischen Radikalen nicht verdauen können, und die in Europa auch nicht, glaube ich. Deshalb werde ich ja auch so angegriffen. Aber ich bin dagewesen und habe es gesehen, und genauso ist es gewesen.«

»Mich brauchen Sie nicht zu überzeugen. Aber lassen Sie mich einen Schritt weitergehen. Glauben Sie, daß dieses langwierige Hin und Her in

Chang-An-Avenue, Peking

gewisser Weise der Ersatz für ein System war – das es hier nicht gibt –, um in einem institutionellen Rahmen die Macht an neue Leute zu delegieren? Mit anderen Worten, macht sich von Zeit zu Zeit das feudale Klassensystem wieder geltend, weil es praktisch keine legalen Sanktionen gibt, um es niederzuhalten?«

»Darüber müßte ich erst nachdenken. Es kann schon sein.«

»Und deshalb auch dauernd diese wilden Pendelausschläge – vom harten Autoritarismus bis zur Anarchie und wieder zurück. Es ist alles sozusagen ein Tasten nach den Kanalisierungen, in denen die Macht hin und her fließen kann, ohne über die Ufer zu treten und das Land zu überschwemmen. Ich muß allerdings hinzufügen«, fuhr ich fort, »das Einzigartige hier ist, daß diese Pendelausschläge immer noch innerhalb einer Diktatur möglich sind; es ist wirklich schwer, dieses Phänomen in den Rahmen irgendeiner normalen Ideologie zu pressen.«

»Sie wissen wahrscheinlich nichts über diesen Roman, der gerade in Abschriften zirkuliert«, sagte Hinton ganz plötzlich.

»Sie meinen wie Samisdat?«

»Ich bin nicht sicher.« Er berichtigte sich: »Ich meine, ich bin nicht sicher, ob er auch weiter unterdrückt wird.« Und er berichtigte sich ein zweites Mal: »Oder vielmehr, ob man ihn fürs erste nicht einfach bei irgendeinem Bürokraten schmoren läßt. Auf jeden Fall, es steht kein Autorenname drauf, und er ist mit Maschine geschrieben und fängt folgendermaßen an: An einem Winternachmittag läuft eine Frau über eine Brücke. Auf ihrem Arm trägt sie, an ihre Brust gepreßt, einen kranken, sterbenden Säugling, während sie an der Hand ein störrisches sechsjähriges Kind hinter sich herzieht. Sie hält Passanten an, um nach dem nächsten Krankenhaus oder Arzt zu fragen, man beschreibt ihr den Weg, halb hysterisch läuft sie weiter. Plötzlich, mitten auf der Brücke, mit ihrem Schienen- und normalen Verkehr, bleibt der Sechsjährige stehen, klammert sich am Geländer fest, will keinen Schritt weiter tun. Die Frau zieht und zerrt ihn, beschimpft ihn, schlägt ihn, aber er will nicht loslassen. Endlich läßt sie ihn stehen und läuft mit ihrem keuchenden Säugling weiter. Wenige Minuten später zieht eine bewaffnete Wache auf. Maos Zug soll jede Minute diese Brücke passieren, und die Wache sucht das Gelände ab, um ihn zu schützen. Die Wache sieht den Sechsjährigen, versucht ihn zum Weitergehen zu veranlassen, redet ihm gut zu, bekommt aber keine Antwort. Der Soldat beschließt, die Finger des Kindes aufzubiegen, um den Griff zu lösen, und entdeckt, daß die Hand aus Stahl ist. Er greift in den Ärmel und entdeckt einen Arm aus Stahl. Es ist eine Roboter-Bombe. Sie entschärfen sie im selben Augenblick, da Maos Zug auf der Brücke eintrifft.«

»Was für ein Anfang! Und wie geht es weiter?«

»Ich weiß es nicht. Mehr habe ich nicht gelesen.«

»Und welche Gruppe soll hinter der Bombe stehen?«

»Lin Biao. Aber es steckt noch eine weitere Symbolik in dem Buch. Der Roboter bedeutet die technologische Meisterschaft der Streitkräfte, insbesondere der Luftstreitkräfte, die gegenüber den anderen Sphären des chinesischen Lebens als etwas Besonderes aufgefaßt wird.«

Er steht auf und rollt mit einer Hand seine Arbeitsjacke aus Zwillich zusammen. »Ich muß mich jetzt fertigmachen, um meinen Mais hereinzuholen.«

Wir schütteln uns die Hand. Er winkt Inge zu, die versucht hat, auf dem Bett nicht einzuschlafen, nachdem sie heute sechzehn Stunden auf den

Beinen war und fotografiert hat. »Ich finde es irre, daß Sie die Sprache sprechen, Inge. Das wird Ihnen viel helfen. Es wird den Leuten schmeicheln, daß Sie sich dieser Mühe unterzogen haben. Viel Glück.«

An der Tür dreht er sich um und lacht. »Ich sage eine Menge negativer Dinge, aber ich möchte nicht, daß Sie den Eindruck bekommen, daß ...«

»Ich verstehe schon.«

»Die Chinesen lieben diese Revolution. Vergessen Sie das niemals. In ihr verbinden sich ihr Stolz, ihre Würde und all ihre Hoffnungen. Niemand hier sehnt sich nach dem alten System zurück, es war nichts als eine organisierte Dummheit und eine einzige Katastrophe. Aber es müssen noch eine Menge schlechter Angewohnheiten verändert und viele harte Tatsachen zur Kenntnis genommen werden, bevor sie weitermachen können. Vor der Tür stehen eine Milliarde Chinesen, da haben sie keine Minute zu verlieren, verstehen Sie?«

»Keine zehn Sekunden, kann man wohl sagen.«

Er verläßt die Eingangshalle und geht in einem langgestreckten Trab davon, immer noch mitgenommen von seiner Krankheit. Was ihn auszeichnet, ist nicht sosehr, daß er so viel Arbeit und Hoffnung in ein anderes Land und dessen Revolution investiert hat – das haben andere auch getan. Vielmehr ist es bei ihm das Fehlen jeglicher Verachtung, wie sie so viele Rebellen für ihre eigene Kultur und für den Charakter und die Institutionen ihres Landes empfinden. Bei ihm hat man nicht den Eindruck, daß er lediglich eine Idealisierung gegen eine andere vertauscht hat – oder eine frühere Enttäuschung gegen eine, die erst noch kommt. Was Hinton vorzuschweben schien, gehörte einer Art tragischem Aktivismus an, zu dem auch eine hartnäckige Geduld vor den Erfahrungstatsachen zählte. Keines Landes Zukunft ist vorhersehbar und kann ihm in keinem Falle von der Geschichte eines anderen Landes aufgepfropft werden. Die Gegenwart ist nur der äußerste Rand einer langen und besonderen Vergangenheit, deren Mißerfolge, Bestätigungen und Verdrängungen tief in die Persönlichkeit und Selbstauffassung jedes Volkes hineinreichen. Auf diese Komplexität die Abstraktionen politischer Theorie zu packen, ohne auf jedem Schritt des Weges Tatsachen- und Erfahrungsirrtümer zu korrigieren, würde bedeuten, eine Gesellschaft in ein Trugbild der Unwirklichkeit einzuschließen, das jedem Anspruch auf einen wissenschaftlichen Standpunkt Hohn spricht. Er schien auch insofern bemerkenswert, als er nicht zu jenen Ex-Amerikanern gehörte, die sich in China mehr zu Hause fühlten als in Amerika, die größere Liebe zu einer fremden Küste empfanden. Vielleicht ist er der Träger einer ungewöhnlichen Art von Bewußtsein, für das die Vergangenheit nicht ein Irrtum ist, der verdrängt und aus dem Bewußtsein getilgt werden muß, um sich dann nur um so zuverlässiger zu wiederholen und die Vergangenheit einzuholen. Wenn ihn die chinesische Erfahrung der letzten paar Jahre gedemütigt hat, so scheint er dennoch entschlossen zu sein, den Kampf nicht aufzugeben. Es war ein langer Weg gewesen, und er sah natürlich, daß er noch länger werden würde. Die Anfeindungen waren nicht nur von den knorrigen Rechten in Amerika gekommen, sondern auch von den Linken, und sie würden zweifellos weitergehen. Aber wenn er sich an irgendeine prophetische Hoffnung hielt, so mußte es eine Hoffnung sein, die die Meisterung des konkreten, operativen Details in sich aufgenommen hätte; anders ist das Paradox zwischen menschlichem Bedürfnis und menschlicher Veränderungsunwilligkeit nicht zu brechen. Und insofern war er vielleicht in hervorragender Weise amerikanisch.

Yanan ist das chinesische Valley Forge. Staubig und trocken, mit windzerfressenen Bergen und kultivierbarem Land nur entlang der Wasserläufe, ähnelt es gewissen Gegenden Arizonas. In diese abgelegene Feste führten Mao, Zhou und der militärische Anführer Zhu De ein abgerissenes Heer von dreißigtausend Mann nach dem berühmten Langen Marsch, ein strategischer Rückzug, um der Vernichtung durch die überlegenen Armeen Chiang Kai-sheks zu entgehen. Sie lebten in Höhlen, die sie aus dem Löß der Bergwände heraushieben, wie es die Einheimischen in manchen Fällen heute noch tun. Nach elf Jahren war die Armee auf 300000 Menschen angewachsen, die aus allen Teilen Chinas, aus den Städten und vom Land, hierher zusammengeströmt waren, Männer und einige Frauen, die das korrupte Regime Chiangs und seine Unfähigkeit gegenüber der japanischen Besetzung satt hatten. Vielleicht lag der Schlüssel zum phänomenalen Wachstum dieser Armee in ihrem Grundsatz, von den Bauern niemals etwas anzunehmen, auch nicht Lebensmittel, sondern höchstens heißes Wasser. Der Bauer war seit unvordenklichen Zeiten das Opfer einer jeden Armee gewesen, die zufällig an seinem Hause vorüberkam. Yanan war in der Tat das erste Befreite Gebiet Chinas und das erste Stück Sozialismus in Asien.

Es gibt heute hier etwas Industrie, aber der Plan ist, das Gebiet von Yanan zum Heiligtum der Revolution zu machen, wobei die Hauptattraktion die vier Höhlen sind, in denen Mao in jenen riskanten Jahren wohnte, freilich, wie hinzugefügt werden muß, wenigstens eine Zeitlang zusammen mit Jiang Qing. Hierher lenkte auch Edgar Snow seine Schritte, um Maos und Zhous engster ausländischer Freund und Vertrauter zu werden, der der westlichen Welt die Bewegung erklärte. In Yanan war es auch, wo ich mich erkältete, und einen Tag später erwischte es Su Guang, so daß Inge die Reliquien und Maos Höhlen allein mit einer örtlichen jungen Dolmetscherin besichtigen mußte, die Zhao Suping hieß und nicht nur die Statur einer Diskuswerferin hatte, sondern auch die Entschlossenheit, ihr gerecht zu werden. Zhao Suping, jetzt 25 Jahre alt, wurde während der Turbulenzen der Kulturrevolution volljährig. Es war ihre Zeit. Sie äußert freiwillig keine Angriffe auf deren Thesen oder Persönlichkeiten. Allein mit Inge, sagt sie ganz einfach, daß sie nicht daran interessiert ist, irgendeinem Menschen nahe zu sein. Dies wirkt nicht nur wie eine persönliche, allergische Bemerkung nach all den Jahren des Engagements und dem, was für sie die gegenwärtige Enttäuschung sein muß. Sie ist ein zähes und einfallsreiches Mädchen.

Ein leichtes Fieber und die allzu vielen Eindrücke haben sich auf meinen Gemütszustand geschlagen, aber manchmal ist es nützlich, sich eine Sehenswürdigkeit in niedergeschlagenem Zustand anzusehen, der zweifellos von vielen Einheimischen geteilt wird. Ich stehe vor unserem Hotel auf der Hauptstraße. Das Pflaster ist brüchig und ausgetreten und wird zu Kanalisationsarbeiten hier und da aufgerissen. Der Rauch der brennenden Holzkohle, der Staub, der kalte Himmel, die endlose Reihe von Radfahrern, die sich dreitausend Kilometer von Peking bis zu diesem Vorposten zu erstrecken scheinen, die dunklen Hausflure, aus denen ein Huhn herausspaziert, oder eine alte Frau, die ihre dreijährige Enkelin wie eine Puppe auf einen winzigen Stuhl setzt.

Jetzt marschiert ein Trupp von etwa 20 Kindern die Straße herunter. Sie sind zwischen sechs und sieben Jahre alt, ihre Schulbücher tragen sie in einem Sack auf dem Rücken, und alle zusammen singen fröhlich eine revolutionäre Weise. Erstaunlicherweise werden sie weder von einem Lehrer noch sonst von einem Erwachsenen begleitet. Sie haben sich einfach irgendwo zusammengefunden und marschieren jetzt – es ist etwa 7 Uhr morgens – zusammen zur Schule. Als sie mich sehen, bricht ihr Gesang ab, und ohne aus dem Tritt zu kommen, applaudieren sie mir im Vorbeiziehen. Ich applaudiere zurück. Mir fallen die vielen Hinweise darauf ein, daß wir noch vor ein oder zwei Jahren als Fremde geschnitten worden wären, und so müssen auch diese sechsjährigen Knirpse instruiert worden sein, zu klatschen, wenn sie einem Barbaren begegnen. Die Disziplin in China ist beachtlich, aber trotzdem sind die Kinder zweifellos glücklicher dabei, wenn sie einem Fremden zuklatschen können, als wenn sie ihn feindselig anstarren müssen.

Inge hat mir in der Apotheke ein Fieberthermometer gekauft. Als sie eintrat und auf chinesisch eines verlangte, scharte sich eine Menge Frauen um sie, die sogleich Dutzende identischer Thermometer auf dem Ladentisch vor ihr ausbreiteten, um das mit dem schönsten und saubersten roten Pappkarton herauszusuchen. Inge hatte den Eindruck, daß es tatsächlich das erste Thermometer in der Geschichte Yanans war, das von einem Fremden gekauft wurde. Man kann sich vorstellen, wie noch wochenlang über die fremde »tai tai« gesprochen werden wird, die das Thermometer gekauft hat. Es kostete etwa 10 Cents.

Kinder applaudieren den Ausländern, Yanan

Später verabfolgt mir Su Guang die chinesische Kräutermedizin gegen Erkältungen, die er selbst gerade nimmt. Es ist eine schwarze, nach Lakritze aussehende Kugel mit der Konsistenz von Karamelbonbons und dem Geruch und Geschmack von Kampfer. Wenn man es lutscht, vergißt man sofort seine Erkältung, weil man alle seelischen Kräfte darauf konzentriert, nicht zu erbrechen. Su behauptet, schon auf dem Wege der Besserung zu sein, aber besonders begeistert sieht er mir nicht aus.

Dennoch reißen wir uns zusammen und begleiten die viel widerstandsfähigeren Frauen Inge und Zhao Suping aufs Land, wo wir die Kaderschule besuchen wollen. Vorher werfe ich in Yanan noch einen Blick durch das Fenster eines Betriebes, in dem etwa fünfzig Frauen an Nähmaschinen sitzen und die unvermeidlichen Mao-Sun-Yat-sen-Jacken herstellen. Nachdem ich selbst eine Zeitlang im Textilviertel von New York gearbeitet habe, kommt es mir vor, als ob diese Frauen nicht so flink und gewandt mit den Maschinen umgehen wie die Näherinnen und Näher, die ich damals kannte. Aber in jenen Tagen der Depression waren sie auch alle Fanatiker, die nach dem Stück bezahlt wurden und die Nähte mit der höchsten Geschwindigkeit, die die Nadel hergab, durch die Maschine zogen. Das Mittagessen bestand für sie aus einer Schüssel saurer Sahne mit hineingeschnittenen Zwiebeln und einer Faustvoll Pumpernickel; es dauerte 15 Minuten. Köstlich. Einer der Arbeiter, Louie Kurtzman, pflegte die Fäden am Ende jeder Naht abzubeißen, bis seine Unterlippe am Nachmittag mit Fadenresten in einem halben Dutzend Farben bedeckt war, die wie Schnurrbarthaare aus seinem Mund hervorstanden, und da er seine Zigaretten bis zu einem Stummel von knapp zwei Zentimeter zu rauchen pflegte, waren insgeheim alle gespannt darauf, wann Louie in Flammen aufgehen würde.

Die chinesischen Näherinnen waren viel gelassener; sie plauderten gemütlich, während sie die Nähte unter den Nadeln zurechtlegten, und unterbrachen sich häufig, um im Gespräch etwas hervorzuheben. Aber ein so trauriger Laden wie dieser wäre selbst in den dreißiger Jahren im Tex-

Schneiderei, Yanan

tilviertel von New York nicht möglich gewesen. Ein paar wahllos an der Decke aufgehängte Leuchtstoffröhren verbreiteten ein schwaches Spektrallicht und tauchten manche Arbeitsplätze in tiefen Schatten. Außerdem hockten die Arbeiterinnen dicht aufeinander. Der Betrieb erinnerte mehr an die Knochenmühlen der Lower East Side im New York der Jahrhundertwende oder an die nicht von der Gewerkschaft kontrollierten Untergrundbuden, in denen heutzutage illegale Einwanderer beschäftigt werden. Die Frauen hinter dem Fenster erinnerten mich an etwas, was mir Hinton über das technische Niveau der chinesischen Landwirtschaft gesagt hatte: »Sie befindet sich etwa auf dem Niveau der amerikanischen Siedler um 1800.« Doch nach allem, was man wußte, waren diese Textilarbeiterinnen in Yanan mit viel mehr Hoffnung erfüllt, als es amerikanische Textilarbeiter gewesen waren, da deren Leben nur aus Arbeit bestand und die Arbeit das Leben war.

Es dauerte mehrere Tage, bis die Bedeutung dessen, was wir auf der Kaderschule zu sehen bekamen, in mein erkältetes Gehirn drang. Für das unbewaffnete Auge bestand die Schule aus einer Ansammlung großer landwirtschaftlicher Gebäude, die ungefähr in der Form eines Rechtecks angeordnet waren, in dessen Mitte eine ungeheure Tenne von der Größe eines Basketballplatzes lag. Etwa dreißig junge Männer und ungefähr ein Dutzend Frauen mit Schutzmasken und breitrandigen bäuerlichen Strohhüten machten sich an wirbelnden Schälmaschinen zu schaffen, aus denen Reiskerne ausgespuckt wurden, die von Männern mit breiten Schaufeln hochgeschleudert und von den schnellen Luftströmen großer elektrischer Ventilatoren am Rande der Tenne geworfelt wurden. Einige der Arbeiter blickten zu uns herüber, als wir ankamen, verrieten aber keinerlei sichtbares Interesse.

Etwas Unwirkliches ging für mein fieberndes Gehirn vom Anblick dieser Bauern aus – sie hatten eine entschieden unbäuerliche Aura um sich. Wahrscheinlich war es damit zu erklären, daß keine älteren Leute zu sehen waren, dachte ich mir, aber auf jeden Fall schob ich den Gedanken beiseite und wanderte pflichtgemäß durch den Reparaturladen und die Vorratsräume, wo mir erneut die Jugendlichkeit des Personals unnatürlich erschien.

Des Rätsels Lösung hätte mir klar sein sollen, als mir, in der getünchten Höhle, die als Krankenstube diente, die junge Ärztin begegnete, die eine Dr. med. war, kein »Barfußarzt«. Sie und der vierzig- bis fünfzigjährige Leiter der Schule führten enthusiastisch den selbstgemachten Operationstisch vor, indem sie seine mit Scharnieren versehenen Enden senkten und hoben. So konnte der Patient für eine Untersuchung oder eine Operation in jede gewünschte Position gebracht werden. Und sie operierte in der Tat, wie sie mit einem stolzen Lächeln mitteilte, und hatte auf dem Wundertisch bereits eine Blinddarmoperation vorgenommen. Ich teilte ihr gedankenlos mit, daß ich selber in diesem Augenblick an einem leichten Fieber litte, die beste Nachricht, die sie anscheinend seit langer Zeit erhalten hatte, denn sogleich sprang sie zu einem Gestell mit hölzernen Schubladen, suchte vierzehn gelbe Tetrazyklinpillen hervor, drehte sie in ein kleines Stück Papier ein und überreichte sie mir.

Kaderschule »7. Mai« beim Reisschälen, Nanniwan

Mit pochendem Schläfen versuchte ich, dem Wortschwall des Schulleiters zu folgen; wie ich mir hätte denken können, waren die »Bauern«, die wir gesehen hatten, in Wirklichkeit Parteiarbeiter aus größeren Städten, die hier waren, um marxistische Theorie zu studieren, während sie gleichzeitig mit ihren Händen Arbeit leisteten, um zu verstehen, was es bedeutete, Bauer zu sein. Viele von ihnen hatten eine hohe Position inne, doch hier waren sie, wie wir selbst hatten sehen können, gewöhnliche Arbeitskräfte. Einer ihrer Haupttexte war Stalins Abhandlung über Ökonomie, doch war es vielleicht ihre wichtigste Aufgabe hier, sich die Yanan-Tradition des revolutionären Selbstvertrauens und der Volksverbundenheit anzueignen. Manchmal wanderten ganze Massen von Jugendlichen 45 km hierher, in symbolischer Nachahmung des Langen Marsches, der sich freilich über 12000 km erstreckt und jahrelang gedauert hatte.

Nun fragte Inge auf chinesisch die Ärztin aus, und diese war, wie der lächelnde Leiter der Schule, entzückt. Sie wußte noch nicht, wie lange sie ihre Arbeit in der Krankenstube fortsetzen würde. Eigentlich kam sie aus Xian, der Provinzhauptstadt, und sie war schon etwa ein Jahr hier. Ohne sich im geringsten anmerken zu lassen, daß sie kritisiert worden war, sagte sie mit gleichbleibendem Grinsen und blitzenden Augen:

»Ich bin hier, um meine Weltauffassung zu verändern.«

Es sollte noch Tage dauern, bevor mir, im Anschluß an ein Gespräch an einem ganz anderen Ort, dämmerte, daß diese Ärztin, genau wie die »Bauern« im Lager, hier war, um »umerzogen« zu werden. Waren es Anhänger der Bande gewesen, die man jetzt gezwungen hatte, den Platz mit ihren früheren Feinden zu vertauschen, mit Menschen also, die man ihrerseits jahrelang in Kaderlager gesteckt hatte, um *ihre* Weltauffassung geradezubiegen? Ich gestehe, daß mir überhaupt nicht der Gedanke kam, danach zu fragen, höchstwahrscheinlich deshalb, weil es keinerlei Anzeichen dafür gegeben hatte, daß die Ärztin in irgendeiner Weise unter Zwang stand. Außerdem hatte ja auch der Leiter des Lagers ausdrücklich den ideologischen Zweck hinter dem Lager unterstrichen. Ob das Personal teilweise oder ganz unter Arrest stand oder freiwillig hier war, war nach dem Aufbau des Lagers unmöglich zu entscheiden; es gab weder eine Umfassungsmauer noch ein vergittertes Gebäude, und die barackenartigen Wohnquartiere waren zwar spartanisch, aber ebenso komfortabel und luftig wie andere Bauernhäuser in den neueren Kommunesiedlungen. Doch selbst während der Kulturrevolution hatten sich in solchen Lagern Häftlinge unter denselben Bedingungen aufgehalten – und tatsächlich gab es in jenen Tagen Menschen, die oft freiwillig hierher kamen, um sich umerziehen zu lassen. In manchen Fällen bekamen sie die Erlaubnis, ein- oder zweimal die Woche zu ihrer Familie zurückzukehren.

Operationszimmer der Kaderschule »7. Mai«, Nanniwan

Ich denke, es ist Geschmackssache, ob derartige Vorkehrungen das Ganze anrüchiger machen oder nicht.

Natürlich bleibt die Frage, welches die wahren Gefühle der Bewohner solcher Plätze sind, und darauf gibt es noch immer keine Antwort. Es fiel mir eine andere Bemerkung Hintons ein: »Die Jungen sind heutzutage ziemlich skeptisch...«

Das war wohl unvermeidlich, nachdem das, was erst so ungeheuer richtig gewesen war, sich nun als völlig falsch herausgestellt hatte.

Aber während die Tage vergingen, ergab sich die Gelegenheit, zu lernen, daß ein Teil von Maos Vermächtnis die Unvollendbarkeit des Kampfes war, das Konzept der stets vorhandenen Zwei Linien; man konnte dieses Jahr recht haben und im nächsten Jahr ein Volksschädling sein, oder umgekehrt. Für den ungeduldigen Abendländer ist das etwas Unwirkliches; er muß zu einer »Wahrheit« durchstoßen, um für sie sterben oder sie getrost nach Hause tragen zu können. Die »Wahrheit« des Abendländers ist ein fertiges Produkt, das Teil seiner selbst und seiner moralischen Persönlichkeit wird.

Für Mao ist nur der Kampf das einzig Dauerhafte, und am nächsten kommt man der Wahrheit, wenn man die Notwendigkeit erkennt und anerkennt. Man braucht Tapferkeit, um die Notwendigkeit zu erkennen und entsprechend zu handeln; zu tun, was er tun muß, kann für einen Menschen den Zusammenbruch seines ganzen bisherigen Lebens bedeuten, die Kränkung alter Freunde und den Bruch mit geheiligten Verpflichtungen, um sich selbst zu einem Instrument der Geschicht zu machen. Die Alternative dazu heißt Nostalgie, Moralismus und Lähmung vor dem Gebot der Stunde.

Die junge Ärztin und Anhängerin der Vier braucht keine Reue über den Schaden zu empfinden, den sie in der Vergangenheit angerichtet hat, vorausgesetzt, sie versteht, was sie jetzt denken und tun muß. Schuld bewegt keine Steine.

Es ist eine weiträumige Perspektive und eine muskulöse Philosophie, die sich insbesondere für eine Welt eignet, in der nichts lange genug stillsteht, um den Finger darauf legen zu können. Ich denke, es ist ein pragmatischer Idealismus, sozusagen die chinesische Version der alten amerikanischen »Business«-Philosophie, oder, was das betrifft, die gängige Philosophie der Völker, die, wie man so sagt, keine Freunde, sondern nur Interessen haben. Aller Gefühlsduselei entkleidet, ist es in gewisser Hinsicht das amerikanische Credo oder war es wenigstens, als die Amerikaner noch die Selbstsicherheit besaßen, alles Praktische anzubeten. Dem alten Europa blieb es vorbehalten, Einspruch zu erheben, wenn alte Gebäude niedergerissen werden sollten, um Platz für eine Fabrik oder einen Parkplatz zu schaffen; für die Amerikaner war nichts heilig als der Fortschritt, der Aufbau, der Wandel, die Neuheit, und jedes Morgenrot trennte Amerika ein wenig mehr von seiner Vergangenheit.

Undramatisch, ja unbeschwert machte ein fünfundsiebzigjähriger Theaterdirektor in Shanghai, der mehr als zehn Jahre hinter Gittern verbracht hatte, die Bemerkung: »Wenn die nächste Kulturrevolution kommt...«

»Wird es denn eine zweite geben?«

»Oh ja, gewiß, viele.«

Und so, wie die junge Ärztin in Yanan keinerlei Reue als frühere Vierer-Anhängerin zeigte, die doch einiges Empörende getan haben mußte, um diese Verwahrung hier zu verdienen, so zeigte der alte Theaterdirektor überhaupt keine Bitterkeit gegenüber seinen Häschern. Ja, wir kennen sogar eine dieser Personen, sie lebt heute in Amerika und empfindet ungeheure Zuneigung zu ihm, so wie er für sie. Vielleicht stimmt es, daß in China die Dinge niemals aufhören.

An dieser Stelle – in der wenigen Zeit, die noch verbleibt, bevor der Bau von Intercontinental- und Hilton-Hotels eine solche Szene unmöglich macht – sei von dem Schweineschlachten zehn Meter vor meinem Hotel in Yanan berichtet.

Während Inge und Zhao Suping fort waren, um die vier Höhlen Maos zu besichtigen, lag ich auf meinem Bett in unserem Hotelzimmer und versuchte zu dösen, als das Schwein plötzlich vor meinem Fenster zu schreien begann. Es war unmöglich, so zu tun, als ob nichts wäre, und vor unserem Hotel konnte ich die Schreie hinter einer Mauer aus durchbrochenem

Stein lokalisieren. Und durch die Zwischenräume sah ich drei Männer, die ein riesiges schwarzes Schwein zu Boden geworfen hatten. Einer von ihnen hatte ein fußlanges Messer in der Hand. Sie waren dabei, über ihr weiteres Vorgehen zu beraten, und ich brachte es nicht über mich, weiter zuzuschauen. Aber selbst in mehreren Metern Entfernung waren die Variationen im Quieken des Tieres von schlagender Ausdruckskraft. Beim Aufschlagen auf die Erde ist es ein spitzer, stoßartiger Ausruf der Ungehaltenheit: »Ja-ih, ja-ih!« Denn das Schwein hat doch so lange in Frieden mit den Menschen gelebt, daß diese rohe Behandlung etwas Frevelhaftes hat.

Doch als es feststellt, daß es sich gegen die Kraft in den Händen der Männer wirklich nicht mehr erheben kann, verrät seine Stimme die erste Spur von Angst. Und das Quieken wird noch durchdringender, als die Männer seine zierlichen Füße zusammenbinden, und seine Stimme klingt unerträglich menschlich, als sein Kiefer für den Stich des Messers emporgereckt wird. Jetzt wird es Pflicht, mich umzudrehen und mit eigenen Augen zu sehen. Ein rascher Blick durch die Mauer genügt – die Messerspitze dringt gerade durch die zähe Haut unter dem Kiefer ein, und als das Blut herausspritzt, verlegt sich das Schwein aufs Bitten und will wenigstens einen einzigen Augenblick, um zu erklären, wer es ist und wie zufrieden es gewesen ist, als sich seine Flanken und Schinken mit Fett und festem Fleisch füllten, und wie sehr es sein Leben genossen hat. Und natürlich imitiert es die menschliche Stimme, um Sympathie zu erlangen. Ich wende mich ab.

Und jetzt strömt sein ganzes Leben in seine Stimme, ein erstaunliches Wissen von allem, was es gewesen ist und besessen hat und nun so unglaublich verlieren soll, und ich muß mich wieder umdrehen und hinschauen, und ich sehe, daß die Kraft seines Flehens und seines Protests, die Gewalt seines Bewußtseins hinreicht, um die widerstrebenden Arme der Männer zittern zu machen, als ob sie in diesem Crescendo unerwartet einen Mitmenschen erkannt hätten. Für einen Augenblick verwirrt sie das – aber die Ehre des Mannes mit dem Messer, das das plötzliche Aufbäumen des massigen Schweines aus der schon blutigen Wunde hat abgleiten lassen, ist eine gekränkte Ehre, und seine beiden Helfer raffen sich jetzt gegen die Appelle des Schweines auf, als ob es darum ginge, ihre eigene Gattung gegen die seine zu behaupten, und das lange Messer dringt Zoll um Zoll in die vibrierende Kehle ein, und die letzte Stimme des Schweins klingt wie »oh, oh, oh!«, und es taucht in seine Dunkelheit ein.

Die Männer stehen und blicken auf den regungslosen, gewaltigen Körper auf der zerstampften Erde und atmen immer noch schwer. Sie waren zweifellos gut bekannt mit diesem Schwein, das monatelang durch seinen Stall gestreift ist. Eine Weile bewegen sie sich nicht und starren nach bestandenem Kampf auf das Tier. Es ist, als ob sie diesen kleinen Zwischenraum der Stille einhalten müssen, damit die bedrückende Einheit mit dem großen schwarzen toten Ding auf dem Boden aufhören kann.

⁂

Der Oberschaffner des Yanan-Xian-Expresses trägt seine hohe Bedeutung mit professioneller Leichtigkeit. Er ist der »Verantwortungsträger« in diesem Zug, der große Mann, gleichbedeutend mit dem Kapitän auf einem Ozeandampfer oder dem Chefpiloten eines Flugzeugs. Das ist nicht der durchschnittliche Kartenknipser, der bestenfalls imstande ist, die Klimaanlage anzuschalten! Der Oberschaffner kennt jede Schraube seines Zuges. Und er ist nicht scheu. Er verbeugt sich leicht, während er die Abteiltür aufschiebt, und tritt mit einem würdevollen, aber warmen Lächeln auf seinem runden Gesicht ein, die blaue Uniform aus leichter Baumwolle fleckenlos und scharf gebügelt.

Er inspiziert die wenigen Abteile mit ausländischen Passagieren, wie der Stewart auf einem Ozeandampfer nach dem ersten Tag auf dem Meer, und fragt, ob wir irgendwelche Wünsche oder Anregungen haben.

»Es ist schwierig, in diesem Abteil zu schlafen«, sage ich, »es gibt hier wenig frische Luft, und wenn man das Fenster aufmacht, kommt entweder Ruß herein oder es zieht.«

Er wirkt überrascht und nicht allzu glücklich, dies zu hören, und zeigt nach oben auf zwei kreisförmige Entlüftungsdüsen.

»Die sind aber alle auf.«

»Vielleicht, aber es kommt keine Luft heraus.«

Er setzt sich mit recht defensivem Gesichtsausdruck auf eine der Bänke, und ich bin mir ziemlich sicher, daß er meine Kritik nicht billigt.

Draußen sind die Reisfelder ungeheuer grün, jetzt, da wir das »ari de Yanan« und die knochenharten Berge hinter uns gelassen haben, und mit dem ersten Frühlicht stehen die Bauern hier auf, hacken und schleppen, hegen ihre Pflanzen oder sind mit kleinen Wagen hinter ihren zweirädrigen Zugmaschinen unterwegs. Einen Ackerschlepper, der wirklich das Land bearbeitet, kann ich nicht sehen, aber es ist üblich, daß ein Dutzend oder mehr Bauern, Männer und Frauen Schulter an Schulter in einer Linie, sich langsam durch die Landschaft voranarbeiten, während sie auf einem Feld hacken.

Der Blick des Oberschaffners ist auf Inges zerfledderte chinesische Grammatik gefallen, und er nimmt das neben Inge liegende Buch in die Hand und fragt sie, was sie damit tue. Sie antwortet ihm auf chinesisch, ein breites Grinsen geht über sein ganzes Gesicht, und er sprudelt lauter Fragen über ihr Interesse an der Sprache hervor. »Ich werde das Buch für Sie reparieren«, sagt er und legt seine Hände um den zerlesenen Band. Und dann wendet er sich mir zu und sagt: »Es tut mir leid wegen der Luft, aber die Entlüftungsdüsen sind wirklich alle offen.«

»Es tut mir auch leid, aber es gibt nicht genug frische Luft.«

»Ich werde der Sache nachgehen.«

Allmählich richten wir uns in unserem Gespräch ein. »Wie alt ist dieser Zug?«

»Er wurde 1956 gebaut.«

»Nach amerikanischen Maßstäben ist er dann praktisch neu.«

»Ja, ziemlich neu.«

»Ein russisches Modell?«

»Ja, das war alles, was wir damals hatten. Wir müssen jetzt neue entwerfen, besonders solche mit Klimaanlage.«

»Sie mögen Klimaanlagen?«

»Oh ja, eine Klimaanlage ist etwas sehr, sehr Gutes. Das ist die wichtigste Verbesserung, die man in einem Zug überhaupt haben kann.«

»Da stimme ich Ihnen zu.«
»Haben Sie genug heißes Wasser und Tee bekommen?« Er greift nach der Thermosflasche und wiegt sie in der Hand.
»Ja, reichlich, danke. Wie ist es eigentlich, wenn man Oberschaffner ist? Welches sind Ihre größten Probleme?«
»Nun, natürlich ist das Material jetzt schon ziemlich alt. Wir brauchen dringend neues. Aber wir bauen gerade fünf Eisenbahnstrecken und müssen warten, bis sie alle fertig und in Betrieb sind. Sie haben vergangene Nacht nicht gut geschlafen?«
»Das macht nichts. Ich habe keine Nacht gut geschlafen, seit wir in China sind.«
»Das tut mir aber leid. Warum denn nicht?«
»Die Chinesen lieben es, sich nachts um zwei unter Hotelfenstern zu versammeln und laute Gespräche zu führen.«
»Was! Da müssen Sie sich beschweren.«
»Ich denke, sie haben irgend etwas Wichtiges zu tun.
Schon in zwei Hotels haben sie jetzt die ganze Nacht Stahlträger über den Hof geschleppt.«
»Ja ja, aber wir bauen auch die ganze Zeit, wissen Sie.«
»Daran zweifle ich nicht. Was für Probleme hat denn ein Oberschaffner sonst noch? Gibt es auch manchmal Diebe in den Zügen?«
»Und ob!« Er lächelt zufrieden. »Viele sogar.«
»Wirklich! Was wollen die denn stehlen?«
»Alles, was ihnen unter die Finger kommt.«
»Auch unter dem Sozialismus?«
»Manche Leute haben eben immer noch ihre Gewohnheiten.« Er macht eine Greifbewegung mit einer Hand. »Aber wir haben unsere Sicherheitsleute ständig an Bord.«
»Polizei an Bord?«
»Ständig. Die wird mit diesen Leuten sehr gut fertig. Es gelingt ihnen selten einmal, irgend etwas zu stehlen.«
»Und abgesehen vom Stehlen, gibt es hin und wieder Kollisionen?«
»Seit dem die Vierer-Bande gestürzt wurde, nicht mehr.«
»Wie hat sie denn Zusammenstöße verursacht?«
»Indem sie den Kampf gegen die Disziplin organisiert hat.«
»Könnten Sie mir das etwas genauer erklären? Wie hat die Bande den Kampf gegen die Disziplin organisiert?«
»Auf vielerlei Weise. Eine Methode bestand darin, genau in dem Augenblick, wenn ein Zug den Bahnhof verlassen sollte, eine Diskussion unter den Arbeitern anzufangen. Erst wurde ein Zug aufgehalten, dann ein zweiter, und schließlich wurde bei all dem Durcheinander ein Unglück unvermeidlich. Aus ähnlichen Gründen ist auch die Wartung des Materials zusammengebrochen.«
»Aber man sollte doch eigentlich denken, daß es im Interesse der Vier lag, wenn die Züge nicht zusammenkrachten. Wer konnte denn von diesem Durcheinander überhaupt einen Nutzen haben?«
Er sah mich an, um zu prüfen, ob ich wirklich so naiv sei.
»Aber Sie haben doch von ihrem Slogan gehört.«
»Was für einem Slogan?«
»Besser ein sozialistischer Zug mit Verspätung als ein kapitalistischer Zug, der pünktlich ist.«
Er lachte bei diesem grotesken Gedanken, und ich fragte: »Und wird

Oberschaffner im Xian-Nanjing-Shanghai-Expreß

heutzutage irgendeine ideologische Arbeit in diesem Zug geleistet, oder sind Sie rein an der Wirksamkeit interessiert?«

»Gewiß gibt es ideologische Arbeit. Wir schulen uns ständig als Marxisten. Es gibt auch Parteimitglieder in unserem Personal.«

»Wie viele sind das?«

Er rechnete einen Augenblick im Kopf nach. »Neun von dreiundvierzig. Ich bin der Leiter unserer Parteigruppe...«, plötzlich brach er ab, als sein Blick auf einen Band mit Tang-Gedichten in Inges Tragnetz fiel. Um ihre Erlaubnis bittend, nahm er das Buch heraus und verlor mich völlig aus dem Bewußtsein. »Wo haben Sie das her?« fragte er erstaunt.

»Aus einer Buchhandlung in Peking.«

»Ich wußte gar nicht, daß das wieder gedruckt wird.« Und erneut schien er sich in die Gedichte zu verlieren, die aus der glorreichsten Epoche Chinas vor über tausend Jahren stammten. Mit unruhigen Augen wandte er sich an Su Guang und fragte ihn, in welchem Pekinger Laden man dieses Buch aufgetrieben hatte. Su sagte es ihm und bedauerte gleichzeitig, daß er nicht die beiden Bände angenommen hatte, die Inge für ihn hatte kaufen wollen – für etwa einen Dollar. Die Tang-Lyrik, die zur meistbewunderten der chinesischen Sprache gehört, war von der Viererbande verboten worden – ein weiterer Versuch, die Erinnerung an die chinesische Vergangenheit unter dem Vorwand auszulöschen, diese Gedichte seien feudal und speichelleckerisch und verherrlichten einzig und allein die Herrschenden und deren Lakaien.

Aber wie sowohl Su, der Kenner der Klassiker, als auch der Schaffner zweifellos wußten, war dies keineswegs das erste Regime in der chinesischen Geschichte gewesen, das versucht hatte, die Vergangenheit wegzuwischen, indem es die Bücher früherer Dynastien in der Hoffnung verbrannte, deren Einfluß zu zerstören.

Etwa zehn Minuten lang saßen Inge, Su Guang und ich schweigend da, während der Oberschaffner, mit verzücktem Gesichtsausdruck, Gedichte las. Dann stand er wie erfrischt und mit einem glücklichen Seufzer auf, dankte Inge, daß er in das Buch hatte hineinschauen dürfen, und verließ unser Abteil mit der zerschlissenen Grammatik in der Hand.

Arthur Miller im Zug, Xian-Nanjing

Wir unternehmen diese zwanzigstündige Eisenbahnfahrt, weil die Flugzeuge von Yanan nach Shanghai nur dreimal in der Woche gehen. Bei langen Fahrten sind Züge gute Gelegenheiten, Menschen kennenzulernen, mögen auch die Nächte schlaflos sein. Bei kurzen Entfernungen hingegen sind sie die Hölle, und ich muß im Gang zwischen den Abteilen auf und ab gehen, um mich von meiner Langeweile abzulenken. Durch die Glasscheiben kann ich sehen, daß in den anderen Abteilen lauter Japaner sitzen, die eine Reise durch diesen Teil Chinas unternehmen. Einige von ihnen sind augenscheinlich alt genug, um noch an der japanischen Besetzung dieses Gebietes vor vierzig Jahren teilgenommen zu haben, aber ihre chinesischen Führer scheinen sich in ihrer Gesellschaft wohlzufühlen, schwatzen mit ihnen, trinken Tee und brechen dann und wann in lautes Gelächter aus. Und tatsächlich sind meine diesbezüglichen Erkundigungen bisher alle in der gleichen Weise beantwortet worden – die Chinesen machen die alten japanischen Militaristen, nicht das japanische Volk für den mörderisch langen Krieg verantwortlich.

Nachdem ich so viele Japaner unter den Fittichen von Chinesen, aber auch die Begrüßung von technischen Delegationen beider Länder in Hotelhallen beobachtet habe, ist mir deutlich geworden, daß die chinesischen Manieren viel weniger gehemmt, förmlich und künstlich sind. Sie erinnern an den unterschiedlichen Theaterstil beider Länder. Der japanische ist vergleichsweise unterkühlt und vornehm und vom westlichen Standpunkt aus eher humorlos und weltfremd, der chinesische ist drastisch, laut, derb, spaßig und unbekümmert um die Vermischung von Farce und Tragödie. Selbst an jahrtausendealten chinesischen Skulpturen ist häufiger ein offenes Lachen zu bemerken als das geheimnisvolle Lächeln in der klassischen Manier Buddhas. In der Tat scheint der chinesische Humor eine Vorliebe für die übertriebenste Absurdität zu haben und ist in dieser Hinsicht dem amerikanischen nicht unähnlich.

Ich hätte nie geglaubt, daß mich die chinesische Oper so fesseln könnte, das chinesische Theater überhaupt, die realistischen Stücke freilich etwas weniger. Die chinesische Oper ist so ehrlich in ihrer Künstlichkeit! Und gänzlich unvorbereitet war ich auf die dominierende Rolle der Frauencharaktere. In der Oper *Die Frauen Generäle aus der Yang-Familie* fällt der letzte männliche Vertreter der herrschenden Familie im Kampf, so daß die Frauen die Generalsposten übernehmen und die Streitkräfte gegen den Feind führen müssen. Überdies ist es eine sehr alte Oper, keineswegs ein modernes Gebräu, um das Soll an Theaterstücken über die Frauenbefreiung zu erfüllen. Die führende Rolle von Frauen in allen chinesischen Theaterstücken, die wir sahen, ließ mich sogar gegenüber Su Guang und zwei anderen Chinesen, die in dem Augenblick zugegen waren, darüber theoretisieren, daß es vielleicht in der grauen Vorzeit Chinas ein Matriarchat gegeben haben könne, an das sich die Opern unbewußt erinnern. Zu meinem Erstaunen begriff Su Guang nicht gleich meine Überlegung, und ich mußte ihm die Bedeutung von »Matriarchat« erläutern. Wie die anderen Männer sah er einfach peinlich berührt aus und schien es nicht glauben zu wollen, daß ich an so etwas auch nur denken konnte. Frauen, die ein Land regieren! Ich mußte Su warnen, daß er wegen seines männlichen Chauvinismus nicht unversehens zu einem schädlichen Element würde; aber während er hierüber lachte, hatte er offensichtlich überhaupt nicht das Gefühl, in dieser Hinsicht in irgendeiner Gefahr zu schweben, da für ihn der Gedanke des Matriarchats außerhalb jeder Diskussion stand.

Su Guang im Zug, Xian-Nanjing

Selbst im sogenannten traditionellen Spiel, das wir in Peking sahen, dreht es sich in der Haiptsache um eine Frau, die sich, um den Frieden zu retten, von ihrer Familie trennen und den Fürsten eines feindlichen und fernen Grenzlandstammes heiraten muß. Sie bringt die Kinder des Fürsten zur Welt und lernt sogar, ihn zu lieben, worauf ihr, aus Gründen der Staatsräson, befohlen wird, wieder in die Heimat zurückzukehren, wodurch ihr Leben wiederum entwurzelt wird. Der Premierminister, der für diese grausamen Befehle verantwortlich ist, wird herkömmlicherweise als böser Schurke gezeigt; in der derzeitigen Version jedoch, die von Guo Muruo stammt, einem fleißigen Autor, der erst vor wenigen Jahren in hohem Alter gestorben ist (und auf den man häufig verächtlich herabsieht, weil es ihm mit Leichtigkeit gelang, die Begeisterung des Volks für jedes gerade herrschende politische System zu wecken), ist der Premierminister ein vorausschauender und weiser Mann, der die Qualen der Heldin nachempfinden kann. Er ist es, der deutlich macht, daß ihr Opfer heroisch gerechtfertigt ist, weil es für China und seinen nahen Nachbarn die friedliche Entwicklung garantiert.

Das theatralische Interesse des Stückes liegt in seinen umwerfenden

Bühnenbildern und Kostümen und in der Flüssigkeit der stilisierten Spielweise, deren Überzeugungskraft auch der Ausländer sofort erkennen muß. (Brecht hat offensichtlich dieser Art von Theater und überhaupt der Peking-Oper ungeheuer viel verdankt.) Die geräumige Bühne ist von links bis rechts mit einer breiten Bahn verblassender Farbe ausgeschlagen, die an Rothko erinnert – einen Maler, den die Chinesen selbstverständlich nicht kennen. Wenn sie einander anreden, strecken die Schauspieler die Arme aus, wobei eine Hand auf der Schulter des Gegenübers ruht, eine scheinbar antike, vornehme Geste des höflichen Grußes und eine sehr überzeugende Weise, um die feudale Fremdheit jener Zeit zu dokumentieren. Doch nach der Aufführung verrieten mir die Schauspieler hinter der Bühne, daß sie diese Geste erfunden, ja geradezu von einem alten Gemälde gestohlen hatten, und sie waren entzückt, daß sie so authentisch wirkte. Soviel zum Thema »historische Bildung durch das Theater«...

Das Ziel des Agierens in der Oper, und in geringerem Ausmaß im traditionellen Theater, wo es keinen Gesang gibt, besteht darin, sich auf der Bühne so anders wie möglich als die Menschen im täglichen Leben zu benehmen. In der Oper erfolgt kein Auftritt in direkter Linie, sondern stets in schwungvollen Kurven, und häufig werden die Schritte des Schauspielers durch das Klappern von Holzklötzen im Orchester begleitet. Entsprechend sind auch die Gesten von Fingern und Händen stets geschwungen. Eine komplizierte Etikette betrifft den Gebrauch der langen Ärmel, die dem Schauspieler bis zu den Fußknöcheln herabhängen. Die Frauen scheinen Ungehaltenheit dadurch zu unterstreichen, daß sie die Ärmel rasch spiralförmig im Kreis herumwirbeln, bis sie sich eng ums Handgelenk legen, wobei die Bewegung im selben Augenblick zum Abschluß kommt wie die Rede. Die Männer streifen die Ärmel zurück, indem sie den Unterarm emporrecken und den Ärmel daran zurückgleiten lassen, wodurch die Hand enthüllt wird. Das geschieht, wenn sie etwas Böses im Schilde führen oder versuchen, tiefes Nachdenken darzustellen.

Schminke wird niemals naturalistisch gebraucht, sondern soll stets den Eindruck des Künstlichen erhöhen. Lange Bärte kleben in grader Linie unter der Nase und verdecken den Mund – wie ein vertikaler Schnurrbart. Die Frauen haben eine hellrosa Gesichtsfarbe und sprechen in einem hohen, nasalen Singsang; sie bewegen sich, auch über eine Distanz von einem halben Meter, in jenem kurzschrittigen Trippeln, das an das Humpeln der zusammengebundenen Füße erinnert und das man in den alten Tagen so sexy fand. (Als Su Guang den Grund für das Zusammenbinden der weiblichen Füße erläuterte, tat er so, als ob er von sexuellen Bedeutungen dieses Vorgangs nichts wüßte, und sah darin lediglich ein Mittel, um die Frauen am Weglaufen zu hindern. Ich fragte mich, wie sie es unter diesen Umständen fertigbrachten, auf dem Feld zu arbeiten, und Su behauptete, daß sie in der Tat selten Feldarbeit leisteten. Gelegentlich kann man noch heute solche Frauen finden, die jetzt alle nicht jünger als Ende Fünfzig sind. Ihre Füße sehen aus, als ob der Mittelfußknochen mit Gewalt nach hinten gedrückt worden wäre, so daß er eine Art Klumpfuß bildet.)

Die Idee der Tragödie scheint dem chinesischen Theater vollkommen fremd zu sein, nicht jedoch der Ausdruck tragischen Gefühls im Verlauf der Erzählung. Als eine Frau erfährt, daß ihr geliebter Mann in der Schlacht gefallen ist, senkt sie den Kopf, dreht sich dreiviertel zum Bühnenhintergrund und winkt mehrmals rasch mit der auf Schulterhöhe gehobenen linken Hand, um dem Publikum ihren Gram mitzuteilen. Dann führt sie, ohne wirklich ihr Gesicht zu berühren, ein Tuch unter die Augen, wodurch sie sowohl ihr Make-up schont als auch die Illusion ihrer Loslösung von der gewöhnlichen Menschheit aufrechterhält. Das ähnelt manchmal den Gesten in unseren Stummfilmen, wirkt aber trotzdem erstaunlich ergreifend.

Was dagegen wirklich überrascht, ist die Gegenüberstellung von Erhabenem und Lächerlichem, ohne daß dies in irgendeiner wahrnehmbaren Weise beim Publikum das Gefühl einer Verletzung der Bühnenlogik auslöst. Eine Frau erzählt ihrem Mann beispielsweise fürchterliche Neuigkeiten, er hört aufmerksam und ernsthaft zu, und plötzlich macht er einen Salto rückwärts, um danach genauso ernsthaft wie bisher zuzuhören. Allerdings ist er ein rechter Tolpatsch, und ich könnte mir nur vorstellen, daß sich jeder Charakter in herkömmlicher Weise entsprechend seiner Natur verhält, nicht aber in Übereinstimmung mit einem komischen, tragischen oder romantischen Stil. Dieser Stil ist überhaupt sehr nach außen gerichtet und dem Publikum zugekehrt; das geht so weit, daß eine gerade auftretende Frau mit einem Tablett voller Teegeschirr an den Rand der Bühne tritt, um dem Publikum all die hübschen Silberwaren zu zeigen, und das Service dann erst auf den Tisch stellt, wohin es gehört. Wie das chinesische Leben ist es ein Stil ohne Privatheit, bei dem sich die Schauspieler immer dann ans Publikum wenden, wenn ein wichtiger Punkt, eine Klage oder auch ein Ausruf des Erfolgs anzubringen ist.

Wie das klassische Drama überall, strotzt es vor Analogien über die Beziehungen zwischen Macht und Mensch, Staat und Individuum und ist sehr weit von einem lehrhaften Ansatz entfernt. Und wie die Struktur der chinesischen Sprache sind die Szenen im allgemeinen kompakt und folgen einander übergangslos, so daß manchmal eine Pointe die andere ablöst. Das Publikum kennt die Geschichten entweder schon oder hat sie hinreichend häufig gehört, um nicht so sehr an dem interessiert zu sein, was passiert, als vielmehr an dem Stil, mit dem das Erwartete aufgeführt wird.

Die Heldin in der Oper *Die Weiße Schlange* zum Beispiel wird von drei verschiedenen Schauspielerinnen dargestellt; jede von ihnen übernimmt einen Akt, und zwar nicht nur, weil die Rolle so anstrengend ist, sondern auch deshalb, weil jeder Akt andere Anforderungen an die Interpretin stellt. Im ersten Akt ist ihr Gesang lyrisch und kompliziert; im zweiten – auf den jedermann mit höchster Spannung wartet – sind fantastische akrobatische Künste erforderlich; und im dritten bedarf es der dramatischen Fähigkeit, da es gilt, eine Frau von ernster und schwerer Würde darzustellen. Die größte Möglichkeit, um Neuigkeiten anzubringen, bietet wohl die Akrobatik des zweiten Aktes, die in der Aufführung, die wir gesehen haben, einfach faszinierend war. Die Heldin wird gleichzeitig aus vier verschiedenen Richtungen mit Speeren angegriffen; sie schlägt sie mindestens fünf Minuten lang mit Ellbogen, Händen, Hüften und Fußknöcheln zurück, und zwar so, daß jeder Speer in die Hände des Werfenden zurückkehrt, der übrigens keineswegs die ganze Zeit stillgestanden hat. Verglichen mit dieser Schauspielerin wirken die Harlem Globetrotters wie Krüppel. Natürlich wird der Effekt durch das Orchester gesteigert, das jeden nur erdenklichen Lärm vollführt, und zwar in einem so schnellen Rhythmus, daß man auf der Bühne eine Frau zu sehen meint, die, in ein glitzerndes silbernes Gewand gehüllt, fast mühelos Speere aus ihrem Körper feuert, die von Wellen des Klangs und des Lichts getragen werden.

Westlicher See

Die Weiße Schlange

Eine Aufführung der *Weißen Schlange,* einer Oper im Kun-Stil (wie es heißt, ist er lyrischer als die Peking-Oper und ähnelt mehr einem Kammerstück), faszinierte mich durch ihre ungeheuer eingängige Symbolik und erstickte jeden Versuch, eine zusammenhängende Geschichte daraus zu entnehmen. Die Oper ist eines jener sehr alten und beliebten Werke, die zweifellos zu einer endlosen Quelle des Streits zwischen Anthropologen und psychoanalytisch gesonnenen Geistern werden, sobald sie einmal auf westlichen Bühnen erscheinen.

Schon der bloße Versuch, den Gang der Handlung nachzuzeichnen, erwies sich, nachdem wir das Stück gesehen hatten, als unmöglich. Es war, als hätte es einen inneren Zusammenprall von Ralitäten gegeben, die der Geist des Zuschauers aufnahm und später nicht mehr auseinanderhalten konnte. Ja, als ich später versuchte, von New Yorker Freunden, die das Stück seit Jahren kannten, eine Inhaltsangabe zu bekommen, verloren auch sie trotz ihrer anfänglichen Sicherheit den roten Faden. Ich teile im folgenden die Handlung der *Weißen Schlange* mit, wobei ich meine eigenen Eindrücke mit Inge Moraths Übersetzung der Inhaltsangabe aus dem Programmheft und den Erinnerungen unserer Freunde verbinde. Genauer gesagt, ist es der Inhalt, bevor er sich an der dünnen Luft wie ein alter Pilz aufzulösen beginnt.

Am 5. Mai verfallen alle Geschöpfe in Unruhe; es ist der Tag des Duan-Yang-Jieh-Festes, an dem jedes Lebewesen das Bedürfnis verspürt, in seine ursprüngliche Gestalt zurückzukehren. (Nicht etwa, daß die *Weiße Schlange* geschrieben worden wäre, um diese Idee zu »illustrieren« oder um zu erklären, warum wir manchmal das Gefühl haben, nicht wirklich wir selbst zu sein. Gleichzeitig aber leugnet niemand, daß vielleicht gerade dies hinter allem steckt.)

Vor tausend Jahren stieg in der Provinz Sichuan, in der wie heute der Berg E Mei steht, der ein Magnet für alle Arten von Feenvolk ist, die Schlangenfee Bai Si Jian, die Weiße Schlange, vom Himmel herab. (»Weiß« bedeutet »einfach« oder »naiv«, in diesem Falle eine Untertreibung.) Sie wurde von ihrer Schwester begleitet, der Grünen Schlange oder Kleinen Grünen Schlange. In einigen Versionen ist sie auch blau, doch das spielt keine Rolle, da »Xiao Qing« die Farbe der Natur bedeutet und beides sein kann. Oder sie ist schwarz, womit es seine eigene Bewandtnis hat. Grüne Schlange jedenfalls ist die Zofe und Dienerin von Weiße Schlange, und die Schauspielerin, die Grüne Schlange spielt, ist ganz Geschäftigkeit, so ähnlich wie die Privatsekretärin eines Fimstars, und gewiß weit weniger traumhaft als die Schauspielerin, die Weiße Schlange spielt. Doch sind beide atemberaubend angezogen, mit Pluderhosen aus Satin und Turbanen mit meterlangen, gefleckten braunen speerdünnen Federn wie jene an den Göttinnen im Tempel zu Fushan.

Weiße Schlange und ihre Schwester gelangen in die Provinz Zhejiang bei Hangzhou an der Küste des Westlichen Sees. (Die Reiseroute dieser beiden Feen ist ebenso exakt, als würde der Weg von wirklichen Würdenträgern beschrieben.) Es beginnt zu regnen, und sie sehen sich nach jemandem um, der ihnen einen Schirm leiht. Schließlich stoßen sie bei ihrer Suche auf einen Schirmbesitzer namens Xue Xien, den Weiße Schlange, nachdem sie ihn eine Arie lang sorgfältig begutachtet hat, zu heiraten beschließt. Der Ehemann, der ein hübsches braunes Samtgewand mit gewaltigen Ärmeln und einen schicken röhrenförmigen Hut mit überhängender Deckplatte trägt, ist arm. Da die chinesische Oper jeden Typs von weiblichen Charakteren beherrscht wird, denen die ganze Würde und das Gewicht der Führung zufallen, hat Xue Xien unvermeidlich etwas von einem Pantoffelhelden an sich, der mit hoher, mädchenhafter Stimme singt. (Niemand in unserer Reihe wußte vermutlich, ob er von einem Mann oder einer Frau dargestellt wurde.)

Die Trauung ist vollzogen, nachdem Grüne Schlange mit dem Finger geschnippt hat, und nun rechnet sie damit, zusammen mit Weiße Schlange wieder in ihr himmlisches Heim zurückzukehren. Nach den Regeln des Kosmos dürfen sie nämlich nur einen einzigen Tag auf Erden bleiben. Doch Weiße Schlange hat sich in Xue Xien verliebt und besteht darauf, mit ihm weiter zusammenzuleben. Grüne Schlange ist hierüber, wie über die meisten Dinge, die ihrer Schwester Spaß machen, alles andere als begeistert, und ihr Gesang wird recht klagend und weinerlich. Sie ist militant, korrekt und tapfer und geht ihrer lyrischen Schwester, deren Fantasien grenzenlos sind, so richtig auf die Nerven.

Xue Xien

Die Neuvermählten ziehen in die Provinz Jiangxi, wo Weiße Schlange die Heilkunst betreibt, während ihr Gatte heilsame Kräuter verkauft. (Natürlich bleibt ihre wahre Identität verborgen, sie hat den Namen Bai Si Jian angenommen.) Das Geschäft läuft, und es geht ihnen gut. Aber nicht lange.

Fa Hai ist der Buddhisten-Obere des Tempels auf dem Goldenen Berg und ein erschreckend aussehender alter Mann. Er »repräsentiert die feudalen Mächte«. (So flüstert es unser Dolmetscher Su Guang mir ins Ohr. Doch man sollte nicht zu dem Schluß gelangen, daß es der Zweck dieser Oper sei, den Feudalismus zu attackieren. Sie greift den Feudalismus zwar an – ein bemerkenswertes Ziel im Jahre 1978, wenn man darüber nachdenkt –, doch darf man daran zweifeln, daß dies der einzige oder auch nur der wesentliche Zweck der Oper ist.)

Wie dem auch sei, Fa Hai hat von der Ankunft des Schlangen-Dämons auf der Erde und ihrer Heirat mit einem sterblichen Menschen erfahren, die eine unerhörte Verletzung jeder Regel des Himmels bedeutet. Zu allem Überfluß wagt sie es, Krankheiten zu kurieren und Medizien zu verkaufen, wahrhaft unerträgliche Handlungen – als ob man einem Mann, der gerade Kopfstand macht, einen Knallfrosch hinwirft. Den kranken Menschen Medizin zu geben, heißt mit anderen Worten, ihnen Materialität einzuflößen, während sie von Rechts wegen meditieren und Weihrauch verbrennen sollten, um die Krankheit zu bannen. In jeder nur erdenklichen Hinsicht ist daher Weiße Schlange (die vom Oberen natürlich »Dämon« genannt wird) eine große Feindin des Buddhismus. (Was manche Leute davon überzeugen wird, daß dieses Stück ein Angriff gegen den Mystizismus und eine Verteidigung der wissenschaftlichen Methode ist, und vielleicht ist es das auch. Aber wahrscheinlich ist es das nicht.)

Und so kommt der Buddhisten-Obere, in der Überzeugung, daß Weiße Schlange eine Bedrohung des menschlichen Geschlechts ist, zu ihrem Manne Xue Xien, um ihn darüber aufzuklären, daß er eine Schlange geheiratet hat. Natürlich glaubt ihm Xue Xien nicht. In jeder nur vorstellbaren Hinsicht ist sein Weib eine normale Frau, und er würde am liebsten das ganze Thema gleich fallen lassen. Aber der Obere gibt ihm einen besonderen Wein namens Xiong Huang, der, sobald seine Frau davon nippt, ihre wahre Gestalt enthüllen wird. Xue Xien will weder den Wein noch den Ratschlag, doch nachdem der alte, erschreckend aussehende Obere gegangen ist, hat er beides und kann sich weder von dem einen noch von dem anderen freimachen. Ein Mann, der gesagt bekommt, daß seine Frau in Wirklichkeit eine Schlange ist, wird das nicht so leicht vergessen, selbst wenn er es unglaublich findet.

Nun ist der Tag des Duan-Yang-Jieh-Festes herangekommen. Weiße Schlange fühlt sich nicht wohl. Xue Xien untersucht sie und kommt zu dem Schluß, daß sie schwanger ist. Beide sind ausnehmend glücklich, und der Mann in seiner Aufregung schenkt seiner Frau ein Glas von dem bewußten Wein ein. Doch sie lehnt ab. Er bietet ihn erneut an, und sie weist ihn erneut zurück. Sie singen und singen; sie hält sich den Bauch und schaut krank aus; und er bietet ihr das Glas, das sie ihm nur abnimmt, um es wieder hinzustellen; und er greift wieder danach und hält es ihr erneut hin. Die Schauspieler vollziehen all dies magisch, leicht, stilisiert. Schließlich nimmt sie einen Schluck, aber nicht »dramatisch«, sondern nur, um ihm einen Gefallen zu tun und gleichsam im Vorübergehen, als ob sie nicht genau wüßte, was für ein Wein das ist.

Sie geht ins Schlafzimmer, und er singt eine Minute allein vor sich hin, bis er zu ihr hineinschaut und tot zu Boden sinkt, weil er gesehen hat, was auf dem Bett liegt – eine weiße Schlange. Doch Weiße Schlange schafft Abhilfe, indem sie sogleich den höchsten Gipfel des Kun Lun ersteigt und den heiligen Pilz findet, der die Toten zum Leben erweckt. Aber zuerst muß sie einen schönen balettartigen Mini-Krieg mit den Wächtern des Pilzes bestehen, Männern, die sie besiegt, wie die Frauen es stets in den chinesischen Opern tun. Sie kehrt nach Hause zurück, rettet ihren Mann, und wieder schwebt sie auf einer Woge von Frieden und Glück.

Doch Ehemann Xue Xien hat seiner törichten Natur getreu den Eindruck, daß er zum Goldenen Berg gehen soll, um Weihrauch zu verbrennen und damit das Glück seiner Familie sicherzustellen. Kaum dort angelangt, wird er von dem schrecklichen Oberen gefangengenommen, damit er sich nie wieder mit seiner Frau vereinigen kann. Doch unverzagt begibt sich Weiße Schlange mit ihrer Schwester Grüne Schlang auf die Suche nach ihrem verlorengegangenen Mann, den sie schließlich im Buddhisten-Kloster und bei dem bösen alten Mönch ausfindig macht. Sie verlangt Xue Xiens Freiheit, indem sie Fang Hai, dem finsteren Abt, mit eindrucksvoller Ungehaltenheit vorsingt, wobei die Töne steigen und fallen wie das Heulen einer Säge.

Nachdem es ihr nicht gelingt, den alten Heuchler zu rühren, ruft sie ein Volk von Unterwasserfeen zu Hilfe, das im Yangtze lebt, um es gegen die Feuerfeen antreten zu lassen, über die der Abt gebietet. In dem folgenden Ballett, das den Kampf des Feuers gegen das Wasser darstellt, wogen die Kulissen wie die Elemente, die die Tänzer verkörpern. Jetzt überziehen die Flußfeen den ganzen Berg mit Wasser, doch mitten in dieser siegreichen Flut fühlt Weiße Schlange, wie ihre Leibesfrucht sich rührt, und geschwächt von der herannahenden Geburt, muß sie sich geschlagen geben.

(An dieser Stelle schien das Stück ein Schöpfungsmythos zu sein, und zwar einer, der von Frauen geschrieben wurde. Im Gegensatz zur jüdisch-christlichen Schlange ist dieses Reptil gut, einfach, naiv und nicht dunkel, trickreich und böswillig. Alles Unglück – vermutlich auch im Kosmos – beginnt also mit der Einmischung eines alten Mannes, der beiläufig die Priesterschaft darstellt und eine glückliche und fruchtbare Ehe durch eine technische Einzelheit zerstört – nämlich mit der These, daß die Frau nicht menschlich sei: eine nicht ungewöhnliche Weise, wie Männer

Die Kleine Grüne Schlange

die Frauen sehen, zumindest nach Aussage der Frauen. Was wahrscheinlich richtig ist.)

Während dieser Kampf stattfindet, ist Ehemann Xue aus dem Kloster entflohen, und zwar mit Hilfe eines rechten Harlekins von Mönch, der komischen Figur des Stücks. Dieser Spaßvogel, der vor Lachen grunzt und stöhnt, dessen Schnurrbart dicht bis zum Bauch herabhängt, der beim Gehen mit dem Kopf wackelt wie eine Ente und ins Publikum winkt, führt Xue den Berg hinab und in sein Haus. Doch kaum fühlt sich der Ehemann gerettet, sieht er seine Frau Weiße Schlange vor sich und, noch schlimmer, ihre Schwester Grüne Schlange, die ihm auf der Gebrochenen Brücke entgegenkommen. (Sie heißt so, weil im Winter der Schnee nicht auf dem Scheitel des Brückenbogens liegen bleibt, so daß der Weg wie zerbrochen wirkt. Sie steht natürlich noch da, am Westlichen See, wo sie einen Damm unterbricht, der eine Lagune abschließt. Tatsächlich entdeckte ich bei einem einsamen Abendspaziergang unweit der Gebrochenen Brücke, daß am ganze See entlang Liebespaare saßen, ein Paar pro Bank, während neben jeder Bank zwei Fahrräder geparkt waren. Dieses Erlebnis beantwortete mir manche Frage über das chinesische Liebeswerben.)

Die beiden Schlangen knöpfen sich nun den Ehemann Xue vor und seine Unfähigkeit, Dummheit, Feigheit, emotionale Unverantwortlichkeit, seine Flucht, Albernheit, weinerliche Unfähigkeit sowie eine Reihe weiterer kleinerer und größerer Charakterfehler, die in dem Duett der Schwestern angeprangert werden; vielleicht das leidenschaftlichste Stück der ganzen Oper.

Xue erwidert, indem er bekanntgibt, daß er, selbst wenn seine Frau eine Schlange sein sollte, sich niemals wieder gegen sie stellen oder auf Klatsch und Gerüchte hören wird. Trotz dieser Demütigung sah Schwester Grüne Schlange immer noch nicht zufrieden aus, zumindest in meinen Augen, doch das Paar kehrt wieder nach Hause zurück, und zum dritten Mal, nach meiner Zählung, sind sie drauf und dran, glücklich zu leben. Mit fröhlichen Liedern und Tänzen und herzlichen Umarmungen feiern die beiden den ersten Monat des Säuglings, ein Dankesfest für dessen Überleben nach den häufig fatalen Zwischenfällen. Doch das Glück ist kurz im Leben des Menschen. Wieder fällt der Schatten des elenden Abtes Fang Hai auf die Türschwelle des Paares. Genauer gesagt, er fängt Weiße Schlange in einer goldenen Almosenschüssel. Es ist eine Szene von spektakulärer optischer Schönheit. Auf einer leichten Erhebung hinter Weißer Schlange steht eine Gestalt, deren rechte Gesichtshälfte schwarz bemalt ist, während die linke in einem lackierten Rot glänzt. Es ist ein Monstrum von ungeheurer Kraft, das im Dienste des bösen Abtes steht, und wird von einem Schauspieler dargestellt, der wie ein japanischer Ringkämpfer gebaut ist. In der einen Hand ein Schwert, hält er in der anderen eine goldene Schüssel von der Größe eines Volkswagenrades direkt über dem Kopf von Weiße Schlange; durch mehrere Arien hindurch, die viele Minuten dauern, stemmt er die Schüssel, ohne daß sein Arm auch nur zittert. Weiße Schlange sinkt vernichtet und entsetzt in sich zusammen und ist unfähig, sich zu bewegen.

Fang Hai begräbt Weiße Schlange unter der Lei-Xien-Pagode, aber diese unverdiente Strafe erleuchtet den Geist Xue Xiens. Vor allem ist ihm das Kind geblieben, und nachdem Weiße Schlange unter der Pagode liegt, ist sein Geschäft ruiniert. So kommt er zu dem Schluß, daß sein Feind nicht seine Frau ist, der sogenannte menschenfressende Dämon Weiße Schlange, sondern der feudale Führer Fang Hai, der Abt des Klosters. Damit verschwindet der verlassene Ehemann von der Bühne und aus der Oper.

Nachdem viele Generationen vergangen sind (niemand weiß, wie viele), sprengt Grüne Schlange die Pagode und befreit Weiße Schlange aus ihrem unterirdischen Grab, und die beiden kehren in den Himmel zurück. Bei diesem fröhlichen Wiedersehen und dem gleichzeitigen Abschiednehmen von der Mühsal der Erde kommen weder in Gedanken noch in Worten der Ehemann, das Kind, die Tätigkeit als Heilkundige oder überhaupt irgend etwas vor, was vorgefallen ist. Es ist gerade so, als ob überhaupt nichts passiert wäre.

Straße in der Autonomen Region Guangxi Zhuang

Und doch ist wirklich etwas geschehen, abgesehen von einer Vorführung präzisester Schauspiel- und Gesangskunst, einer Produktion von großer Verve, mit Kostümen, die das Auge beeindrucken und von Licht erfüllt zu sein scheinen. Was bleibt, ist die nahezu echte Überzeugung, daß man am 5. Mai, wenn man anfängt, sich unruhig zu fühlen, und den Eindruck hat, irgendwie nicht der zu sein, der man immer zu sein glaubte –, daß man an diesem Tag einfach versucht, zu seiner ursprünglichen Gestalt zurückzufinden, und daß man nun die Erinnerung an die Weiße Schlange und ihre Metamorphosen durchlebt. Diese Erklärung für dieses verbreitete Gefühl ist nicht nur ebenso gut wie irgendeine andere, sie ist auch schön und irgendwie befriedigend.

Unvermeidlich haben Stücke im Stil eines westlichen Realismus, wie sie erst relativ spät in diesem Jahrhundert in China eingeführt wurden, viel weniger Farbe und Spannung. (Unser Su Guang besuchte gemeinsam mit uns sein erstes realistisches Stück und war überrascht, daß er ihm Interesse abgewinnen konnte. Doch bevor ich den Realismus im Theater diskutiere, muß ich zunächst zu meinem Spaziergang im Gang des Zuges zurückkehren, und zwar um eines bestimmten Kontrastes willen zwischen westlichem Drama und einer besonders fantastischen Begegnung in diesem Zug.)

Er bemerkte mich durch das Fenster in seiner Abteiltür und kam, ziemlich schüchtern, aber entschlossen, zu mir auf den Gang hinaus: Ein kleiner Chinese Mitte Fünfzig, mit Drahtbrille, und wie jeder andere an Bord übernächtigt, das gelbe Hemd zerknittert und unter den Augen dicke Ringe. Er sprach ein sorgfältiges, korrektes Englisch, wobei er jeden Satz wie aus den Tiefen der Vergangenheit hervorgrub.

»Sie sind Amerikaner, nehme ich an.«

»Das stimmt.«

»Ich würde mich Ihnen gerne vorstellen.«

»Tun Sie das bitte. Ich heiße Miller.«

»Ich bin Professor Yang von der Jiao-Tung-Universität Xian.«

Der Zug fuhr jetzt im Schneckentempo, und durch das Fenster neben uns konnten wir eine Reihe von etwa einem Dutzend Bauern sehen, die ein Feld überquerten, wobei Männer und Frauen enorme Lasten von Heu schulterten. Die Gewichte, die sie trugen, waren so groß, daß sie sich beim Gehen gleichsam nach vorne fallen ließen, wobei die Heubündel auf ihrem Rücken bei jedem Schritt auf- und abhüpften. Der Professor bemerkte mein Interesse an den Heuträgern. »Ganz und gar nicht wie in den Staaten.« Er lächelte.

»Sind Sie da gewesen?«

»Ja, meine Firma in Shanghai schickte mich nach Connecticut, in eine Stadt namens Derby.«

»Da komme ich häufig durch. Was haben Sie für ein Fachgebiet?«

»Physik. Thermodynamik.«

»Wann waren Sie in den Staaten?«

»Ich fuhr 1945 hin. 1949, nach unserer Befreiung, wollte ich zurückkehren, aber die Vereinigten Staaten ließen niemanden mehr nach China ausreisen, besonders keine Akademiker. So ging ich ans MIT, um ein weiteres Diplom zu erwerben. 1952 gelang es mir, über Kanada und Frankreich auszureisen.«

Ich versuchte, ihn vertraulich anzugrinsen. »Ist das alles die Schuld der Vierer-Bande?«

Er verstand meinen Witz nicht. »Zum größten Teil schon, keine Frage. Das Land hat bislang stagniert, wissen Sie.«

»Und jetzt?«

In seinen Augen blitzte Erregung. »Oh, dieses Land befindet sich auf dem Weg nach oben. Das ist gar keine Frage mehr.«

Bei jedem Menschen, den ich nun kennenlernte, befand ich mich in der Position eines Kindes, das seine Eltern fragt, wo sie gewesen waren, bevor es zur Welt kam, und was sie gemacht hatten, als sich irgendein Krieg oder ein Unglück ereignet hatte.

Wir sprachen noch etwas länger miteinander, doch mein Interesse an der üblichen Litanei gegen die Vierer-Bande erlahmte. Die Wahrheit war, daß ich aus der Phase des Staunens über die Chinesen heraus war, daß sie jetzt einfach nur noch Menschen ohne jede Magie waren, die sich nach ihrer eigenen Aussage in ein rückständiges System verstrickt hatten, das ihnen vielleicht das Überleben garantierte, aber eigentlich kaum etwas Besseres. Es war kein seltener Anblick, Frauen auf den Feldern mit Wasserschaufeln zu sehen, die das Getreide bewässerten, genau, wie man es schon vor Jahrtausenden getan hatte. Und wenn einmal durch die Mechanisierung des Landes diese Arbeit von elektrischen Pumpen geleistet würde, was sollte dann aus diesem Heer nutzloser Arbeitskräfte werden?

Professor Yang im Xian-Nanjing-Shanghai-Expreß

China, so sah es durch das Eisenbahnfenster aus, bewegt sich von Krise zu Krise, keineswegs aber notwendig aufwärts, und es war geradezu komisch, einem bestimmten Regime hieraus einen Vorwurf zu machen. Sie hatten einfach viel zu viele Menschen und wußten nicht, wie sie das Problem lösen sollten. Ein weiteres Gespräch über die Vierer-Bande fand ich nicht besonders unterhaltsam.

In unser Abteil zurückgekehrt, fand ich Inge in die Tang-Gedichte des Bandes I versenkt, während sich Su Guang mit Band II zum grauen Licht des Fensters beugte; sein Gesicht war wunderbar still und mit einer inneren Freude erfüllt. Hie und da warf er einen Blick aus dem Abteilfenster, und seine Augen blitzten vor Freude über die kompakte tausendjährige Sprache in seiner Hand. Sie werden ewig so weitermachen, dachte ich, und zwar deshalb, weil sie schon immer so weitergemacht haben.

Ich stand deshalb auf, ging wieder auf den Korridor und brachte Professor Yang mit. Er freute sich sehr, bei uns zu sein.

»Warum sind Sie jetzt gerade unterwegs?«

»Wir haben eine Konferenz in Shanghai.«

»Wer ist wir?«

»Die wissenschaftlichen Kader. Wir versuchen, den Wiederaufbau der Fakultäten zu beschleunigen.«

»Wegen der Kulturrevolution?«
»Ja. Aber die Kulturrevolution war sehr gut für uns.«
»Ja?«
»Oh ja, sehr gut.«
Endlich, dachte ich, begegne ich einem Anhänger der Vier.
»Dann hatten Sie persönlich nicht besonders zu leiden?«
»Nun ja, ich mußte die Latrinen reinigen.«
»Halbtags oder...?«
Er verstand den Witz und lachte. »Oh nein, zwei Jahre lang. Ich habe in der Zeit überhaupt nicht unterrichtet.«
»Ich denke, Sie können verstehen, wie schwer es für Ausländer ist, das zu begreifen. Was ist denn genau passiert?«
Der gleiche merkwürdige Ausdruck trat in seine Augen, den ich schon bei vielen Schauspielern, Regisseuren und Filmemachern festgestellt hatte, mit denen ich dieselbe Frage besprochen hatte. Ich fügte hinzu: »Liegt es daran, daß Sie sich nicht ganz sicher sind, ob nicht vielleicht die Roten Brigaden und so weiter moralisch sauberer waren als...?«
»Nein, nein«, korrigierte er rasch, »die Roten Brigaden...«
»Wer war das eigentlich?«
Er dachte einen Augenblick nach. Seine Brille war so säuberungsbedürftig, daß er die Augen aufreißen mußte, um besser sehen zu können. »Ich hatte diese Leute vorher nie gesehen.«
»Ja, was haben sie denn gemacht, sind sie einfach in Ihr Labor gekommen und...?«
»Nein, ich hatte an dem Tag gerade unterrichtet, ich war in einem Seminar.«
»Und da sind sie hereingekommen?«
»Ja, plötzlich waren sie da.«
»Und wie viele?«
»Oh...« Er überlegte einen Moment, versuchte sich zu erinnern. Ich klang allmählich wie ein Polizist, der ein Verbrechen untersucht, und er wie das Opfer, das zusammengeschlagen wurde und die Einzelheiten nicht mehr richtig zusammenbringt. »Ungefähr zwanzig waren es, die hereinkamen...«
»Studenten?«
»Oh nein. Die waren nicht einmal aus Xian.«
»Und sie hatten auch keine höhere Schulbildung, oder?«
»Mittelschule vielleicht, aber einige nicht einmal das.«
»Sie platzten also in den Raum, und was war dann?«
»Na, ja, dann sagten sie zu allen, sie sollten gehen.«
»Und wohin?«
»Wohin sie wollten.«
»Und Sie?«
»Ich auch.«
»Sie wollten also nur das Seminar sprengen?«
»Ja. Aber später bedrängten mich einige auch.«
»Sie meinen, körperlich?«
»Nein, in meinem Falle nicht.«
»Und was war mit den anderen Fakultäten?«
»Sie schlugen den Rektor und einige andere zusammen.«
»Warum?«
Jetzt schien er sich hinter seinen beschlagenen Gläsern, in denen sich

das Licht vom Fenster spiegelte, immer weiter in die Erinnerungen zu verlieren, die ihn vor verschlossene Türen, endlose Korridore, mißverstandene Befehle und einen inzwischen verheilten Schrecken in seiner Seele führten. »Ich glaube, ich erinnere mich nicht mehr recht, aber es gab irgendeinen Grund für die Gewalt, es ist schwer zu sagen.«

»Und worum ging es in dem Streit mit Ihnen?«

»Ein Streit war es eigentlich nicht. Sie waren einfach sehr wütend auf mich, weil ich...« Er brach ab und versuchte sich zu besinnen.

»War es deshalb, weil Sie in den Staaten gewesen waren?«

»Nun, möglicherweise war es das, ja. Damals gab es einen furchtbaren Haß auf alles Fremde.« Jetzt schien er einen Augenblick klarer zu sehen. »Ich glaube, es war wirklich so, daß sie völlig unwissend waren und jemanden wie mich nicht mochten und ihm nicht trauten.«

»Vertraten denn Sie eine ideologische Haltung?«

»Oh, nein. Ich wollte nichts weiter als Physik unterrichten.«

»Vielleicht war es das, was sie nicht leiden konnten – Ihre apolitische Einstellung.«

»Bloß, daß ich ein politischer Mensch bin! Es lag einfach daran, daß ich ein Fachmann war, verstehen Sie, und sie glaubten, das würde mich irgendwie ungleich machen. So daß ich körperliche Arbeit leisten mußte, um...«, er grinste, »mit den anderen irgendwie zu verschmelzen.«

»Und deshalb mußten Sie die Toiletten reinigen.«

»Zwei Jahre lang, ja, aber dann sagten sie, ich könne wieder unterrichten. Doch dann kamen sie selbst und wollten eine Ingenieursausbildung, dabei waren sie völlig unvorbereitet. Einige konnten kaum schreiben oder die einfachsten Rechnungen ausführen. Es waren Leute, die tatsächlich nie in der Schule gewesen waren.«

»Und was passierte daraufhin?«

»Nun, es löste sich irgendwie auf. Die Fakultät war entweder in irgendein Lager gebracht worden oder ließ sich einfach nicht mehr sehen. Es gab in dem Department für niemanden mehr etwas zu tun.« Er saß da und nickte leise, während er sich erinnerte. »In diesen zehn Jahren haben wir fast zwanzig verloren, wenn man die Leute zusammenrechnet, die inzwischen von meinen Schülern unterrichtet worden wären...«

»Es sind jetzt zwei Jahre, seit Hua Guofeng an der Macht ist...«

»Ich weiß, aber es braucht seine Zeit, bis man eine Fakultät beisammen hat und die richtigen Leute findet. Aber wir fangen an; es gibt wieder Zulassungsprüfungen, die Menschen sind lernwillig, und es gibt auch wieder Respekt vor den Lehrern. Es wird jedoch eine lange Zeit dauern. Wir haben heute weit weniger Universitätsstudenten als in den fünfziger Jahren, dabei ist die Bevölkerungsziffer sehr gestiegen.«

»Wie viele Oberschüler und Studenten gibt es denn?« Er blickte in die Luft und rechnete nach. »Ungefähr 300000.«

»In ganz China?«

»Ja«, sagte er und schaute mich trotzig an. »Die Universitäten waren gestorben.«

Ich fragte später andere Leute, und keine Zahl lag über einer Million Studenten, was die meisten für übertrieben hielten.

»Wie sah Ihr Leben damals aus?«

»Nun, es gab endlose Paraden, wissen Sie. Mindestens zwei oder drei in der Woche. Alles blieb stehen und liegen, und jeder mußte kommen und irgend etwas oder irgendwen in den Himmel heben oder verfluchen. Die meisten versuchten, sich diesen Paraden zu entziehen, aber das war nicht leicht. Die ganze Stadt spielte sozusagen ein Spiel, wissen Sie, wie die Kinder.« Er überlegte wieder und sagte vollkommen einfach und unbetont:

»Es war die Anarchie.«

»Ich habe diese Frage schon öfter gestellt und würde gerne auch Ihre Antwort wissen. Sie kennen offenbar unsere McCarthy-Periode.«

»Ja, natürlich.« Er lächelte mit einer gewissen Freude. »Wegen dieser Hysterie wurde ich ja daran gehindert, Amerika zu verlassen; besonders als Wissenschaftler konnte man mich nicht zurück nach China lassen.«

»Richtig. Aber Sie wissen natürlich auch, daß nach vielem Leid und nach der Vernichtung vieler Menschen...«

Er unterbrach mich. »Aber er hat ja versucht, die Universitäten zu zerstören.«

»Was ihm hier und da sogar gelungen ist. Aber was ich sagen wollte: Letztlich bestand doch eine Chance, ihm durch die Presse und durch Minderheitenpropaganda entgegenzutreten und den Leuten nach und nach die Augen zu öffnen. Ich meine, es gab einen Gegendruck, der ihn stoppen konnte, bevor er die ganzen Vereinigten Staaten kaputt machte. Glauben Sie nicht, daß Sie auch über irgendein unabhängiges Organ, irgendeine Appellationsinstanz nachdenken sollten, damit sich diese Katastrophe nicht wiederholt? Denn der Impuls, den Geist zu vernichten, ist doch im Menschen immer vorhanden.«

Er nickte. Verstand mich vollkommen. »Ich bin sicher, daß sich Hua Guofeng über diese Frage Gedanken macht.«

Wie entsetzlich, dachte ich – es wird ihnen niemals dämmern, daß die Initiative auch von unten, von außerhalb der Partei kommen kann. Und so wird der Paroxysmus wiederkommen müssen; denn schon Mao erkannte: nur durch Paroxysmen bewegt sich die große Schlange fort.

»Noch etwas«, sagte ich. »Können Sie sich daran erinnern: wenn jemand aufgegriffen und weggeschickt wurde, ohne ein echtes Verfahren oder die Chance, den Vorwürfen zu begegnen, was war da die Reaktion der Leute? Ich meine, die wirkliche Reaktion, ganz tief drunten.«

Als an harte Zahlen gewöhnter Physiker lächelte er, als ob ich von ihm verlangte, das Schwindelreich der Fantasie zu betreten. »Das weiß ich nicht, aber ich kann Ihnen sagen, was sie zu sagen pflegten.«

»Nämlich?«

»Mo Xu you.«

»Und was heißt das?«

Inge, die uns gegenüber auf der Bank saß, kam mir zu Hilfe:

»Irgendwas wird er schon angestellt haben.« Und da sie unter Hitler in Berlin aufgewachsen war, fügte sie später hinzu, als der Professor gegangen war: »Genau dasselbe haben sie auch in Deutschland gesagt.«

Sie wandte sich Su Guang zu, der die ganze Zeit in seinen Tang-Gedichten versunken war, bis ihm jetzt die Augen weh taten. Er gab Inge den Band zurück. »Behalten Sie ihn doch«, bot sie ihm an.

»Oh nein«, sagte er fest.

»Warum durfte ich Ihnen auch keinen kaufen, sie kosten praktisch nichts.«

Er drehte sich wieder zum Fenster. Wie gerne hätte er das Buch gehabt! Aber um keinen Preis hätte er es sich schenken lassen. Und auch darin lag Wahrheit.

Nach kurzer Zeit kehrte der Oberschaffner zurück und gab Inge ihre

Buchladen, Xian

Grammatik wieder. Der aufgebrochene Buchblock war geklebt worden, und das Buch war säuberlich in einen neuen Einband eingeschlagen worden, aus schwerem Packpapier, das über und über mit Vögeln, die in Bambuszweigen nisteten, bedruckt war. Es war schön und, man könnte sagen, mit Liebe gemacht.

*

Während wir natürlich unsere Auslagen selbst bezahlen, sind wir trotzdem die »Gäste« der Friendship Association. Das bedeutet, daß uns an jedem Aufenthaltsort eine ganze Delegation empfängt und an unserem ersten Abend ein »Bankett« für uns gibt, an dem ein oder zwei Mitglieder der Gesellschaft, manchmal auch mehr, teilnehmen. Zu dem »Bankett« gehörten, wie wir dankbar vermerkten, lediglich zwei, höchstens drei Trinksprüche mit einem Fingerhutvoll Mao Tai, einem sechzigprozentigen wodkaähnlichen Getränk, oder mit dem chinesischen sherryartigen süßlichen Wein. Das »Bankett« war stets ein köstliches, aber niemals unmäßiges Mahl, das sich über mehrere Gänge erstreckte, und da es für unsere kleine Zahl von Leuten zubereitet wurde (abgesondert in einem Privatraum oder in einem Winkel des Speisesaals des Hotels, den man mit Wandschirmen abgetrennt hatte), war das Essen heiß und nicht bloß lauwarm, wie es häufig der Fall war, wenn eine große Zahl von Gästen bewirtet werden mußte.

In Guilin ist der Gastgeber unseres Banketts der stellvertretende Vorsitzende des Revolutionsrats der Stadt, ein gutgelaunter, stämmiger Bursche Mitte der Vierzig, ein hauptberuflicher Funktionär, der von der Partei offensichtlich dafür abgestellt wird, sich mit ausländischen Schriftstellern und Künstlern zu beschäftigen. (Anderswo fiel dieses Amt häufig einem Mann zu, der selbst Schriftsteller oder Künstler war. In Guangzhou war es ein Romancier, der elf Jahre lang Schreibverbot hatte und immer noch unfähig war, ein Werk zu beginnen. In Hangzhou war es ein Schriftsteller, der während des Langen Marsches und danach für die Truppen von Yanan Bühnenwerke inszeniert hatte und mit Mao und Zhou befreundet war. Für jemanden wie ihn mußte es in der Tat schwierig sein, auch nur die leiseste Kritik, vor allem gegenüber einem Ausländer, an dem vergötterten Mao zu äußern.)

Es darf nicht vergessen werden, daß wir uns im Frühherbst 1978 befinden, in jenem Augenblick, da die Pustel der Mao-Verehrung jederzeit aufbrechen kann, ohne daß hierüber bereits absolute Gewißheit bestünde. So wurde sein Name immer noch in einem neutralen oder tief respektvollen Ton genannt. Für einen Veteranen des Langen Marsches wie unseren Gastgeber in Hangzhou war diese Einstellung natürlich zur zweiten Natur geworden. »Ja«, sagte er, während er an seinem Wein nippte, »ich habe Mao in Yanan fast jeden Tag gesehen. Er lebte genauso wie wir und war nicht im mindesten dicker als irgendeiner von uns...« Und er grinste warm und liebevoll.

Bei dieser Gelegenheit kam mir das Revolutionsmuseum zu Yanan wieder in den Sinn; ein kaltes und recht verwahrlostes Gebäude im sowjetischen Mausoleumsstil. Das Hauptausstellungsstück war eine an den Wänden entlanglaufende Fotomontage mit Schnappschüssen von der Ankunft und dem Leben der Achten und Vierten Armee, ferner Sammlungen von deren Waffen und Utensilien; selbst das weiße Pony war zu sehen, auf dem Mao zu reiten pflegte, es war zwar ausgestopft, aber gesattelt und scheinbar marschbereit unter seinem Glassturz, dieweil Mao in seiner kristallenen Krypta in Peking liegt. Während wir langsam dahinschlenderten, um die Fotos zu studieren, gingen vor uns zwei Bauern in so abenteuerlich geflickten Kleidern, daß sie wie die übertriebenen Kostüme zu einem naturalistischen Stück wirkten. Einer der beiden, mit einem ebenfalls geflickten grobleinenen Sack auf dem Rücken, räusperte sich ununterbrochen und entleerte große Schleimklumpen auf den Boden, trotz der auf Schritt und Tritt herumstehenden Spucknäpfe, die an allen erdenklichen strategischen Punkten angebracht waren. So abstoßend es war, man konnte diesen Bauern die Bewunderung für die unbefangene Art nicht versagen, in der sie dieses Museum in Besitz nahmen – es war ihr Museum.

Veteran der Achten Armee, Nanniwan

Immerhin waren es Männer wie diese beiden Speiteufel gewesen, aus denen sich die Armeen der Revolution rekrutiert hatten, und durch ihren Glauben und ihre Entschlossenheit war China verändert worden. Und es waren Menschen wie diese, 90 Prozent der Bevölkerung, die auf dem Lande lebten, mit denen es jede Entmythologisierung Maos letztlich zu tun bekommen würde. Denn in den wenigen bäuerlichen Behausungen, die es uns gelang, zu Gesicht zu bekommen, fand sich stets eine Art von Mao-Winkel, wo ein Foto von ihm, meistens eine farbige Abbildung aus einer alten Zeitung, gleich einer Ikone an die Wand geheftet war. Falls China keine Religion hat, und es hat keine, war demungeachtet Mao so gut wie irgendeine andere gottähnliche Gegenwart und Kraft, und der Ton unseres Gastgebers, wenn er von ihm sprach, war dem Platz des Dahingeschiedenen in der Kosmologie angemessen.

Aber trotz alledem und unbeschadet der Tatsache, daß unser Gastgeber selbst Parteimitglied und ein Beamter im Revolutionsrat war, erwies er sich als der bei weitem Offenste und Freimütigste von allen, denen wir bisher begegnet waren, als ich die Frage aufwarf, ob es Überlegungen darüber gab, wie man die Wiederholung dessen verhindern könne, was jetzt in China Faschismus hieß. Doch selbst er straffte sich und kicherte (eine Stimmäußerung, die implizit eine Tatsache bestätigt, während sie scheinbar, aber nicht notwendig wirklich, deren Bedeutung herunterspielt; das chinesische Kichern ist ein absolut unschätzbares Mittel, um einen Bruch im gesellschaftlichen Verkehr zu kitten, bevor er auch nur sichtbar wird, während gleichzeitig anerkannt wird, daß in der Tat ein Bruch eingetreten ist). Aus seiner Verkrampfung wurde deutlich, daß meine Frage in der Tat alles andere als akademisch war.

Er antwortete zunächst in leichten, verallgemeinernden Wendungen: »Das ist eine Frage, die wir durchdenken müssen, ja. Aber seit dem Sturz der Bande sind die Menschen viel wachsamer geworden, und sie werden nicht zulassen, daß sich solche Exzesse noch einmal ereignen.«

»Aber wie wollen sie das verhindern? Die Regierung kontrolliert doch die Presse, nicht?«

»Natürlich.«

Angesichts seiner unverkennbaren Bereitschaft, dieses Thema zu diskutieren, beschloß ich, kein Blatt vor den Mund zu nehmen. »Und die Partei nimmt Opposition niemals leicht, wenn sie sich auf eine Linie festlegt, nicht wahr?«

Es war nicht ganz einfach für ihn, auch diesem Satz zuzustimmen, aber er hatte Courage und nickte schließlich. »Das ist richtig, ja«, sagte er und kicherte.

»Aber ist es dann zu Ihrem eigenen Besten nicht an der Zeit, an die Schaffung einer Institution zu denken, der zum Beispiel unabhängige Einspruchsbefugnisse übertragen würden? Ich meine, Zeitungen oder vielleicht sogar eine Behörde innerhalb der Partei, mit dem Recht auf abweichende Meinung. Ich glaube, ihr seid die Gefangenen eurer eigenen Entscheidungen und laßt euch kein Hintertürchen offen, wenn sie danebengehen. Das ist doch ein Widerspruch – ihr diskutiert die Sachen, ihr entscheidet, ihr verlangt dann Einigkeit über die Entscheidung. Und das macht es unmöglich, auf die Bremse zu treten, wenn die Entscheidung dumm war.«

Eine Pause trat ein. Erstaunlicherweise und anders als Chinesen und Amerikaner vor ihm auf unserer Reise schien dieser Mann meinen Überlegungen zuzustimmen. Doch besann er sich wohl, ob er dies zugeben dürfe. Schließlich gab er es zu:
»Das Volk befindet jetzt gerade hierüber«, sagte er und blickte mir direkt in die Augen.

»Aber glauben Sie persönlich, daß dabei irgend etwas herauskommen wird? Ich meine, kann die Partei überhaupt etwas von ihrer Autorität abgeben?«

Er dachte wieder nach, dieses Mal betrübt, jedoch auch interessiert. Und ich hatte das Gefühl, daß er derartige Diskussionen bereits früher geführt hatte, daß dabei hingegen der wunde Punkt nicht berührt worden war und er sich jetzt dazu zwang, ihn zu berühren.

»In den ersten Tagen der Revolution«, sagte er, ohne meinen Blick ganz zu erwidern, »gab es hier eine gute demokratische Tradition. Die Menschen – und zwar alle – pflegten über alles abzustimmen. Fast keiner konnte lesen oder schreiben, doch es wurden Schüsseln aufgestellt, in die sie schwarze oder weiße Bohnen warfen, um über Probleme und Kandidaten mit ja oder nein abzustimmen. Und dann ist da noch was anderes.«

Su Guang, der übersetzte, verriet eine gewisse Erregung im Blick, die schwer zu deuten war – mochte es Überraschung darüber sein, daß dieser Funktionär so bekenntnishaft-freimütig war, oder seine persönliche Angst davor, daß diese Diskussion aus der schicklichen Bahn geriet.

»Heutzutage ist es zum Beruf geworden, Mitglied eines Kaders zu sein. Früher war es eine Berufung, eine Arbeit, die man übernahm, weil man sich zu ihr und den mit ihr verbundenen Opfern berufen fühlte. Ein Kadermitglied war nicht der erste, der zu essen bekam, sondern der letzte, nicht der erste, dem Wohnraum zugewiesen wurde, sondern der letzte, und er trank von der Neige der Tasse, nicht vom Rand. Kadermitglied zu sein, war damals keine Ehre, es war der Gang direkt an die vorderste Front. Es war mehr als wahrscheinlich, daß die Menschen, denen man zu helfen versuchte, einen nicht oder zumindest nicht alle verstanden und daß sie einem mißtrauten und einen sogar haßten. Kadermitglied zu sein, wissen Sie, das war in jenen Zeiten kein Beruf.«

Wir aßen. Niemand sprach. Ein wundervoller süß-saurer Fisch wurde aufgetragen und dampfte in der Schüssel. Wie immer man zum Sozialismus stand, niemand, dem Menschen etwas bedeuteten, konnte frohlokken über die Wiederkehr dieser Knechtung der Herzen, über ein neuerliches Umsichgreifen des revolutionären Idealismus und über die Verstörtheit dieses Mannes. Doch war er weit davon entfernt, sich der Verzweiflung zu überlassen. Ich sagte: »Kein Land kann sich dauernd auf revolutionäre Leidenschaften verlassen. Die Justiz muß institutionalisiert und sogar dem Zugriff der Partei entzogen werden. Meinungsverschiedenheit müßt ihr schützen oder ihr sperrt euch in eure eigenen Irrtümer ein. Genau das haben wir in meinem Lande von Zeit zu Zeit getan, und ich möchte, daß Sie das wissen, aber endlich kann man sich doch Gehör verschaffen, nach mancherlei Umwegen und mancherlei Not.«

Sein Kommentar hierzu war typisch chinesisch. Oder sprach nur der Maoist aus ihm?

Er grinste. »Aber der Umweg ist ein Teil des Vorwärtsgehens. Die Wahrheit ist niemals eine gerade Linie.«

Mit einem Wort, China hatte Äonen hinter sich und eine Menge Zeit vor sich, in der es den richtigen Weg finden konnte.

Wir aßen den Fisch. Ich trank noch mehr Mao Tai, den Inge nicht anrührte, doch Su Guang war schon bei seinem dritten Glas, lehnte ein weiteres Stück Fisch ab und verputzte es auf Drängen unseres Gastgebers dann doch. Ich spürte, daß wir den Abstand zwischen uns verringert hatten.

»Wie haben Sie Ihren Job bekommen? Sie sind doch nicht gewählt worden, oder?«

»Doch, vom Zentralkomitee der Partei.«

Nach vier Mao Tais ist man geneigt, alles zu sagen. »Gehen die Leute hier eigentlich jemals zur Wahl? Ich meine die Leute außerhalb der Partei?«

Er hatte noch gar nicht viel getrunken, und so ließ er sich Zeit mit der Antwort.

»Ja, sie gehen zur Wahl.«

»Wann war denn die letzte Wahl?«

Er mußte eine Weile überlegen.

»Ungefähr vor fünf Jahren.«

»Und wann wird die nächste sein?«

Er grinste. »Ich muß Ihnen sagen, was ich an den Amerikanern am meisten bewundere.«

Es machte Su Guang Freude, dies zu übersetzen. »Ihr sagt immer, was ihr denkt.«

Wir lachten alle.

Und dann sagte er: »Ich würde Ihnen eine Rede von Mao empfehlen, die er 1962 gehalten hat...«

Es war die erst im letzten Jahr immer wieder nachgedruckte Rede, in der Mao die Chinesen gewarnt hatte, daß sie im Faschismus enden würden, wenn es ihnen nicht gelänge, sich den Widerspruch eines feudalistischen Volkes einzuhandeln.

*

Die Bilder, die im Künstlerzentrum von Nanjing ausgestellt sind, machen es dem Betrachter leicht, sich vorzustellen, welches Problem der Maler in China gegenwärtig hat. Es sind Darstellungen von glücklichen Arbeitern und Bauern in kraftvollem schwarzen Umriß, Gewänder und Fleischtöne sind hell und optimistisch, sie wechseln ab mit traditionellen Landschaften, melancholisch und ein wenig düster, unter Betonung einer stilisierten Vertikale, mit urgewaltigem, stürzendem Wasser, mit Berg und Wald. Und in der Tat bestätigen die drei uns begleitenden Maler mittleren Alters, daß es eine ungeheure Kluft gibt zwischen der stummen Abstraktheit traditioneller Kunst und den dazwischengezwängten posterartigen Propagandablättern, die ohne Zweifel von der Partei bevorzugt werden. »Wir brauchen eine Synthese zwischen beidem, und wir hoffen, daß einmal ein großer Meister auftritt, der das Gegenständliche mit dem Abstrakten verbindet.« Wenigstens dies kann laut gesagt werden, nun, da die Regierung eine andere ist.

Sie wußten, wie die Schriftsteller, wenig von westlicher Kunst und beklagten sich, daß die Franzosen vor kurzem eine Ausstellung geschickt hätten, die ganz und gar aus Landschaften bestand, während die Chinesen über Landschaftsmalerei alles wissen, was es zu wissen gibt. Ich fragte sie, ob ihnen van Gogh ein Begriff sei, weil ich dachte, daß ihnen seine bäuerlichen und dörflichen Themen zusagen könnten, und wirklich hatten sie Reproduktionen seiner Bilder gesehen, aber noch nie ein Original, an dem sie seine Technik des schichtweisen Farbauftrags hätten studieren können. Sie stimmen mir zu, daß er vielleicht wichtig für ihre Hoffnung sein könnte, einen nicht-naturalistischen und trotzdem gegenständlichen Stil zu schaffen.

Schon der Begriff einer personalisierten Kunst behagt ihnen nicht, aber der Druck des Staates führte den Malern bereits Jahrhunderte vor dem Kommunismus die Hand. Man kann sogar sagen, daß der größte Teil der Welt die meiste Zeit von einer Autokratie dieser oder jener Art regiert worden ist und daß ihr die Kunst immer und unvermeidlich unterworfen ist. Man wird kaum behaupten können, daß Michelangelo vom Papst freie Hand für das Deckengemälde der Sistina bekam, das übrigens mit Bildern erfüllt ist, die die Herrschaft der christlichen Religion stärken sollen und nicht die der muslimischen, jüdischen oder buddhistischen Religion und schon gar nicht des Agnostizismus oder Atheismus. Kunst und Privatheit der Inspiration haben keine sehr lange gemeinsame Geschichte. Doch die Chinesen scheinen eine wahre Freude an der Symbolisierung zu haben, was wahrscheinlich auf die Eigenart ihrer Sprache zurückgeht, und, noch einschlägiger, eine recht Lust an der symbolisch-politischen Deutung von Kunst.

Vor einigen Jahren, so berichtete einer der Maler, war ein Katalog von Gemälden zusammengestellt worden, die man ins Ausland zu verkaufen hoffte, um auf diese Weise Geld zur Unterstützung des vietnamesischen Widerstandes gegen die Amerikaner zu beschaffen. Chen Dayu war in dieser Sammlung mit dem Bild eines Hahnes vertreten, das vom Revolutionskomitee von Shanghai, dessen Genehmigung zum Druck des Kataloges erforderlich war, eingehend geprüft wurde. Einer der Maler erläuterte nun: »Sie kamen zu dem Schluß, daß der Schwanz des Hahns, der zum Himmel zeigte, zu gerade und zu hoch war. Der Hahn ist in China ein Kampftier, und dieser hier hatte so auffallend große Augen und so kraftvolle Klauen, daß die Figur zweifellos die Arroganz des aggressiven Faschismus beim Überfall auf den Sozialismus symbolisierte, daher im Grunde ein ›rechtes‹ Bild war und verboten wurde.« Die drei Maler lachten, genau wie Inge, ich und Su Guang, aber man mußte sich doch fragen, wie sie in jener anderen Zeit laviert hatten. Hatten sie sich jemals zu dieser Hieroglyphenpolitik in der Kunst verführen lassen? War sie auch damals so absurd erschienen, als hinter ihr eine Respekt heischende und recht verrückte Macht stand? Denn Macht verleiht jeder Absurdität eine Spur von Logik. Tatsächlich hatte, wie die Maler erklärten, Zhou Enlai persönlich einige der Bilder ausgewählt, die die Bande prompt mit dem Etikett »schwarz« oder »Rückfall in die unheilvolle Linie« versah, und da niemand etwas über die Maler selbst wissen durfte, »waren sehr viele unschuldige Menschen von der Existenz eines Nestes konterrevolutionärer Maler in Nanjing überzeugt. Und keinem von uns war eine Erwiderung gestattet, obwohl es eine schlimme und lange Pressekampagne gegen uns gab«.

Jing Zhenyuan, Maler

Darauf wird uns ohne weitere Diskussion mitgeteilt, daß die drei anwesenden Maler uns zu Ehren ein Bild malen möchten. Ein langer Bogen weißes Reispapier wird herbeigeschafft, und jeder Maler kramt ein Sortiment Pinsel und einen kunstvollen alten Tuschstein hervor. Das ist eine Art Stein, der in ein oft prachtvoll geschnitztes Hartholzkästchen eingelassen ist und die Tusche ganz langsam absorbiert. Dabei bleibt in einer Vertiefung gerade so viel Farbe stehen, daß man einen Pinsel eintauchen kann. (Solche Steine sind den Malern teuer, und wenn sie alt sind, erzielen sie in den Antiquitätengeschäften hohe Preise.) Das Bild wird von einem der Maler angefangen, der am unteren Ende beginnt, indem er mit dem eingetauchten Pinsel gegen den Strich der weichen Pinselhaare über das Blatt fährt, wodurch ein Klumpen langer, zentimeterdicker Linien entsteht, die vertikal nach oben streben und das untere Drittel des Blattes einnehmen. Mit einem feineren Pinsel trägt er Striche nach, die sich unverkennbar als Koniferenzweige entpuppen, und wir haben ein undurchdringliches Dickicht.

Dann kommt der zweite Maler dran, der mit viel leichteren Strichen eine lange Kurve skizziert, aus der ein Wasserfall wird. Er beginnt etwas über dem Zentrum des Bildes und fällt fast bis zur unteren Kante herab, wobei die Linien in allen Richtungen wegsprühen.

Der dritte Künstler fügt nun einen Berg hinzu, der in die obere rechte Hälfte des Blattes gesetzt wird. Darauf greift der zweite Maler wieder ein und besprenkelt das fallende Wasser mit einem schwachen Rosagrau, das Koniferendickicht mit einem tieferen Rosa. Dann macht der erste Künstler das Dickicht noch ein bißchen dichter, und der dritte kontert mit einem weiteren Strich am Wasserfall. Es ist eine Art von »paint-in«, und sie kichern, während sie ihre verschiedenen Veränderungen anbringen, denn etwas derartiges haben sie nie zuvor versucht. Nach etwa zwanzig Minuten haben wir eine gute Landschaft, die vielleicht etwas der Stimmung ermangelt, aber recht elegant in den Proportionen und gewandt gezeichnet ist. Das Schönste daran ist freilich die Widmungskolumne mit chinesischen Schriftzeichen, die sich an einem Rand entlangzieht und mit dem persönlichen Namenssiegel eines der Künstler endet – die anderen haben vergessen, ihre Siegel mitzubringen.

Das Unternehmen ist natürlich teilweise arrangiert, doch die Empfindung der Maler ist zweifellos echt; ihre Neugierde in bezug auf westliche Kunst ist zu groß, um geheuchelt zu sein, und ihr Geschenk, so hoffen sie, kann vielleicht dazu beitragen, die Tür zur Welt ein wenig weiter aufzustoßen.

von links nach rechts: Wu Lingshen, Jing Zhenyuan, Wu Junfa, alle Maler

Als wir die Galerie verließen, mußte ich mich wieder einmal wundern, warum öffentliche Gebäude hier, nicht anders als in Rußland, so abweisend, so vernachlässigt, so ungeliebt in Konzeption und Erhaltungszustand sein mußten. Auch wir haben gewiß häßliche öffentliche Gebäude inHülle und Fülle, aber sie verraten doch wenigstens ansatzweise eine gewisse Überkandideltheit, wenn schon nicht Fantasie, irgendeinen kauzigen oder naiven Einfall, oder sind ein wahrhaft abscheulicher Ausbund an schlechtem Geschmack. Doch bei so vielen öffentlichen Gebäuden Chinas nach der Befreiung herrscht einfach nur eine Art Stummheit des Auges, als ob die Planer, sobald die Wände dicht gegen Wind und Wetter waren, vor ihrem eigenen Kunstwerk davongelaufen wären.

*

»Warum machen Sie sich so viel Gedanken über die Zukunft!« beklagt sich Su Guang, wobei er bemüht ist, ein Lächeln hervorzubringen. »Wir können nicht soviel an die Zukunft denken.«

Ich stehe mit ihm am höchsten Fenster in einem der beiden hohen Türme, die die endlos lange Nanjing-Brücke überragen. Diese wuchtige und viel gefeierte Konstruktion, die ihre Dutzende von Bögen in den breiten Yangtze-Strom senkt, dient einzig und allein dazu, eine nur dreispurige Straße zu tragen. »Wenn Ihr einmal anfangt, Kraftfahrzeuge zu bauen, reicht hier der Stau vom Pazifik bis nach Rußland«, hatte ich gesagt. Doch im Augenblick sind es lediglich vereinzelte qualmende Busse, die sich träge an die Überfahrt machen, sowie das übliche Durcheinander von Fahrrädern, Traktoren und handgezogenen Karren.

Der Li bei Guilin

Trotzdem ist es ein eindrucksvolles Bauwerk, vielleicht das vornehmste Beispiel für ein Projekt, das, wie man mir versichert, ganz allein von Chinesen gebaut wurde, von den Arbeitern angefangen bis zu den Ingenieuren und Architekten. Seine Hauptbedeutung hat es denn auch nicht als Straßenverkehrsbrücke, sondern als Eisenbahnbrücke, eine Funktion, die sie auf ihrer unteren Etage zweifellos vollkommen erfüllt. Es ist die Chinesische Mauer des Kommunismus, für die Ewigkeit gebaut, und ihr Anblick ist in der Tat gewaltig. Insbesondere mit den heroischen Arbeiter-Bauern-Statuen aus rosa Zement im Sowjetstil, die von unten die Größe von Pyramiden zu haben scheinen und an beiden Enden der Brücke stehen. Und in einer Empfangshalle im Inneren eines der Türme steht eine überlebensgroße Statue Maos, exakt 7 1/2 m hoch, zum Gedächtnis seines 75. Geburtstags. Sie ist aus blankpoliertem weißen Zement oder Gips, mit Schuhen so groß wie Aktenschränke, und eines der besten Beispiele für die Weisheit des Alten Testaments, das es verbietet, sich ein Bildnis zu machen.

Doch der Yangtze verleiht allem jene Großartigkeit, deren der irdische Entwurf ermangeln mag. Wie der Mississippi fließt der Strom hier breit und träge, und seine weit ausholenden Schleifen sind voller Geheimnis. Aus irgendeinem Grund scheint über chinesischen Flußlandschaften stets ein Dunstschleier zu hängen, gleichsam als Einladung an die Maler und als Balsam des Auges nach den von Menschen geschlagenen Wunden.

Bei einem anderen Fluß, dem Li, der sich durch die sehenswerte Landschaft von Guilin windet, hatten wir das Glück, ihn zu erleben, bevor auch nur das mindeste »saniert« worden war. Der Tourist wird auf gedeckten hölzernen Barken flußabwärts gefahren, die im Schlepptau alter motorisierter Dschunken liegen. Wohin auf diesen heruntergekommenen Booten der Blick auch fällt, überall wäre eine Reparatur mit Hammer und Nägeln oder ein Festbinden mit Seilen erforderlich. Auf einem Sonnendeck am Bug des Schiffes stehen ein halbes Dutzend Männer und eine »Minderheiten«-Frau von 25 Jahren, deren Baby aus einem improvisierten Kinderbett zuschaut, und hantieren gelegentlich mit einer zehn Meter langen Stange, um die Barke über Gesteinskuppen zu schieben, die im flachen Flußbett auftauchen. Wir befinden uns hier in einem Minderheiten-Areal, der Autonomen Region Guangxi Zhuang, aber für das Auge des Fremden unterscheiden sich die Menschen kaum von der Mehrheit der Han, bis auf ein etwas platteres und breiteres Gesicht, das man hin und wieder sieht.

Hier am offenen Fluß, mehr noch als beim Rundblick von der Stadt aus, hat die Landschaft von Guilin etwas Kindliches, mit den Bergen, die, in einer flachen Ebene einzelnen nebeneinandergesetzt, fast vertikal aufsteigen und oben rund sind. Eine unwahrscheinliche Zärtlichkeit scheint von diesen merkwürdig gefügten Bergen auszugehen, eine Weichheit, die vom Dunstschleier des Flusses ebenso herzurühren scheint wie von den zehn bis fünfzehn Meter hohen Bambusgruppen, die das Ufer säumen, die Spitzen zu anmutigen, dunkelgrünen Federn gebogen, wie altmodische Schreibfedern oder der wehende Helmbusch der »Drei Musketiere«.

Das ist die Szenerie der klassischen chinesischen Bilder, die demnach weit realistischer sind, als man vermutet hätte, mit ihren verträumten Ansichten von Bergen und fallendem Wasser, mit Menschen darin, die so klein und so in Schweigen gehüllt sind. Das wirkliche Guilin ist genauso unwahrscheinlich poetisch. Die Dschunke, die vorübertreibt, hat rosenfarbene Segel mit blauen Flecken von der Größe einer Tür; eine andere hat beigefarbene Streifen auf einem Segel von ausgewaschenem Rosa. Die Flöße der Fischer sind kaum zwei Fuß breit, aber zwanzig Fuß lang – vier oder fünf aneinandergebundene gewaltige Bambusstämme. Und sie sitzen am Rand des Floßes auf ihren Fersen, neben sich einen geflochtenen Korb, und ködern die Angelschnüre mit einem Reiskorn – selbst die Fische, so scheint es, haben einen chinesischen Geschmack. Und wie jeder von einem Kind erdachte Fluß ist dieser flach, aber sauber und klar, und die faustgroßen Steine auf seinem Grund glänzen in der Sonne und rollen träge mit der Bewegung des Wassers. Die gelegentlichen Dörfer entlang des Flusses sind aus braungelbem Lehm, und ihre niedrigen breiten Dächer wirken anheimelnd, bezwingend und ewig.

Ich genieße diesen Anblick auf dem sonnigen, aber kühlen Deck, der von Touristen überfüllten Barke, und ich kann nicht anders als über meine Gefühle lächeln, die ganz und gar nostalgisch sind. Der Fischer auf seinem Floß, der sich mit einer Stake vorwärtsbringt, wird zweifellos den kommenden Außenbordmotor begrüßen, auch wenn dieser eine bleistiftdünne Ölspur im Wasser hinterläßt. Und den schwatzenden Frauen, die am Ufer ihre Wäsche schlagen, kann man es kaum zum Vorwurf machen, wenn sie in den Zeitschriften die Bilder von Waschmaschinen studieren. Es ist ein seltsamer Gedanke, daß wir sozusagen in ihrer Zukunft leben. Ich betrachte sie in ihrem motorlosen Schweigen an ihrem kristallenen Fluß, und ich hoffe, daß es ihnen besser gelingt als uns, und muß an Thoreau denken, an den typischen Widerstand des Intellektuellen gegen die Veränderung, vor allem gegen eine Veränderung, die er sich nicht selbst ausgedacht hat.

*

Wenn es stimmt, daß man angeblich »nicht weiter kommt als bis nach China« – im Theater ist es einem immer noch möglich, seinen Sinn für die Universalität der menschlichen Natur aufzupolieren. Die Chinesen im Theater lachen nicht, wo wir es nicht täten, und sie lachen dort, wo wir es auch tun. Die kulturelle *Information* ist im Osten und im Westen ganz verschieden, doch was das Herz daraus macht, ist ähnlich. *Treue Herzen* ist das meistgepriesene Stück nach dem Sturz der Viererbande und das erste, das gewisse Einzelheiten aus dieser Periode enthüllt. Der Autor, Su Shuyang, ist Anfang Dreißig und arbeitet immer noch im Institut für Traditionelle Medizin als hochqualifizierter Spezialist. Während er neben uns sitzt und sein Stück verfolgt, scheint er tief bewegt von ihm zu sein, wie es sich für jeden neuen Stückeschreiber gehört. Seine Vorbilder, sagt er, sind Tschechow und der Ibsen der gesellschaftskritischen Stücke. Unverkennbar sind die *Treuen Herzen* als Schlag und als Waffe konzipiert worden, und ihre Wucht als gesellschaftliches Dokument ist wohl unbestreitbar; die Zuschauer sind am Ende zutiefst gerührt. Daß es einen Realismus zeigt, der mittlerweile im Westen gang und gäbe ist, tut seiner Gültigkeit als Theaterstück keinen Abbruch, denn diese Schreibweise paßt zum Thema und zur Absicht des Autors.

Es geht um den alten Doktor Fang, den Leiter einer Forschungsgruppe, die das »03« entwickelt hat, ein Medikament zur Behandlung von Herzkrankheiten. Die Regierung (die Bande) attackiert Dr. Fang, weil er es lediglich für die Honoratioren der Stadt liefert, die anscheinend am meisten unter Herzproblemen zu leiden haben. Sollten diese Vorwürfe auf ihm sitzen bleiben, so wird Dr. Fang als bourgeoiser Konterrevolutionär angeprangert, und zweifellos wird er auch beruflich Rückschläge erleiden. Es kann ihm sogar passieren, daß er für ein paar exemplarische Jahre zum Schweinefüttern geschickt wird. Doch steht subjektiv für den guten Doktor weit mehr auf dem Spiel. Er ist ein stolzer, grimmiger alter Bursche und hat sich stets als Patriot betrachtet, der der Revolution treu ergeben war. Deshalb sind diese Vorwürfe eine unglaubliche Gemeinheit.

Su Shuyang

Während Su Guangs Schnellfeuerübersetzung in mein Ohr drang, konnte ich nicht anders, als von der Kindischkeit des Vorgangs entmutigt zu sein – sich vorzustellen, daß sogar Krankheiten als etwas Bourgeoises erklärt werden! Bei genauerem Nachdenken allerdings gehört eine Krankheit wie die Staublunge zu Arbeitern in Kohlebergwerken, und mir fiel eine mehrere Jahre zurückliegende Studie der University of Michigan ein, in der die These vertreten wurde, daß die psychosomatischen Erkrankungen unserer Mittelklasse auf den Magen und den Kopf schlagen, während der Arbeiter mehr über Beeinträchtigungen seiner Gliedmaßen klagt.

In *Treue Herzen* hat denn auch die Anschuldigung wenig mit Wissenschaft zu tun, sondern geht darauf zurück, daß Premierminister Zhou ein persönliches Interesse an dieser Forschung gezeigt und den alten Doktor Fang und seiner Gruppe zur Entdeckung des »03« öffentlich gratuliert hatte. (Diese Geste Zhous überrascht das Publikum ebenso, wie sie es in Wirklichkeit getan hätte.) So, wie die Dinge unter dem Regime der Bande lagen, bedeutete der Kuß Zhous offensichtlich das Todesurteil. Um die Sache noch schlimmer zu machen, hatte sich Zhou (im Stück) eine ganze Stunde lang mit den Mitgliedern der Forschungsgruppe unterhalten, und beim Vierten Nationalen Volkskongreß nahm er sich Zeit, eigens seine Überzeugung zu betonen, daß alle Menschen, und nicht bloß Funktionäre, von Herzkrankheiten befallen werden und daß deren Heilung und Behandlung die Aufmerksamkeit des ganzen Volkes verdient. So liegt der Fehdehandschuh zwischen Zhou und dem alten Doktor Fang auf der einen und der Bande auf der anderen Seite, die damals wohlgemerkt nichts Geringeres war als die Regierung Chinas, einschließlich des greisen Mao.

Dieser politische Konflikt artikuliert sich nun durch die Familie und die Mitarbeiter des alten Doktors. Der Ton ist der von *Ein Volksfeind;* das treibende Element ist vorwiegend sozial und moralisch, es kommt wenig oder gar kein subjektives Leben zum Ausdruck, und die Personen haben eher Charakteristika als einen Charakter. Während es dem Dialog gelingt, alle gängigen Slogans zum Tönen zu bringen – »aus den Tatsachen lernen«, »vergeßt nicht, daß es mit allen Reaktionären ein böses Ende nehmen wird«, usw. – ist nicht zu leugnen, daß unter den Klischees eine emotionale Bewegung spürbar wird, die zumindest ebenso echt ist wie das Gefühl, das irgendeinem anderen in Formeln ausgedrückten Credo oder religiösen Bekenntnis zugrunde liegt. Die gegenwärtigen ideologischen Grundlagen mögen unterwegs berührt werden, doch steckt hinter allem eine liebevolle Hand und nicht bloß eine belehrende oder disziplinierende Herbheit, und es scheint, als ob es diese Liebe ist, die das Publikum bewegt.

Sie ist es auch, die den *deus ex machina* am Ende des Stückes emotional glaubwürdig erscheinen läßt. Der alte Doktor Fang triumphiert, den perversen oder feigen Charakteren gelingt es nicht, den Tag für sich zu entscheiden, die Wahrheit – und China – tragen den Sieg davon, und der dankbare alte Doktor schlägt seinen Kollegen vor, mit ihm gemeinsam einen Dankesbrief an den schwerkranken Premierminister Zhou zu schreiben. Kaum berührt die Feder das Papier, da ertönt Trauermusik – in einem heulenden Sturm, der gerade aufgekommen ist –, und es stellt sich heraus, daß Premierminister Zhou in eben diesem Augenblick gestorben ist. Die Personen weinen vor Kummer, und während die Trauermusik im Hintergrund fortklagt, wendet sich der alte Doktor ans Publikum: »Geliebter Premierminister. Sie waren der gute Premierminister des Volkes. Ihr treues Herz schlägt nur für das Volk...« usw. Die »Internationale« löst die Trauermusik ab, während der Vorhang fällt, und das Publikum ist überwaltigt.

Arthur Miller zwischen Cao Yu (links) und Su Shuyang (rechts) nach einer Aufführung von »Treue Herzen« im Pekinger Theater für die Kunst des Volkes (Volkskunsttheater)

Was hier interessant ist, ist nicht die Identität der einen oder anderen Seite in diesem politischen Kampf, sondern es sind die Werte, die vom Stück und vom Publikum aufrechterhalten werden. Denn wenn Zhou als entschlossen und furchtlos geschildert wird, so ist er doch gleichzeitig auch menschlich, aufrichtig, undogmatisch und warmherzig. So scheint es, daß ein fast fünfzigjähriger furchtbarer Kampf in Revolution, Hungersnot und Krieg die Chinesen nicht gegen die liberaleren zivilisierten Ideale verhärtet hat – dies jedenfalls ist an dem sehr populären Stück und seinem Publikum abzulesen.

Allerdings muß man hinzufügen, daß der Physikprofessor, dem wir während unserer langen Eisenbahnfahrt begegneten, behauptet hat, daß das Stück, das er bei einer Fernsehausstrahlung für ganz China gesehen hatte, für den Mann auf der Straße viel zu hoch und viel zu anspruchsvoll war. »Ich glaube nicht, daß die Bauern auch nur die geringste Vorstellung davon hatten, worum es in diesem Stück überhaupt ging«, sagte er überraschenderweise. Ich hatte natürlich geglaubt, das Stück sei so klar, daß es jeder verstehen müsse. War also die Kluft zwischen Stadt und Land, zwischen höherer und niedrigerer Bildungsstufe in der Tat so unglaublich weit?

Ich war nicht darauf gefaßt, meine Überzeugung erschüttert zu sehen, daß menschliche Emotionen, zumindest wenn sie auf der Bühne dargestellt werden, universal sind. Nach der Aufführung von Guo Muruos Stück *Cai Wen Ji* bestand der 76jährige Leiter des Pekinger Volkskunsttheaters darauf, daß ich mich mit den Schauspielern zusammensetzte und mit ihnen ernsthaft über das Stück diskutierte. Da die Handlung aus dem Mittelalter stammt und die Darstellung im Sinne des traditionellen Spiels stilisiert ist, bewegte ich mich bei diesem Stück nicht gerade auf vertrautem Gelände, und nachdem ich die große Zahl von Darstellern begrüßt hatte, verbreitete ich mich über die Aufführung, die prachtvollen Bühnenbilder und Kostüme und über die starke, für mich exotische Darstellung.

Cao Yu, der schwarzhaarige Regisseur, ein kleiner quirliger Mann Ende der Sechzig, der nicht stillsitzen kann und keine Randbemerkung unterdrückt, gebot seinen Schauspielern jetzt Schweigen, damit ich mich über das Stück selbst äußern könne. Dies hatte ich befürchtet. Das Stück hatte mich trotz seiner Exotik durch seine ewigen Wiederholungen gelangweilt. Und soweit ich die Stimmung im Publikum ausmachen konnte, ist Wiederholung auch im Chinesischen Wiederholung. Nachdem ich aus ehrlicher Überzeugung die Darstellung und die Aufführung gelobt hatte, die sich mit den besten in der Welt messen konnten, mußte ich nun zu meinem Unbehagen die Wahrheit über das Stück selbst sagen, doch schien kein Weg darum herumzuführen.

»Offen gesagt«, begann ich, und meine Unruhe verstärkte sich, da Cao Yu und die Darsteller mucksmäuschenstill waren, nicht anders als eine Reihe interessierter Bühnenarbeiter, die sich hinter ihnen aufgebaut hatten, »und ich nehme an, dies kommt daher, daß ich mit Ihrer Geschichte nicht so vertraut bin, muß ich Ihnen sagen, daß ich das Stück selbst ziemlich langweilig fand.«

Ein betroffener Ausdruck lag sogleich auf allen Gesichtern. Sie hatten natürlich noch alle ihre farbenprächtigen, fließenden mittelalterlichen Kostüme an, und ihre geschminkten Gesichter verstärkten jeden Gesichtsausdruck, bedauerlicherweise auch diesen.

Cao Yu sagte mit aufgerissenen Augen: »Warum, glauben Sie, hat Sie das Stück gelangweilt, können Sie das sagen?« Er sprach Englisch, nachdem er in den dreißiger Jahren einige Zeit in den Staaten verbracht hatte, wo er die Werke von O'Neill bewundern gelernt hatte. Seine beiden berühmtesten Stücke, *Sonnenaufgang* und *Unwetter*, die ich am Tag zuvor gelesen hatte, waren für mein Gefühl eindrucksvolle und faszinierende Tragödien über das Leben in Shanghai, im verrotteten China vor vierzig Jahren. Ja, die ganze Sicherheit, mit der ich mich wahnwitzigerweise auf die Kritik eines chinesischen Stückes einließ, das noch dazu allgemein als Meisterwerk galt, verdankte ich dem ganz unverkennbaren Professionalismus, den Cao Yu in diesen seinen beiden Stücken verraten hatte.

»Ich hatte den Eindruck«, entgegnete ich, »daß die Geschichte in der ersten Stunde vier- oder fünfmal hintereinander erzählt wird. Der einzige Unterschied ist der, daß es neue Personen sind, die sie erzählen, aber sie fügen jedesmal nicht viel Neues hinzu.«

Cao Yu ließ eine knappe Sekunde des Schweigens vergehen, bevor er aufsprang und »hurra« schrie, während die Darsteller Beifall klatschten

Gao Yu, Chinas großer Dramatiker

und mir mit ungeheurer Erleichterung zunickten. »Da sitzen wir sechs Monate und versuchen herauszubekommen, warum das Stück so langweilig ist, und er sieht es sofort und sagt es uns!« Großes Stimmenwirrwarr jetzt, während die Schauspieler mit dem größten Vergnügen ihren Autor in einem raschen Wechselgespräch verreißen, dessen Inhalt ich schon erraten konnte, bevor ihn Su Guang für mich übersetzte.

»Warum bleiben Sie nicht eine Woche hier und bearbeiten das Stück?« schlug Cao Yu vor, und wiederum klatschten die Schauspieler Beifall und nickten ermutigend. Als wir auseinandergingen, überlegte ich mir, wie merkwürdig es doch war, daß wir einander so leicht verstehen konnten und daß dies vielleicht nur im Theater möglich war. Aber natürlich leben auch die Ärzte und die Physiker und die Angehörigen aller anderen Berufe prinzipiell in den gleichen Welten, unabhängig von ihrem Land oder politischen System; unsere Geschichte ist es, die so enorm differiert und uns auf so verschiedene Ebenen des technologischen Fortschritts und damit der Stärke bzw. der Schwäche gestellt hat.

Arthur Miller mit Darstellern aus »Bi An« und Regisseur Huang Zuolin (ganz rechts) im Volkskunsttheater Shanghai

Von völlig anderer Art war das antisowjetische Melodrama *Bi An* (Eine andere Hoffnung) in Shanghai. Selbst in *Treue Herzen* mußte einem die übertriebene Bewegung auffallen, die anscheinend ein verbreiteter chinesischer Fehler ist – denn ein Fehler ist es in einem realistischen Stück. Eine Bemerkung, die zum Lächeln einlädt, veranlaßt den Hörer zum Lachen; ein leises Kichern wird zu einem schallenden Gelächter, das von beifälligem Kopfnicken begleitet wird. Was eine begrüßende Handbewegung sein sollte, verkehrt sich zu einem Schulterklopfen mit reichlichem Ha-ha-ha. Es besteht auch die Tendenz, daß der Schauspieler seine Rede mit dem Gesicht nach links oder rechts beginnt und sich allmählich umdreht, bis er ins Publikum schaut, dessen Weglaufen der chinesische Schauspieler jederzeit zu befürchten scheint.

Hier ist offensichtlich die Operntradition am Werk, die zwar auch künstlich, doch ehrwürdig und daher glaubwürdig ist, während der moderne Realismus den Chinesen anscheinend artifiziell und unglaubwürdig vorkommt, so daß sie sich genötigt fühlen, in die ältere Form zurückzufallen. Es ist eben einfach kein Spielen, wenn man nicht das Publikum sieht.

In *Bi An* ist selbst der Realismus, nach dem das Stück verlangt, nur sehr zaghaft bewältigt – obwohl das Wort »Realismus« kaum für eine Geschichte geeignet ist, die sich abgesehen von ihren ernsthaften politischen Implikationen, wie das Machwerk eines Autorenteams ausnimmt, ähnlich jenen, die die Fernsehserien verfassen. Was jedoch anerkannt zu werden verdient, sind die mimetischen Künste der chinesischen Schauspieler. Wie sie das Gebaren und sogar die Stimme von Russen nachahmen, ist gleichzeitig absurd übertrieben und irgendwie überzeugend. Vielleicht noch verblüffender ist der Gesellschaftstanz, den zwei Schauspieler auf der Bühne vorführen, die nie selber so getanzt und es auch nicht an anderen gesehen hatten. Einen Russen zu spielen, der sich in einem schicken Schweizer Hotel eng umschlungen mit einem Mädchen in einem westlichen Tanz dreht, ist für die chinesischen Schauspieler wie das Durchschreiten mehrerer schwerer Vorhänge gleichzeitig.

Der für diese Triumphe verantwortliche Regisseur war Huang Zuloin, ebenfalls ein Veteran Mitte der Siebzig. Huang, der kaum lauter als im Flüsterton spricht und sich zielstrebig und gelassen bewegt, verbrachte in den dreißiger Jahren zusammen mit seiner Frau ein Jahr in England und studierte Theater bei Michael St. Denis. Er stammt aus einer wohlhabenden Familie – sein Vater war Vertreter von Standard Oil in China –, und seine Mao-Sun-Jacke ist zwar konventionell geschnitten, zeigt aber eine reiche Cremefarbe. Mit seinen erlesenen Manieren, der Vornehmheit seiner Gesten und den schwerblütigen Kopfbewegungen wirkt er wie der perfekte Mandarin. Er wurde drei Jahre eingesperrt, um Schweine zu füttern, Mao zu studieren und seine konterrevolutionären Träume zu bekennen.

Zufällig waren Inge und ich mit jener Schauspielerin bekannt, die jeden Tag in Huangs Zelle kam, um ihn zu bearbeiten; denn sie wohnt jetzt in New York und bat uns sogar, nach dem alten Mann zu schauen. Erst nach einigen erlebnisreichen Tagen in China hatten wir die Bedeutung dieses Vorschlags ermessen können; hatte sie doch in den sechziger Jahren zu den jugendlichen Kulturrevolutionären gehört, die die alten Leute umkrempeln mußten, bis von diesen der letzte Rest bürgerlichen – oder unabhängigen – Denkens abgefallen war.

Als ich die Situation überblickte, war ich völlig verwirrt. Er mußte ihr doch übelnehmen, was sie ihm angetan hatte! Auf meine Frage antwortete er jedoch gemessen: »Überhaupt nicht. Sie war niemals grob zu mir, sie war nur irregeleitet, wie so viele in jenen Tagen. Wie ich auch.«

Huang Zuolin

Er dachte einen Augenblick nach und sagte dann: »Sie tat, was sie tun mußte. Es war sozusagen ihre Aufgabe. Viele andere in ihrer Position waren grob und grausam und haben die Menschen geschlagen. Sie war jung und vertrauensselig. Was kann man dazu sagen? Ich war auch irregeleitet.«

»In welchem Sinne?« fragte ich.

»Ich glaubte, Zhou billigte den Gedanken, Leute wie mich ins Gefängnis zu stecken; er mußte es billigen, sonst hätte es nicht geschehen können. Das habe ich geglaubt. Und so beschloß ich, zu versuchen, mich von antirevolutionären Gedanken freizumachen, obwohl ich gar keine zu haben glaubte. Und tatsächlich hatte ich auch keine. Erst in den letzten paar Jahren, 1975 und 76, haben wir erfahren, daß es eine Spaltung gegeben hatte und daß man versuchte, uns und die Kultur und Zhou Enlai zu vernichten.«

Ich versuchte, mir diesen urbanen Gentleman beim Schweinefüttern und Stallausmisten vorzustellen. Sie müssen ein extragroßes Vergnügen daran gefunden haben, ihn im Dreck zu sehen. Ich fragte ihn, wie es war.

Er lächelte. »Ich glaube, das schlimmste war, daß ich drei Jahre lang tagtäglich meine Frau gesehen habe, die auf der anderen Seite eines kleinen Baches auf einem Feld arbeitete, und daß ich kein einziges Mal mit ihr sprechen durfte.«

»Und auch da haben Sie noch geglaubt, daß hinter allem Zhou stecken könnte?«

»Nach einiger Zeit weiß man nicht mehr, was man glauben soll.«

»Meinen Sie, daß so etwas in China jemals wieder passieren kann?«

»Ja. Ich glaube es sogar ganz bestimmt. Das wird noch oft geschehen. Aber vielleicht wird beim nächsten Mal nicht soviel von dem zerstört, was notwendig und gut ist.«

Er kannte die Vergangenheit, und sie war lang, und auch die Zukunft war lang, wie es schien. Wieder einmal kam mir der Gedanke, daß es vielleicht in China deshalb keine Tragödie gibt, weil sich eine so endlose Zeit nach hinten und nach vorne erstreckt.

Eines Tages diskutierten wir »Stani« und »Breshit«, zwei Theaterschulen, vor denen sich Huang wie jeder andere verbeugte. Gleichzeitig aber schienen Stanislawski und Brecht niemanden wirklich ernsthaft zu interessieren. »Unser Theater, unsere ganze Kunst«, sagte Huang in einer seiner wenigen theoretischen Betrachtungen, »sollte unserer Meinung nach revolutionär und romantisch sein. Ich persönlich glaube an das – es ist schwierig, dieses Wort in Englisch zu sagen, aber es heißt ...«, und mit einiger Mühe brachte er es heraus: »intrinsikalistisches Theater.«

»Was bedeutet das?« fragte ich.

»Daß wir die innere Wirklichkeit, das Wesen jedes Dinges und jeder Beziehung und Emotion finden müssen und das Wesen deutlich von dem trennen müssen, was nicht Wesen ist.«

Ich konnte nur nicken zu dem, was mir wie die Definition jeder mir bekannten Schauspieltheorie erschien. Außerdem spielte es ohnehin keine Rolle, welches die Theorie war: Sie waren so unverwüstliche Chinesen, daß die Kultur jedes theoretische Element überwältigen würde, bevor es auch nur erkennbar wurde.

Bi An, das Stück, in dem er Regie geführt hatte, war eine geradezu unumwundene politische Propaganda. *Treue Herzen* war ebenfalls Propaganda, erhielt aber durch seine Liebenswürdigkeit einen gewissen Ernst. In *Bi An* gibt es kaum etwas anderes als hohe Politik, und aus diesem Grund ist dieses Stück soziologisch interessant, denn das Publikum wurde ohne Zweifel von seinem Melodrama mitgerissen und schien dessen Voraussetzungen zu akzeptieren.

Es beginnt mit einem Sturm, wie man ihn in Amerika seit den Bühneneffekten Belascos vor einem halben Jahrhundert nicht mehr gesehen hat. Palmen biegen sich in einem wirklichen Wind, Zweige fliegen hinter dem Gazevorhang über die Bühne, Blitz und Donner zerreißen den Himmel, bis der Zuschauer wider besseres Wissen überzeugt ist und sich zu fürchten beginnt. Doch der Wind legt sich, der Gazevorhang geht hoch, die Sonne kommt heraus, und wir hören einen Bariton, der zu den Klängen eines Streichinstruments singt. Eine Frau tritt auf, eine Chinesin mit schwarz angemaltem Gesicht, die einen eleganten Turban und ein Gewand mit vielen Rüschen auf der Vorderseite trägt, ein Aufzug, den man mit der Teestunde in einem der besseren Häuser einer afrikanischen Hauptstadt assoziiert, doch diese Szene spielt irgendwo im Busch. Während sie eine Art Gartentisch abräumt und ihn offensichtlich für eine Mahlzeit herrichtet, streifen ihre besorgten Blicke nach links und nach rechts und verraten, daß die Frau wegen irgend etwas Angst hat.

Jetzt tritt der Sänger auf, ein gut aussehender Chinese, ebenfalls mit schwarz bemaltem Gesicht, der einen Fez und einen recht indisch aussehenden Rock trägt und ein einfaches, mit zwei Saiten bespanntes Instrument mit langem Hals spielt. Zu diesem Zeitpunkt erwartet man, daß es ein Musical werden wird, eine alte Form hierzulande, die sich in ihren Verfahrensweisen überhaupt nicht von den älteren amerikanischen Musicals unterscheidet. Doch die Stimmung schlägt rasch um, und es wird offensichtlich kein Musical, sondern etwas recht Finsteres; es tritt ein Mann auf, der gelbe Shorts, weiße gestrickte Kniestrümpfe, eine Windjacke sowie eine lederne Aktentasche trägt. Er hat eine gewellte rötliche Perücke auf, ist von überströmender Herzlichkeit und holt nach lauten Begrüßungsworten eine Flasche Whisky aus der Aktentasche, wobei er das Getränk als »Imperialistenwein« bezeichnet. Er ist ein Russe, und dies ist Afrika. Der Sänger ist der getreue Anhänger eines Guerillaführers, der im

Augenblick irgendwo kämpft, und die Frau ist die besorgte Ehegattin dieses Führers.

Außer der Whiskyflasche hat der Russe das Manuskript einer Rede in seiner Aktentasche, von der er und seine Kollegen vom KGB möchten, daß der Guerillaführer sie bei einer bevorstehenden Konferenz von Großmächten in Genf vorträgt. Natürlich wird in der Rede die sowjetische Hilfe für die afrikanische Revolution gepriesen.

Als ich den Russen in dieser Szene sah, fiel mir ein, wie in frühen amerikanischen Stücken die Engländer dargestellt wurden; sie waren untauglich, unempfänglich, von sich selbst eingenommen, im Gegensatz zu den Amerikanern, die vielleicht bäurisch und ungebildet waren, in ihrer hemdsärmeligen Grobheit aber vor moralischer Schönheit erstrahlten. Außerdem wurden die eleganteren Fremden von ihnen stets übers Ohr gehauen.

Es ist nicht nötig, den Gang der Handlung im einzelnen darzustellen; der KGB beschließt, den Guerillaführer zu ermorden, weil er, entgegen russischer Anweisung, in Genf eine eigene Rede für die Unabhängigkeit seines Landes halten will – ein Schlag in das Gesicht der Russen. Diese Information läßt unabsichtlich der getreue Gefolgsmann des Guerillaführers den Russen zukommen, der das Stück mit seinem Lied einleitete und der, wie die meisten getreuen Gefolgsleute, ein wenig dumm ist, dies aber durch sentimentale Heldenverehrung und später durch die Reue über seinen Irrtum wettmacht. Das Stück ist offizielle, plakative Kunst, doch nicht ohne gute Beobachtungen und starke schauspielerische Momente. Der KGB-Chef übertrifft jeden Russen, den man auf dieser Erde gesehen hat; ein Chinese mit immensen Schultern, Baritonstimme, großen Händen, dröhnendem Lachen – und natürlich einer Panorama-Sonnenbrille, die er niemals abnimmt. (Es ist die gleiche Sonnenbrille, die die amerikanischen Imperialisten immer in den Stücken über den CIA trugen.) Er ist umwerfend, wenn er sich den Manager des Hotels in Genf kommen läßt und ihm »anbietet«, das Hotel auf der Stelle zu kaufen, damit er und seine Konsorten den Guerillaführer in seinem Zimmer ungestört umbringen können.

Es gibt einen unglaublich spaßigen Augenblick in der Einleitungsszene, wenn der KGB-Mann die Whiskyflasche hervorholt und – vor dem Hintergrund der Palmen des subtropischen Afrika und der Lehmhütte des Guerillaführers – fragt, ob es hier irgendwo Eis gibt. Die Dummheit dieses Menschen könnte aus einem Stück Gogols stammen.

In dieser Szene fliegt ein Fasan plötzlich aus dem Unterholz hoch, an einem deutlich sichtbaren Draht gezogen, was für das Publikum einen köstlichen Effekt ergibt. Er wird nur noch überboten von dem Augenblick, da der Vogel den Baum, auf dem er gelandet ist, verläßt und in den Himmel fliegt – natürlich wieder an einem Draht.

In der Schweiz gibt es ebenfalls eine Spionin, die natürlich von einer Chinesin dargestellt wird, die man erfolgreich als Europäerin verkleidet hat. Wenn sie in ihrem engen beigen Röckchen und der offenherzigen Bluse auftritt, ist die Luft erfüllt von den Pfiffen des kommunistischen Publikums, ein erfrischender Klang, da er so offensichtlich ungeprobt ist. In diesem Augenblick mußte man sich fragen, auf welcher Ebene der Ernsthaftigkeit das ganze Stück überhaupt aufgenommen wurde. Auf der anderen Seite sind die chinesischen Zuhörer von einer notorischen Ungerührtheit, setzen während der Vorführung – insbesondere in der Oper –

ihre Gespräche fort und mögen durchaus in einem Augenblick pfeifen und im nächsten sehr ernst sein, wobei sie wieder das Erhabene mit dem Lächerlichen verbinden.

Man mußte lächeln, als eine junge Schweizer Kellnerin, die vor Gesundheit strotzte und anscheinend gut bezahlt wurde, in einem hübschen himmelblauen Kostüm auftrat, einen alten Portier ansprach (einen edlen, aus der Türkei eingewanderten Revolutionär mit rötlichen Locken, die unter seinem Fez hervorsahen, und einer Schweizer Pfeife unter seinem mächtigen Schnauzbart), und zu ihm sagte: »In China haben die Frauen mehr Rechte.« Es war unmöglich, das Schweigen des Publikums bei dieser Zeile zu deuten; denn angesichts der Wohlhabenheit der Sprecherin wirkte dieser Satz etwas rätselhaft.

Wie die köstlich-naive Flucht des Fasans in der ersten Szene, bekommt man später die Landung eines Flugzeuges durch die großen Fenster des Flughafengebäudes von Genf zu sehen – ein wahrhaft fantastischer Effekt. Es erinnerte mich daran, daß Stanislawski in New York einen Brief an Belasco schrieb, der damals auf der Höhe seines Schaffens stand, und ihm sagte, daß die Russen in Belascos Aufführungen die Verwirklichung dessen sähen, was sie zu erreichen versuchten. Zu Belascos Bühneneffekten gehörte ein Childs-Restaurant, komplett mit dem großen Fenster, durch das man die Menschen auf dem Broadway sah, den langsam rotierenden Ventilatoren an der Decke, den Kellnerinnen in der typischen schwarzen Uniform von Childs, den Gästen, die an weißen Marmortischen wirkliche Mahlzeiten verzehrten – und den Fliegen! Zumindest den Versuchen der Gäste, die Fliegen zu verscheuchen. Über diese Fliegen sprach ganz New York. Von einem freilich romantischeren Belasco stammt auch die Szene, in der der Held von einem Exekutionskommando der US-Truppen im Westen erschossen werden soll, als die Heldin plötzlich eine amerikanische Fahne über ihn wirft und die Soldaten auffordert, *jetzt* zu schießen. So sind Stücke wie *Bi An* nicht ohne Vorbild in der Geschichte des Theaters, doch möchte ich wetten, daß es ein Typ ist, der sich nicht mehr lange halten wird, wenn anspruchsvollere ausländische Stücke auf die chinesische Bühne vordringen, wie es unvermeidlich der Fall sein wird. Fürs erste freilich bietet *Bi An* Spannung und moralische Stärkung, aber auch ein Ventil für das weitverbreitete Gefühl, von den Russen verraten worden zu sein. Und wenn Stücke wie *Bi An* verschwinden, wird es Menschen geben, die deren direkte Moralität und unverblümte Dramatik vermissen werden. Szenen wie die zum Beispiel, in der sich ein KGB-Funktionär, zu dessen miesen Zügen seine gepflegte Tanzweise gehört, überlegt, ob er mit seiner Sekretärin übers Wochenende nach Paris oder lieber nach Ägypten fahren soll.

Oder vielleicht der größte Augenblick am Ende des Stückes, wenn der Guerillaführer sterbend in einem Schweizer Krankenhaus liegt. Sein getreuer Gefolgsmann kommt und bittet ihn um Verzeihung dafür, daß er ihn unabsichtlich verraten hat. Der Guerillakämpfer, der kurz zuvor kaum die Augen öffnen konnte, nimmt mühsam eine sitzende Position ein, breitet die Arme aus und singt mehrere Minuten lang aus Leibeskräften, bevor er aufs Kissen zurücksinkt, um zu sterben. Zweifellos wird die Zeit kommen, da den Theaterbesuchern derartige Glanzlichter fehlen werden.

Unsere örtliche Dolmetscherin, eine Frau von manischer Energie, die darauf bestand, Inge ihre fantasievollen Übersetzungen ins Ohr zu flüstern, während Su Guang mich von Minute zu Minute auf dem laufenden hielt, nahm an der Handlung zweifellos starken Anteil. Wenn nach einer Szene der Vorhang fiel, rief sie aus: »Die nächste ist sehr dicht, ja!« Über eine wütende Schauspielerin flüsterte sie: »Sie fühlt sich sehr indigniert in der Brust, ja!« Bemerkungen, die den Fluß ihrer Rede lebendig erhielten und den Dialog des Stückes zusätzlich würzten. An einer Stelle sieht man im Hintergrund der Bühne auf einem Schweizer See ein Boot. »Das ist eine Dschunke!« rief sie aus. Als sich das Boot in Bewegung setzte, zeigte sie mit dem Finger darauf, um sicher zu sein, daß Inge es bemerkt hatte, und flüsterte eindringlich: »Es ist eine Dschunke, die sich bewegt, ja!« An einer Stelle warteten die Menschen, wie sie übersetzte, »auf ihre Köffer«, und einer der Helden im Stück »hat sich eine Schuhborste zum Reinigen seiner Zähne gekauft, ja«. Schließlich aber ließen wir uns von ihrer Energie und ihrer Entschlossenheit, alles und jedes zu bewundern, was sie innerhalb und außerhalb des Theaters zu Gesicht bekam, überwältigen und verspürten zunächst Hoffnungslosigkeit und schließlich Bewunderung. Ob wir im Auto fuhren oder die Straßen entlanggingen, ständig quetschte sie Inge nach dem richtigen englischen Wort oder der richtigen Wendung aus, woraufhin sie sogleich Notizen machte, und wenn ihre Hartnäckigkeit auch von Zeit zu Zeit irritierend war, so war sie doch ein Beweis für ihren Willen, sich zu vervollkommnen, und dieser Wille war furchterregend. Sie war die einzige, die versuchte, uns in die Irre zu führen, indem sie behauptete, daß eine bestimmte Frau, die wir in einem Drei-Zimmer-Appartement besuchten, eine typische Mieterin sei, während soviel Raum in Wirklichkeit häufig von drei Familien anstatt von einer belegt wird. Und in einer Straße in Shanghai war sie die einzige, die ziemlich nervös wurde und drauf und dran war, Inge definitiv das Fotografieren einer Reihe heruntergekommener, aber faszinierender alter Häuser zu verbieten, wobei sie statt dessen auf ein brandneues Appartement-Haus rechter Hand verwies, das sich in nichts von irgendeinem Haus in der Bronx unterschied. Sie war mit einem Wort die chinesische Version von »Unserer Aller Mutter«, und ihre leidenschaftliche Vitalität wies zweifelsfrei darauf hin, daß es noch andere wie sie geben mußte, die das Land zusammenhielten.

*

Nach fast einem Monat in China und den Gesprächen mit Menschen, deren Leben und Beruf durch den Aufruhr der letzten zwölf Jahre schwer in Mitleidenschaft gezogen worden war, empfinde ich den Vorhang der Exotik, der unsere Beziehungen zunächst gleichsam filterte, längst nicht mehr so störend. Das Gefühl der leichten Indirektheit zwischen uns, das auch von ihrer manchmal verblüffenden Etikette nicht ganz beseitigt wird, liegt nicht darin begründet, daß sie Chinesen sind, sondern daß sie eine zutiefst schockierende Desorientierung über ihre eigene Vergangenheit und über gewisse Grundsätze ihres marxistisch-maoistischen Glaubens erlitten haben.

Es ist, als ob sie sich noch immer nicht von einem Trauma erholt hätten, dessen Bedeutung unklar war. Tatsächlich äußerten viele Chinesen, z. B. der Regisseur Huang Zuolin, die Ansicht, daß es lange Zeit dauern würde, bevor die Menschen verstünden, was mit ihnen zwischen 1966 und 1978 geschehen ist.

Huang Zongying, Schauspielerin

Was als politisch-philosophischer Konflikt begonnen hatte, war jetzt ein spirituell-psychologischer geworden, dessen Dimensionen nicht nur für Ausländer schwer zu begreifen waren. Die Chinesen kamen mir häufig vor wie die Anhänger eines Kults, dessen Anführer bloßgestellt und ihrer geistlichen Autorität entkleidet worden waren. Sie mögen frei geworden sein von irrationaler Bedrohung und Disziplin, aber sie wurden auch nicht mehr bis zur Gewalttätigkeit geliebt und umsorgt. Ja, schlimmer noch, sie hatten gelernt, ihrem eigenen Realitätsurteil zu mißtrauen.

Es konnte uns bei den Menschen, denen wir begegneten, eine gewisse hartnäckige Herbheit nicht entgehen, eine unerlöste Traurigkeit hinter ihren Ansätzen zum Optimismus, und es war nicht die Trauer der tragischen Vision, sondern der geistigen Verwirrung, die zum inneren Chaos und zur Vernichtung zu führen drohte.

In Shanghai brachte Regisseur Huang eines Tages die Schriftstellerin und Schauspielerin Huang Zongying auf unser Zimmer. Sie ist eine Frau in den Fünfzigern, die drei Jahre in einem Umerziehungs-Kaderlager verbracht hat. Sie hatte die zielbewußte Manier einer professionellen Schauspielerin, ein ironisches Lächeln und von Zeit zu Zeit ein schalkhaft aufblitzendes Auge, doch auch in ihr bewegte sich eine Dunkelheit, das Gewicht des Ungesagten oder vielleicht des Unsäglichen.

Ihr Mann Zhao Dan, ein namhafter Schauspieler mit vierzigjähriger Berufserfahrung, war für fünf Jahre und drei Monate in einem Straflager verschwunden. Ich fragte: »Hat es einen besonderen Grund gegeben, daß sie ihn geholt haben?«

Sie holte tief Atem und seufzte, wobei sie gedankenverloren an mir vorbeiblickte, und wie bei Huang Zuolin und so vielen anderen war es anscheinend die Direktheit dieser Frage, die ihr zu schaffen machte. Denn wie ich mittlerweile wußte, waren die Menschen nicht immer angeklagt worden; es konnte Druck auf sie ausgeübt worden sein, oder man hatte sie einfach verschleppt oder sogar eingeladen. Und manch einer kam auch freiwillig, zum Beispiel unsere Schauspielerin, wie sich herausstellte. Und nun, da sie von einem Ausländer nach einem plausiblen Grund dafür gefragt wurde, daß ihr Mann fünf kostbare Jahre seines Lebens verloren hatte, war sie anscheinend mit einer konkreten Erklärung dafür überfordert. Und doch hatte sie, wie auch Huang, die Kulturrevolution zu einem bestimmten Zeitpunkt offensichtlich begrüßt.

Es gibt für den marxistischen Rationalismus nichts so Verwirrendes wie das Surreale, und es hat in der jüngeren Geschichte in keinem Land der Welt eine so surrealistische Periode gegeben, wie währen der Kulturrevolution in China.

»Ich möchte das gerne verstehen«, sagte ich, »und das würde mir leichter gemacht, wenn Sie mir einige Einzelheiten erzählen könnten. Würde Ihnen das etwas ausmachen?«

»Sie haben meinem Mann etwas vorgeworfen, was er angeblich in den dreißiger Jahren getan hat. Damals war er im Gefängnis.«

»Bei den Guo Mindang, vermute ich.«

»Ja. Aber verstehen Sie, die Guo Mindang haben eine große Zahl von angeblichen Radikalen umgebracht, so daß jemand, der von ihnen freigelassen wurde, in Schwierigkeiten kam.«

»Sie meinen, man hatte ihn in Verdacht, sich mit den Guo Mindang arrangiert zu haben.«

»Das ist richtig.«

»Und so werfen sie ihm dreißig Jahre später vor, mit den Guo Mindang kollaboriert zu haben?«

Es war aber nicht die dreißigjährige Verzögerung der Anklage, was ihr jetzt seltsam vorzukommen schien. »Ja«, erläuterte sie, »natürlich kann ich nicht mit Sicherheit sagen, daß er unschuldig war – in den dreißiger Jahren kannte ich ihn noch gar nicht. Aber in meinem Herzen war ich davon überzeugt, daß er kein Reaktionär war. Ich hätte es doch an irgendeinem Anzeichen bemerkt, und es hat niemals eines gegeben.«

Den Begriff des politischen Verbrechens selbst, der falschen Überzeugung, die Gefängnis verdient, ließ sie unbefragt. Ich konnte das nur zur Kenntnis nehmen; eine Bemerkung darüber zu machen, war sinnlos. »Für Sie gibt es also auch heute noch keine Erklärung dafür, warum man Ihren Mann eingesperrt hat?«

Ihr Gesichtsausdruck wirkte abwesend. Ich weiß nicht, warum, aber ich bin mir sicher, daß es sich um die gleiche Verflüchtigung ihrer *Präsenz* handelte, die mir schon bei vielen anderen unserer Gesprächspartner aufgefallen war. Sie quälte sich anscheinend mit etwas Traumhaftem und Formlosem in ihrem Inneren herum. Mir kam der Gedanke, daß es ihr vielleicht seltsam vorkommen mochte, den Fall ihres Mannes so isoliert von allen anderen Fällen zu betrachten; der Gedanke, daß er in dem bestimmten, quasi legalen Sinne unschuldig sein könne, den ich im Auge hatte, war ihr anscheinend nicht geläufig. Legale Schuld und Unschuld waren für die Chinesen kein Problem, dessen bin ich mir sicher. Als ich beiläufig einen Blick auf den in unbewegter Würde neben ihr sitzenden Huang Zuolin warf, fragte ich mich, ob er, der ein Vierteljahrhundert älter war als sie und Erfahrungen in Europa gesammelt hatte, den Begriff eines geschriebenen Rechtskodexes völlig vergessen hatte, der ihm jetzt zumindest als geistiger Anhaltspunkt hätte dienen können. Doch verriet er durch nichts eine solche Überlegung.

War die Verwirrung dieser Menschen einfach die Folge davon, daß sie zwar das Prinzip von politischem Verbrechen und politischer Schuld anerkannten, gleichzeitig aber wußten, daß so viele Menschen einschließlich ihrer selbst Bestrafung und sogar Tod aus der Hand von Zeloten erlitten hatten, die nicht würdig gewesen waren, über sie zu urteilen – Zeloten noch dazu, mit denen sie sympathisiert hatten?

Die unausgesprochene und vielleicht unaussprechliche Frage, die in der Luft hing, war die Frage nach ihrer Entfremdung. Nicht der Entfremdung vom Sozialismus, was niemand in Zweifel stellte, sondern ihrer Entfremdung von jenem Prozeß, der nicht nur große Stücke ihres eigenen Lebens zerstört, sondern auch, wie man jetzt offen zugab, das Land um ein oder zwei Jahrzehnte zurückgeworfen hatte. Und dieser Prozeß, wie immer er durch Worte zugedeckt werden mochte, lag darin, daß es gegen das Prinzip des Parteimonopols über jedes lebende Wesen keine ordnungsgemäße oder systematische Berufungsinstanz gab. Und so gewann die scheinbar beiläufige Bemerkung des Regisseurs Huang, die Kulturrevolution werde sich in der Zukunft noch viele Male wiederholen, eine neue Bedeutung. Die Kulturrevolution war keineswegs eine Verirrung, sondern das Mittel, durch das China – Paroxysmus um Paroxysmus – in der Geschichte voranschreiten würde. In periodischen Abständen würde das Land anschwellen unter unerhört erfolgreichen Unternehmungen, »korrekter Linie« und dem Wohlstand einer aufstrebenden Nation. Dies alles freilich würde das Blut Chinas insgeheim vergiften, insbesondere durch den Elitismus seiner unversöhnlichen und doch nicht zu unterdrückenden Geschichte.

Dann würde es wieder soweit sein, daß man die Männer an der Spitze demütigen und das Gift des Privilegs ausspeien mußte, bis das Land erneut gereinigt war und eine neue Periode friedlicher Arbeit beginnen konnte – für eine gewisse Zeit. Und es würde sich dies alles auf den Straßen abspielen müssen, im Tohuwabohu wilder Horden, die in Institutionen einbrechen und die Akten aus dem Fenster werfen und die Bücher verbrennen und von den Dächern herabschießen würden, begleitet vom Gelächter und von irrtümlichen Tötungen und Verhaftungen. Ich hatte Regisseur Huang gefragt, wie es gekommen sei, daß man ihn nach so vielen Jahren Gefangenschaft hatte laufen lassen. Er hob die Brauen, kniff die Augen zusammen, und ein winziges, diskretes Lächeln spielte um seine Lippen. »Eines Tages kamen sie und sagten, daß ich unschuldig sei.« Dann lachte er ein wenig.

Und als ich so mit den beiden in unserem Hotelzimmer saß, erschien vor meinem geistigen Auge wieder das Gesicht Rewi Alleys. Er kannte die Szene seit einem halben Jahrhundert, er war der Vergil, der Generationen von Ausländern, unter ihnen auch Edgar Snow, durch die Höllen und das Paradies Chinas geleuchtet hatte, und ich hatte den Widerspruch unbeabsichtigt von seinen Lippen gehört – eine der Facetten der chinesischen Komplikationen. Eines Abends saß ich bei ihm in seinem Pekinger Appartement bei Tee und Keksen, und ich hatte den Vorschlag eines ordnungsgemäßen Systems zur Ablösung von Schuften in Ämtern gemacht, und er hatte dahinter natürlich das westliche parlamentarische System gesehen und sagte, mit scharfem und unverhohlenem Widerwillen: »Und die dort ersetzen einen Schuft durch einen noch schlimmeren. Nein, nein«, meinte er vorbeugend, »so etwas wird es hier nicht geben.«

Und doch sagte er später in einem anderen Zusammenhang, vielleicht ohne zu überlegen: »Ja, natürlich, für die Menschen ist es so schwer, zu verstehen, daß die Vereinigten Staaten eine Demokratie sind, um Himmels willen!« Er war anscheinend nicht gewillt, in dieser Aussage das britische Klassensystem einzubeziehen oder seine Heimat Neuseeland, die jetzt von einer Periode schlechter Politik korrumpiert wurde, oder irgendein anderes Land außer Amerika.

Vielleicht hatte er Watergate verstanden.

Und wie Huang hatte auch er sich die lange Perspektive zu eigen gemacht, indem er stolz verkündete: »Mao hat sie gewarnt, die Heißsporne der Kulturrevolution, daß sie diskutieren sollen und nicht kämpfen und daß jede Gewalttätigkeit später gebüßt werden müsse. Und jetzt« – zwei bis zehn Jahre nach der Verübung der Verbrechen – »sind sie dabei, sie einzulochen!« Er grinste glücklich, und seine Augen blitzten vor Rachelust. »Und manche sitzen schon im Knast. Vorausgesetzt« – er hielt den Zeigefinger hoch –, »daß sie Gewalt gegen das Volk angewendet haben.«

So gab es auch für ihn nicht die Notwendigkeit eines zeitlichen Limits für die Vergeltung, ebensowenig wie für die Schauspielerin und Schriftstellerin vor mir oder für Huang Zuolin, der regungslos neben ihr saß und zuhörte. China war lang, lang, lang – in beiden Richtungen. Aber war Alley, so fragte ich mich, nicht begeistert gewesen beim Ausbruch der Kulturrevolution und empfand er jetzt Reue, Bedauern oder gar nichts? »Es gab Dinge, die ich 1970 schreiben wollte«, hatte er kryptisch gesagt, »aber wenn ich es getan hätte, hätten sie mich aus dem Fenster geworfen.« Und doch schien auch dies keine absolute Verletzung der Regeln der chinesischen Realität in dieser revolutionären Periode gewesen zu sein. Oder war ich vielleicht auf einer völlig falschen Fährte, und es sollte überhaupt niemals Regeln geben? In der Presse wurde von dem Bestreben gesprochen, die »sozialistische Legalität« einzuführen, doch besonders dringend schien das nicht zu sein. Ob sie vielleicht schon wußten, daß das wirkliche Recht, das die Behörden ebenso bindet wie das Volk, unvermeidlicherweise eine Zelle der Unabhängigkeit bedeutete, die jenseits der Reichweite der Partei lag und letztlich ein unerträglicher Affront gegen das leninistische Machtmonopol darstellte?

Unvermittelt sagte die Schauspielerin, als ob sie unterschwellig meine Beschäftigung mit dem Geheimnis ihrer beider Leben spürte: »Er hat in dieser anderen Zeit keine Angst gehabt.«

»Ihr Mann?«

»Ja.«

»Sie meinen, als ihn die Guo Mindang verhafteten.«

Sie nickte. »Aber dieses Mal hatten wir Angst.«

»Warum? Oder wissen Sie das nicht?« bohrte ich weiter.

Sie zuckte mit den Achseln und schüttelte den Kopf. Gewiß war die legendäre Bestialität der politischen Polizei der Guo Mindang furchtbar genug. Oder war es einfach so, daß sie sich eindeutig von der alten bürgerlichen Gesellschaft der Guo Mindang entfremdet hatten und es möglich war, der Folter oder dem Tod ins Gesicht zu sehen, weil man wußte, daß man recht hatte, daß man seinen Anteil an der Geschichte in Ehren getragen hatte, daß man in einem gerechten Kampf etwas gegolten hatte.

Rewi Alley

Aber die Verhaftung und Bestrafung durch die Roten Garden, hinter denen Mao selbst stand – dieses Orakel der Geschichte und die Seele der Gerechtigkeit – dies in der Tat muß entsetzlich gewesen sein. Denn von der Revolution verdammt, wurde man durch sein eigenes Gewissen verdammt, und man hatte gegen die ganze Welt gesündigt.

Dies war der Augenblick, in dem Huang in seiner kaum hörbaren Stimme zu mir sagte: »Wir versuchen immer noch, diese Jahre zu verstehen, wissen Sie.«

Die Schauspielerin und Schriftstellerin blickte hierbei zerstreut auf, schien aber etwas zurückzuhalten, was sie eigentlich hatte sagen wollen. (Welche Geschichten, Romane, Epen kommen uns hier über den Weg! Ich selbst würde gewiß niemals die ganze komplexe Wahrheit erfahren, aber würde einer ihrer Schriftsteller sie jemals erzählen, ungeschminkt und mit all ihren Widersprüchen? Diese Frau zum Beispiel hatte sich nach der Verhaftung ihres Mannes freiwillig ins Kaderlager gemeldet und war dort offenbar mehr als drei Jahre lang festgehalten worden – war sie eine Militante gewesen? Vielleicht eine jener Personen, die diesen Mandarin-Typ, der jetzt neben ihr saß, verhöhnt hatten?)

»Warum haben Sie sich freiwillig ins Lager gemeldet, Huang Zongying?« fragte ich sie, »wollten Sie bei Ihrem Mann sein?«

»Oh nein. Ich wollte mich selbst umerziehen.«

»Was war das für ein Gefühl? War es der Wunsch, Teil des Volkes zu sein, alles Unterscheidende abzutun?«

»Ja, so ähnlich«, erwiderte sie.

Sie war offensichtlich nicht bereit, spontane Erinnerungen preiszugeben. Lag es daran, daß sie drauf und dran waren, Mao für den Schaden an China tadeln zu müssen, und einfach Angst hatten oder sich einfach nicht dazu bringen konnten, ihn zu verdammen? Denn kein Außenstehender konnte wissen, welche Kontraste Mao in ihren Köpfen wachrief.

Die Leichen der Verhungerten, die regelmäßig jeden Morgen auf den Straßen Shanghais aufgelesen wurden, die Kinder, die man ertränken oder verkaufen mußte, weil es nicht genug zu essen für sie gab, der Kotau vor jedem hergelaufenen Ausländer, einfach deshalb, weil er Ausländer und damit überlegen war, der Schmutz der chinesischen Städte, die Fäulnis, die sexuelle und ökonomische Versklavung von Frauen und jungen Mädchen: Das war alles andere als Mao.

Und jetzt hier in Shanghai mit einem Ausländer sitzen und auch nur denken, daß Mao der Revolution geschadet haben könnte – vielleicht sogar die Schande über sie gebracht hatte, von einer eitlen und verkommenen Frau manipuliert zu werden...

»Könnte das alles wieder passieren, was glauben Sie?« fragte ich sie. Ich wußte bereits, daß Huang in aller Heiterkeit der Überzeugung war, daß es mit ziemlicher Wahrscheinlichkeit wieder geschehen werde.

»Ich bin keine Prophetin«, sagte sie, »aber ich glaube nicht, daß wir uns noch ein zweites Mal in dieser Weise überwältigen lassen würden.«

»Warum nicht? Sind Sie jetzt skeptischer geworden?«

Das Wort »skeptisch« führte zu einer Dreiecks-Diskussion zwischen den beiden und Su Guang, der ihnen schließlich seine Bedeutung klar machte. Und Huang Zongying wandte sich wieder an mich und erwiderte vorsichtig: »Wir alle sind eine Mischung aus Optimismus und Skepsis.«

»Das ist richtig, ja«, konnte ich nur bestätigen. »Aber ich frage mich, ob Sie jetzt unseren westlichen Vorbehalten gegenüber der Macht etwas nähergekommen sind.«

Die direkte Gleichsetzung Chinas mit dem Westen war offensichtlich unstatthaft, und auf allen Gesichtern, einschließlich dem Su Guangs, las ich Widerstand gegen meine Unterstellung. Huang schien jetzt zum erstenmal aktiv und persönlich neugierig zu sein. »Welche Art von Vorbehalten meinen Sie?« Und für die Schauspielerin und Su Guang war es nicht länger eine bloße Diskussion, sondern sie waren offenbar dabei, eine Verteidigungslinie aufzubauen.

»Nun, um es einmal ganz einfach auszudrücken, Vorbehalte gegen die Fähigkeit von Politikern, die Probleme wirklich zu lösen, die die Regierung traditionellerweise lösen zu können behauptet.«

»Sie meinen, in Amerika?« fragte der alte Mann überrascht.

»Ja, Amerika, Europa... und in der Sowjetunion.«

Diesem letzten Punkt stimmten sie lebhaft zu. Aber Amerika wollten sie noch nicht aufgeben.

»Die Menschen sind desillusioniert«, fuhr ich fort und glaubte, wir könnten uns in diesem Punkt die Hand geben, »weil unter anderem der materielle Wohlstand nicht das Glück gebracht hat, das sie sich von ihm erwartet haben.«

Ich las jetzt in ihren Augen offene Überraschung über dieses rätselhafte Klischee. Und die tiefe Isolierung, die ich aus ihrer Reaktion entnahm, bedrohte jede Hoffnung auf eine gemeinsame Verständigung mit ihnen. Und so wandelte ich meinen Angriff ab: »Ich meine, daß die Menschen, jedenfalls viele Menschen auf der ganzen Welt« (»und auch hier«, glaubte ich jeden Augenblick hinzusetzen zu sollen) »nicht mehr wissen, wozu sie leben; sie können in ihrer Existenz keinen Sinn sehen.« Dies schien mir eine faire Beschreibung dessen zu sein, was sie selber anscheinend fühlten.

Doch anstatt mir wenigstens nominell zuzustimmen, war ihnen meine Bemerkung wirklich rätselhaft gewesen, wie ich an ihren Gesichtern ablas. Selbst Su Guang, der sich sonst niemals mit seinen eigenen Fragen oder Meinungen einmischte, konnte sich nicht zurückhalten, so bestürzt war er.

»Was meinen Sie damit?« protestierte er, fast so, als ob ich ihn verraten hätte, nachdem wir uns so nahegekommen waren.

»Warum hat der materielle Wohlstand ihnen kein Glück gebracht?« Ich erkannte, daß ich zu einem Mann sprach, der nicht einmal Zugang zu einer eigenen Badewanne hatte, und die ganze Absurdität dessen, was ich zu sagen hatte, wurde mir überwältigend klar. »Sie müssen das zu verstehen suchen, Su, daß es für eine Menge Menschen in den USA praktisch keine unerfüllten materiellen Bedürfnisse mehr gibt. Es gibt zwar Millionen, für die von den meisten Dingen immer noch nicht genug vorhanden ist, aber für die Mehrheit gibt es wahrscheinlich doch nur sehr wenige Dinge, die sie wirklich benötigt.

Und so erhebt sich die Frage – wozu lebt man? Wozu ist das Leben da, wenn einmal ein solcher Überfluß erreicht ist?«

Die Worte waren kaum aus meinem Munde gekommen, als ich sie bereute. Die drei Chinesen konnten es nicht fassen – wie konnte man nur daran zweifeln, welchen Sinn das Leben hatte! Ihr Land befand sich praktisch im Kriegszustand, und es bewegte sich so dicht am Rande seiner Ressourcen, daß die Frage des Überlebens stets am Rande des Bewußtseins lauerte; wenn sie zum Beispiel schwach genug würden, würden die Russen zweifellos gegen sie vorgehen – in ihren Augen eine keineswegs theoretische Überlegung.

»Und Sie?« fragte Huang, wobei ein verblüffter Ausdruck auf seinem Gesicht lag.

»Was ist mit mir?«

Su Guang konnte nicht anders als eingreifen. »Wissen *Sie* denn, was der Sinn des Lebens ist?«

Ich fühlte mich peinlich berührt, nicht so sehr von der Frage selbst, als von meiner Torheit, zu glauben, wir könnten alle Seite an Seite marschieren, gewappnet mit den abgewetztesten Glaubenssätzen des Abendlandes. »Nun, ich vermute, für mich hat es etwas mit dem Kampf gegen die Ungerechtigkeit zu tun.«

»Ja! Das ist es für uns auch!« stimmte Su nachdrücklich zu und war enorm erleichtert, daß wir wieder Freunde sein konnten.

Natürlich war durch meine Vereinfachung das Thema verändert worden, aber es war hoffnungslos, alles wieder in Ordnung bringen zu wollen. Und außerdem fuhr Su jetzt fort:

»Der Grund für unser Leben ist der, unser Land aufzubauen«, eine Leistung, die, wie ich erkannte, in so ferner Zeit lag, daß es einfach realitätsfremd gewesen wäre, darüber hinauszudenken. In diesem Punkt waren sie durch und durch Amerikaner, so wie Amerikaner in längst entschwundener Zeit gewesen waren. Huang und die Schauspielerin nickten eifrig zu seiner Erklärung und waren ebenfalls erleichtert, wie Menschen, die es schließlich geschafft haben, an die Küste zu schwimmen. »Das ist der Sinn des Lebens, nicht wahr?« sagte Su abschließend.

Ich war jetzt erschöpft, und so nickte ich und deutete an, daß es sich in der Tat so verhalte.

Später, als ich allein im zehnten Stockwerk am Fenster stand und über

»Bund« (Uferstraße) in Shanghai

das frühere Ausländerviertel Shanghais mit seinen hohen von Briten und Franzosen gebauten Hotels hinwegblickte, die wie die unseren im internationalen Stil der zwanziger Jahre gehalten waren, schaute ich auf eine unheilvoll leere Straße hinab, in der sich einst elegante Geschäfte befunden hatten, in denen man einige der elegantesten Kleider, der teuersten Koffer und Juwelen der ganzen Welt kaufen konnte. Der leichte Nieselregen mag dazu beigetragen haben, aber das Viertel mit seiner anheimelnden Architektur erinnerte an Londons Mayfair in der Gegend des Dorchester Hotels und der gemütlichen Mount Street, und es war überhaupt nicht schwierig, sich die Rolls und Bentleys und Delahayes vorzustellen, aus denen strahlende junge Mädchen ausstiegen, um das Gabelfrühstück bei den aufgeräumten jungen Herren einzunehmen, durch deren Hände die Waren im Hafen liefen und Prozentanteile zurückließen.

Straßenszene in Shanghai

Schwieriger war es schon, sich Leichen vorzustellen, die vor diesen Gebäuden lagen und jeden Morgen auf Lastwagen verfrachtet wurden, zu Hunderten und zu Tausenden, wenn man die Toten anderer Städte Chinas hinzuzählte. Und nicht weit von dieser Bastion der Ober- und Mittelschicht war es gewesen, daß ein reicher und gut aussehender Bauernsohn namens Mao im Jahre 1921 die erste heimliche Versammlung der Kommunistischen Partei Chinas besucht hatte.

Bald saßen wir mit der achtzigjährigen Talitha Gerlach beim Mittagessen zusammen, die zum Fenster schaute und lachend sagte: »Das ist alles ein Wunder! Niemand, der in China verhungert! Es ist immer noch unglaublich für mich!« Sie war in den zwanziger Jahren für den YMCA gekommen, mit einer Truppe amerikanischer Religiöser, von denen eine Handvoll bei den Chinesen zu Radikalen geworden war und eine Aufenthaltsgenehmigung bekommen hatte. Und wie die übrigen Amerikaner, doch ganz im Gegensatz zu den Chinesen, brachte sie es nicht übers Herz, den Wahnsinn des vergangenen Jahrzehnts auch nur implizit abzulehnen. Für sie war es mehr als genug, daß die Straßen sauber gehalten wurden, daß die jungen Chinesen lesen lernten, daß es keine epidemischen Krankheiten mehr gab und daß der Gestank verschwunden war.

Und wie bei den Chinesen in der Heimat, die über Inges Bilder von Seen und ordentlichen Parks und öffentlichen Anlagen erstaunt sein würden, war das Wunder hier, daß diese Plätze nicht mehr, wie früher, vom Unrat der Jahrzehnte verschandelt wurden. Ich blickte jetzt auf das Shanghai, in dem Rewi Alley vor über 35 Jahren Fabrikaufseher gewesen war. Er hatte noch Leibeigene erlebt, die an den Textilmaschinen arbeiteten, Frauen und Kinder, die das Leben von Ratten lebten, in einer Stadt, deren wirkliche Beherrscher die Gangsterbosse waren.

Solche Erinnerungen verboten es ihm, heute zu verzweifeln. Nicht anders Talitha Gerlach, die immer noch durch Shanghai trabte, fröhlich ihren wohltätigen Aufgaben nachging und versuchte, sich mit ihren achtzig Jahren nützlich zu machen. Die krachenden Wogen der Kulturrevolution waren an der Oberfläche über sie hinweggegangen, so wie sie kaum in jene Tiefen gewirkt hatten, in denen der durchschnittliche Bauer des Morgens aufstand und sich des Nachts zu Bett legte, mit jener uralten Disziplin, von der die überdrehte Jugend lebte.

»Die Künstler, Schriftsteller, die Theaterleute – sie waren es, die ihren Kopf hinhalten mußten«, hatte uns Rewi Alley gesagt.

(William Hinton schreibt in seinem Buch *Hundred Day War,* in dem er aus erster Hand den Ausbruch der Kulturrevolution an der Universität

Qinghua nachzeichnet, wo alles anfing: »Nur eine Minderheit war ständig als Rebellen oder als Loyalisten aktiv. Die Masse der Campus-Bevölkerung von 40000 Studenten tendierte dazu, sich von der Flut der Bewegung mitreißen zu lassen, um sogleich wieder in Apathie zu verfallen, ... sobald sich die Fluten verzogen. Als sich am Ende der Parteienstreit bis zur bewaffneten Auseinandersetzung steigerte, waren nur noch wenige hundert Personen wirklich beteiligt. Tausende verließen das Gebiet völlig... weitere Tausende blieben zu Hause bei ihren Familien und stellten Wachen auf die Straße, um sich vor rebellierenden ›Fanatikern‹ zu schützen.«)

Dabei verkannte Alley keineswegs den Schaden, der auch außerhalb der Künste angerichtet worden war. Wie ein Buddha in seinem weiten Lehnstuhl sitzend, hatte er, wie mir schien, recht defensiv gegrinst, selbst als er uns mit großer und beschwingter Bewunderung versicherte: »Hua Guofeng hat die Sache wunderbar gemacht, wissen Sie. Er griff durch [indem er die Vierer-Bande verhaftete], und zwar rasch und ohne Blutvergießen. Schnipp«, und er zerschnitt mit zwei Fingern die Verbindung der Viererer-Bande zur Macht. Rewi hatte gerade seinen achtzigsten Geburtstag begangen und war an den höchsten Stellen gefeiert worden, so daß er das Recht hatte, über seinen gut gekämpften Lebenskampf glücklich zu sein. Die kleinen chinesischen Waisenkinder, die er vor Jahr und Tag adoptiert hatte, waren alle mittlerweile zuverlässige Bürger geworden.

Talitha Gerlach

Doch einen Monat später, als ich in den Nieselregen über Shanghai blickte, fielen mir wieder die forschen Töne ein, die ich in Rewis Gelächter gehört zu haben glaubte, und sie erhielten eine vermehrte Bedeutung. Er mußte doch wissen, daß das, was Mao aufgebaut hatte, dabei war, zusammenzubrechen. Jenes China, dem er sein Leben gewidmet hatte, konnte sich in den raschen neuen Strömungen bis zur Unkenntlichkeit verändern. Und ich erinnerte mich wieder deutlicher an die Art, wie er eine gewisse innere Unsicherheit niedergehalten hatte, wie ich es an den Gesichtern der Chinesen bemerkt hatte, mit denen wir danach zusammentrafen. Die Wahrheit war, daß der Maoismus-Marxismus, die Wissenschaft von der Wirklichkeit, sie betäubt in einem Alptraum zurückgelassen hatte, in einem richtungslosen Raum. Sicher war jetzt nur, daß absolut alles möglich war.

Ich suchte zu dieser Krise, die ebenso geistiger wie praktischer und politischer Natur war, eine Analogie in Amerika. Vielleicht hatte es einen Augenblick ähnlicher Orientierungslosigkeit und Angst gegeben, als Lincoln ermordet wurde und seine Feinde triumphierten und weit und breit kein Politiker zu sehen war, der ihm auch nur das Wasser reichen konnte. Doch fehlt in diesem Bild ein ungeheuer wichtiges chinesisches Element – als Lincoln tot war, hatten die Amerikaner keinen Grund, ihrem Glauben an ihn abzuschwören und ihre Einstellung um 180 Grad zu revidieren. Das vergangene chinesische Jahrzehnt, so wurde jetzt gesagt, war faschistisch, das Äquivalent zu einem Hirten, von dem sich in seinem Sarg herausstellt, daß er einen Bocksfuß hatte.

Doch es war sogar noch schlimmer. Denn Mao hatte nicht nur Macht ausgeübt, sondern er war auch gut gewesen und hatte prophezeit, daß der Letzte der Erste sein werde – erst in China und dann, nach dem chinesischen Vorbild, in der ganzen Welt. Wenn er in seinen ersten zehn Jahren das Netz der sowjetischen Methodologie über China geworfen hatte, so hatte er doch auch – erstaunlich genug für jene Zeit – gegen seine einstigen Lehrmeister revoltiert, denn nichts anderes sollte heilig sein als das Volk.

Er hatte das chinesische Volk nicht nur geführt, er hatte es vor sich selbst und vor der Geschichte erlöst. Sie, die verächtlich gewesen waren und von den Ausländern wie Nutztiere gekauft und verkauft wurden – in den Vereinigten Staaten waren nur Orientalen vom Schutz des Gesetzes ausdrücklich ausgenommen –, Mao hatte sie erhoben, und die höchsten Männer der Welt waren zu ihm gekommen und hatten sich vor ihm gebeugt. Mao war ein Dichter, ein geistreicher Kopf und ein Ironiker dazu, und wer konnte an seiner Liebe zum chinesischen Volk zweifeln?

Wenn man sich auch nur für einen Augenblick in die chinesischen Zustände versetzen konnte, so war das eigentliche Wunder, daß die Chinesen es jetzt wagten, dieser Gottheit überhaupt entgegenzutreten, daß sie so rasch – kaum zwei Jahre nach ihrem Tode – aufgehört hatten, das zu rechtfertigen, worin diese Gottheit, wie sie mittlerweile wußten, versagt hatte. Den Deutschen nach Hitler war eine solche Loslösung und das Eingeständnis einer Verantwortlichkeit nicht gelungen, ebensowenig den Russen nach Stalin.

Doch es blieb die Frage, ob diese fatale Erschütterung ihrer tiefsten Überzeugungen wirklich bis zu ihrem Herzen vordringen konnte, ob die Techniken der Demokratie – ein Wort, das plötzlich in aller Munde war – wirklich in der Reichweite Chinas lagen.

Gewisse Dinge waren zweifellos gelernt worden, so zum Beispiel, daß der Mensch unter dem Sozialismus nicht weniger als unter dem Kapitalismus unsicher lebt, wenn seine Rechte nicht von einer Justiz geschützt werden, der zu gehorchen auch der Staat verpflichtet ist. War es vorstellbar, daß eine kommunistische Partei bereit sein würde, sich in ihrem Machtmonopol mit einer (sei's auch von ihr bestellten) Justiz zu teilen? Öffnete eine solche Aufteilung der Macht nicht Tür und Tor für eine zweite, oppositionelle Partei, die doch in China Anathema war?

China hatte sich für eine unbestimmte Zahl von Jahren in einem Zustand der Anarchie befunden, der von Zeit zu Zeit selbst der Kontrolle Maos entglitten war. Er pflegte zu sagen, daß er nicht wisse, wie man Sozialismus macht, weil dies in China noch nie gemacht worden war, daß er es jedoch versuchen wolle, und er war der große Improvisator gewesen, und jetzt hatte es den Anschein, als ob die größte Bevölkerung der Erde zu Zeiten regiert worden war wie die Kinder in einem Ferienlager: Die größten Schreihälse und die Reinsten der Reinen und die Rotesten der Roten hatten abwechselnd das Volk mit Parolen und mit Gewehren angepeitscht, und eine ganze Generation war in Straflagern oder durch Mord oder Selbstmord ausgetilgt worden.

Und nach dreißig Jahren und bei zunehmender Bevölkerungszahl – die zunächst von Mao ermutigt worden war, bis er sich genötigt gesehen hatte, für die Geburtenkontrolle einzutreten –, die sich auf fast eine Milliarde verdoppelt hatte, befand sich China, wenn Hinton recht hatte, wieder am Rande einer Lebensmittelkrise, sofern nicht eine wirkliche Mechanisierung der Landwirtschaft erfolgte anstelle der bisherigen, bloß kosmetischen. Aber was geschieht dann mit den Millionen Umsiedlern? Die Antwort erblickt man in neuer Industrie auf dem Lande. Wir werden sehen.

Trotz des Zaubers seiner alten Opern ist China nach dreißig Jahren eine kulturelle Wüste. Für den Künstler dort ist das Leben schwierig und unglaublich schief, doch was noch wesentlicher ist, das Fehlen jeder unabhängigen künstlerischen Reaktion auf die Wirklichkeit beraubt die Menschen der Richtung, des Selbstbildnisses, das der Mensch braucht, um sich über sich selbst zu orientieren. Wird die Partei jetzt beschließen, dem Künstler die Freiheit zu geben, so daß sich China vor und nicht nach einer neuen Katastrophe mit sich selbst auseinandersetzen kann? Auch die Antwort hierauf ist unbekannt, doch sicherlich macht die Befreiung der Kunst den Weg frei für die Orthodoxie, und auch hier bedarf es einer politischen Partei, die bereit ist, ein Stück ihrer Macht abzugeben.

Alle liberalen Einstellungen, die zu verachten sich westliche Marxisten und häufig sogar Liberale angewöhnt hatten, stehen heute auf den Spruchbändern über der Chang-an-Avenue. Die Chinesen haben das 18. Jahrhundert und die siegreichen Revolutionen gegen den Feudalismus entdeckt, deren erstes Geschäft es war, Gesetze zu fixieren, die die Macht der Regierung und die Macht der Regierten gegeneinander abgrenzten. Daß ein Arbeiter oder Bauer auf dem Stuhle der Mächtigen sitzt, ist keine Garantie dafür, daß er nicht Arbeiter und Bauern unterdrücken wird. Es kam zum höchsten und für unmöglich gehaltenen Widerspruch: Der Arbeiter- und Bauern-Staat unterdrückte die Arbeiter und Bauern. Nichts ist vor dem Menschen sicher, alles steht zur Verfügung, wenn es kein Recht gibt.

Aus China brechen jetzt die unterschiedlichsten Feuerwerke, Zeichen und Signale hervor, die die Welt und die Chinesen selbst noch lange Zeit lesen werden. Hierzu gehört auch die Frage, wie es möglich war, daß diese »faschistische« Regierung es fertigbrachte, einen Korrespondenten nach dem anderen so zu bezaubern, daß ihre Reportagen keinen Eindruck von der wirklichen Größe der chinesischen Katastrophe vermittelten. Lag es daran, daß die Chinesen so arm sind und so schwer arbeiten, daß sogar ihre Selbstdestruktivität beschönigt werden mußte? Wenigstens ist dies nicht mehr die vorherrschende Meinung in China; auch das Wort »Linker« ruft nicht mehr automatisch Respekt hervor, jedenfalls nicht, wenn sich dahinter ein machthungriger und strohköpfiger Töter des Traumes verbirgt.

China überraschte uns auf hundertfältige Weise, am meisten aber vielleicht durch seine überall vorhandene Schönheit. Die Chinesen besitzen einen Instinkt für ästhetische Harmonie, sogar in der gedankenlosen Weise, wie eine Frau eine Handvoll Lauchstengel anordnet, die sie in einem Bach waschen will und vorher fächerförmig ausbreitet. Das chinesische Kind ist ein Triumph der Humanität, und bei den Alten gibt es eine Art von Würde, die nur von sozialem Respekt und einer vernünftigen Tradition herrühren kann. Es gibt auch eine bestimmte Trefflichkeit der Proportion, einen angeborenen Geschmack bei Gegenständen, die man in der Hand hält. Außerdem eine poetische Tradition, die im Westen unvorstellbar ist – wo sonst in der Welt spielt die Kalligraphie eines Politikers eine Rolle, und wo sonst würde es ihn mit Stolz erfüllen, daß sie elegant ist? Ja, die Verwendung einer Bildersprache im politischen Diskurs droht China für den unkundigen Ausländer in das reinste Märchenland zu verwandeln. Und welches Volk versteht sich so gründlich auf das Essen?

Doch keiner dieser Vorzüge kann die Chinesen länger von ihrem Dilemma ablenken. Es wiederholt sich, und es scheint aus dem Herzen zu kommen – ihr feudales Erbe belastet sie immer noch. Und zwar so sehr, daß dieselben Menschen, die dies eingestehen, im nächsten Augenblick schon wieder sein Opfer sind, wie der stellvertretende Vorsitzende des Revolutionskomitees zu Guilin, der mir nachdrücklich zustimmte, als ich fragte, ob das Problem nicht darin bestünde, dem Volk das Recht zu garantieren, der Regierung zumindest zu erwidern, anstatt nur passiv die Bekanntgabe neuer Richtlinien und Taktiken abzuwarten.

»Oh ja«, hatte er erwidert, »genauso ist es. Aber wir verstehen sehr gut, daß man, wenn man die Massen anredet, alles drei- oder viermal sagen muß, bevor sie es verstehen. Man muß Geduld mit ihnen haben.«

Ich hatte geglaubt, die Übersetzung sei fehlerhaft gewesen und korrigierte ihn. »Ich meinte das Gegenteil – das Recht der Massen, der Regierung die Meinung zu sagen, nicht umgekehrt.« Er war betroffen, fand ich, doch daß er es war, schien ermutigend. »Ja, natürlich«, sagte er und erkannte offensichtlich, daß seine Reaktion ebenso feudal gewesen war wie die anderen, die er einen Augenblick zuvor beklagt hatte.

Kindergarten in Shanghai

»Überall im Lande gibt es eine Untergrund-Literatur«, hatte Hinton gesagt, doch als ich ihn fragte, ob deren Inhalt demokratisch sei, konnte er es nicht sagen, und da er China kannte, mochte er auch nicht darüber theoretisieren. Aber keine Geschichte stirbt schnell, wie man an der Kunstauffassung des vornehmen alten Regisseurs Huang Zuolin sehen konnte. Wir hatten über seine und seiner Frau Einkerkerung gesprochen und darüber, wie unmöglich es für jeden einzelnen gewesen war, Widerstand zu leisten, offen gegen diese Verschwendung talentierter Menschen zu protestieren, die in ganz China stattfand. Und irgendwie waren wir im Gespräch auf die Ästhetik gekommen.

»Unsere Kunst muß revolutionär und romantisch sein«, hatte er gesagt. Und ich wußte, daß dies nur eine andere Weise war, von der Kunst wieder einmal zu verlangen, daß sie den Beifall des Volkes für jede gerade herrschende Parteilinie herbeischaffte, daß diese Kunst »romantisch« sein sollte, damit sie nicht Zeugnis ablegen könne von der Wirklichkeit und vom Leben, sondern ein »Ideal« von dem projizierte, was sein sollte und eines Tages sein würde. War dieser vernünftige alte Mann, trotz seiner und seines Landes nutzloser Leiden, unabsichtlich bereit, das Land von jenen Bildern der Realität abzuschneiden, die die Kunst am lebhaftesten erschaffen kann und die in ihrem Tiefsten und Besten den Geist eines Volkes gegen Selbstmitleid und Selbstbetrug stählen können und, wie man weiß, in guten Zeiten Warnungen vor dem Unglück hinauszuschreien vermögen? Schlimmer noch, diese Kunsttheorie war dazu gemacht, der Macht zu dienen, aber praktisch war es auch chinesische Tradition, daß der gefangene kaiserliche Künstler dazu beitragen mußte, vor dem Volk Werte und Wege der Macht zu rechtfertigen. Einfach indem sie als Zeuge der Wirklichkeit auftrat, würde eine gesunde Kunst das Wahrheitsmonopol der Partei auf die Probe stellen.

Wir waren rein aus Zufall zu einem Zeitpunkt in China eingetroffen, da anscheinend die ganze Romantik dahin war und es Zeit wurde, sich den harten Fakten zu stellen. Mao hatte wohl seine eigene Prognose von 1962 wahrgemacht und, da es ihm nicht gelang, China zu demokratisieren, selbst eine Art von Tyrannei aufgestellt. Aber, wie es auch mit Inges Fotografien ging – die ohne eine solche Überlegung aufgenommen wurden –, die chinesische Vergangenheit holt unerbittlich selbst das ein, was die Kamera sieht. Und heute ist Mao diese Vergangenheit, und nach echt chinesischer Weise wird er um so höher aufragen, je weiter ihn die Zeit mit sich fortnimmt. Schon heute mußte man über die Ironie lachen, daß er eine Art von endlosem Umsturz, von unablässiger Erneuerung, von ewiger Revolution erfunden und gepredigt hatte – sogar gegen sich selbst. Und nun, da er tot war, hatte seine Predigt Wurzeln im Volke gefaßt, und zwar paradoxerweise in eben der Bewegung, die ihn verkleinern sollte, ein Schritt, den die Chinesen tun mußten, wenn sie jemals ihren uralten Gehorsam vor der Obrigkeit ablegen wollten. Die Speichelleckerei, die Gefügigkeit vor den Mächtigen, die er an ihnen so haßte, war 1962 das zentrale Thema einer Rede vor dem Kern der Partei, den Kadern nämlich, von denen viele selbst das kaum verhüllte Ziel seines Vorwurfs waren: »Ein paar schlechte Menschen, ein paar in unsere Reihen eingedrungene schlechte Elemente und ein paar degenerierte Elemente reiten auf dem Rücken des Volks, beschmutzen und verunreinigen es, benehmen sich in lasterhafter und zügelloser Weise und verletzten ernsthaft die Gesetze und die Disziplin.« Vermutlich hatten die Leute stillgestanden bei dieser Abkanzelung von oben.

Es ist gegen die Geschichte, daß die nach Mao einsetzende Suche nach demokratisierten Institutionen letztlich den Sieg dieses paradoxen Mannes an die Wand malt; denn das Volk ist jetzt vielleicht dabei, ihn für seinen Fortschritt entbehrlich zu machen. Und dies wäre in der Tat eine Ironie, denn in diesem Falle würden sie ihn für alle Zeit brauchen.

Mauerwerk eines Eckturmes und Burggraben am Alten Palast, wie der frühere Kaiserpalast heute heißt. Man nannte ihn auch Purpurne Verbotene Stadt; die purpurne Farbe war das symbolische Attribut des Polarsterns und sollte zeigen, daß die Kaiserstadt ein Mittelpunkt des Kosmos war.

Sie erschienen vor ihrem Herrn, dem König,
Um die Embleme entgegenzunehmen,
Strahlend blinkende Drachenbanner,
Melodisch ertönende Glocken,
Zügel mit klingenden Bronzeknöpfen –
Die Gaben erglänzten im herrlichen Schein.
Den erlauchten Ahnen wiesen sie dann ihre Gaben
Und brachten voll Ehrfurcht die Opfer dar,
Damit sie ein langes Leben genössen
Und immerwährenden Schutz.
Oh die gewaltige Segensfülle!
Glorreich und mächtig waren die Fürsten der Vorzeit,
Die uns mit vielerlei Wohltaten segnen,
Durch deren hohe Vollkommenheit
Wir unser Gedeihen erlangen.

»Dynastische Hymne« aus: »Buch der Lieder«,
Chou-Dynastie. Deutsch von Franziska Meister.

Linke Seite, oben: Peking. Im Inneren des früheren Kaiserpalasts; Teilansicht vom Palast des Friedens und des Langen Lebens.

Unten: Detail: Neun-Drachen-Schirm in mehrfarbig glasierten Ziegeln beim Tor der Kaiserlichen Hoheit. Dieser Palast wurde schon 1689 gebaut und dann 1772 bis 1776 vom Qing-Kaiser Qian Long verschönert und ausgebaut, da sich dieser nach seiner Abdankung hierher zurückzuziehen hoffte.

Oben: Peking, Kaiserpalast: vergoldete Bronzegefäße vor der Halle der Höchsten Harmonie. Die Halle wurde für Feierlichkeiten anläßlich besonderer Gelegenheiten benutzt: Wintersonnwende, Neujahr, Geburtstag des Kaisers, Bekanntgabe der Liste der erfolgreichen Kandidaten bei den kaiserlichen Prüfungen, Nominierung von Generälen zu Beginn eines Feldzuges. Die Szene war verschwenderisch: Standarten und Wimpel flatterten im Wind am Fuß der Terrasse; mehrere Orchester – hauptsächlich aus musikalischen Steinen und goldenen Glöckchen bestehend – wurden in der Nähe der Galerien aufgestellt. Eine dreifache Freitreppe führt zur Terrasse hinauf; im Zentrum der mittleren Flucht befindet sich eine gemeißelte marmorne Rampe, auf der die Sänfte des Kaisers getragen wurde.

Folgende Seite: Terrasse und Durchgang zur Halle der Vollkommenen Harmonie, wo der Kaiser letzte Vorbereitungen traf, bevor er in die Halle der Höchsten Harmonie einzog. Es wurde letzte Hand an die Botschaft gelegt, die im Tempel der Ahnen vorzulesen war, und einmal im Jahr wurde hier das Saatgut für die neue Aussaat geprüft.

Peking: Kaiserpalast-Museum: Ausstellung lebensgroßer Terrakotta-Figurinen, die vor 2200 Jahren entstanden und als Wächter am Grab des ersten chinesischen Kaisers, Qin Shi Huang Di, dienten.

Wie schnell er trocknet,
Der Tau auf dem Efeublatt;
Der Tau, der so schnell trocknet,
Wird morgen wiederum fallen;
Doch der, den wir heute zu Grabe tragen,
Er wird nimmer wiederkehren.
Wem gehört die Gräberstätte?
Den Geistern ward hier ein enges Haus.
Weise und Toren – Schulter an Schulter.
Dem König der Toten eignen sie alle,
Das Schicksal des Menschen kennt keinen Verzug.

»Grabgesänge«. Anonym., 1. Jahrh. n. Chr.?
Deutsch von Franziska Meister.

Peking. Kaiserpalast-Museum: kreisförmiger Ausgang aus der letzten der drei Hallen nördlich des Tors der Schriftzeichenkultur, wo manche der alten kaiserlichen Schätze heute ausgestellt werden. In früheren Zeiten befanden sich hier die Gemächer des Kaisers Qian Long und der Kaiserinwitwe Ci Xi. Der alte Kaiser starb hier am 17. Februar 1799. Angeblich hat die Witwe hier im Jahre 1900 ihre Juwelen versteckt und sie nach ihrer Rückkehr unversehrt wiedergefunden.

Peking. Tien An Men oder Platz am Tor des Himmlischen Friedens. Der Platz liegt im Süden der Kaiserstadt, im Zentrum Pekings. Zur Zeit des Kaiserreichs existierte er noch nicht; hier befanden sich Ministerien und Behörden, u. a. die Ministerien für Kultur, für Arbeit und für Krieg sowie das Astronomische Büro. Der Kaiser pflegte unter großem Schaugepränge hier durchzuziehen, wenn er auf dem Weg zum Tempel des Himmels in der südlichen Stadt war. Die Baulichkeiten trugen 1860 und 1900 Schäden davon, und der Bezirk erweiterte sich langsam zu einem Platz. 1912, nach dem Sturz des Kaiserreichs, wurde der Palast eine Zeitlang von der Regierung der Republik benutzt. Die Einwohner Pekings gewöhnten sich an, sich hier zu versammeln, wenn sie gegen die Politik der Regierung protestieren wollten. Hier fanden einige der riesigen Massendemonstrationen statt, die zu Landmarken in der Entwicklung des modernen China wurden; am 1. Oktober 1949 hißte der Vorsitzende Mao Zedong hier die rote Fahne mit fünf Sternen und proklamierte die Volksrepublik China.

Oben: Tien-An-Men-Platz gegen die südliche Mauer der Kaiserstadt; in der Mitte das Tor des Himmlischen Friedens. Oben ein Porträt Maos, links und rechts die Galerien, von denen aus die führenden Politiker und wichtige Gäste die Paraden verfolgen.

Gegenüber: Das Monument für die Helden des Volkes in der Mitte des Tien-An-Men-Platzes – Ort des »Zhou-Einlai-Zwischenfalles« von 1976, als sich Tausende von Menschen in offener Ablehnung der Vierer-Bande zusammenfanden. Obwohl die Demonstration aufgelöst und viele Demonstranten verhaftet wurden, war ein Wendepunkt erreicht. Letztlich war es dieser Vorfall, der den Weg für die Verhaftung der Vierer-Bande durch die Regierung Hua Guofeng ebnete. Im Hintergrund das Mao-Mausoleum.

Peking. Haus im alten Stil im westlichen Teil der Stadt.

Folgende Doppelseite: Peking, unweit des Trommelturmes. Innengarten mit Fontäne.

Lan Xian Cheng ist ein gebildeter Mann. Er liebt es, Verse zu schreiben und Wein zu trinken, und vor allem liebt er Landschaften mit Bergen und Flüssen. In seinen jüngeren Jahren war er hoher Beamter; dann setzte er sich zur Ruhe und legte sich, in prächtiger Landschaft mit Bergen und Wasser, einen Garten an. In dem Garten baute er sich ein Studio und gab dem Studio einen Namen. Es hieß »Studio, den Frühling enthaltend«. Manche fragten ihn, warum er diesen Namen gewählt habe. Er sagte: Ich mag den Frühling am liebsten. Aber er währt nur einen kurzen Augenblick, ich möchte ihn gerne halten, und ich möchte vor allem, daß das Innere meines Studios wie ein sehr langer Frühling ist. Und so nannte ich es »Studio, den Frühling enthaltend«.

Peking. Tor und dekorative Mauer um einen Innenhof, mit einem Garten, der auf ein Haus führt, das früher einem wohlhabenden Beamten gehörte.

Peking. Auf und an der Chang-An-Avenue laufen von frühmorgens bis spätabends Passanten geschäftig hin und her und ziehen oder schieben eine Unmenge von Gegenständen, oft mit Hilfe selbstkonstruierter sinnreicher Vehikel.

Abb. S. 130: Peking. Westliche Chang-An-Avenue, 6 Uhr 30 morgens.

Peking. Begegnungen in den schmalen Seitengäßchen der Stadt. Hu Tung genannt. Ein Mann aus der Provinz Hebei erläutert, wie glücklich er ist, daß er jetzt bei seinem Sohn in Peking wohnen kann. Er sah, wie wir vor dem Eingang des Hauses stehen blieben, und kam, um uns zu begrüßen. An einer anderen Ecke ist eine junge Frau vom Fahrrad gestiegen, um sich mit einer Bekannten zu unterhalten.

Abb. S. 133: Peking. Wang-Fujing-Straße, die Haupteinkaufspassage. Ein Friseur säubert mit einem langen Staubwedel aus farbigen Federn sein Schaufenster.

Unten: Begierige Kunden stehen vor einem Buchladen Schlange, der eine Reihe neuer Titel anbietet (Übersetzungen sowie Neuausgaben chinesischer Literatur), die lange Zeit nicht nur nicht erhältlich, sondern schlechterdings verboten waren. Vorrätige Titel sind mit Kreide auf eine Tafel geschrieben, die an der Wand im Hintergrund hängt.

201
利群理发馆
服务时间
利群理发馆

Peking. Wang-Fujing-Straße, Sonntagmorgen. Fröhliche Käuferscharen strömen aus einem Markt und tragen in Netzen davon, was sie erstanden haben. Dann packen sie es entweder, in große Lotusblätter verpackt, auf ihr Fahrrad, oder, wenn es lebende Gänse und Enten sind, tragen sie sie zufrieden im Arm davon.

Abb. S. 135: Das Innere eines Ladens mit Süßigkeiten, wie sie allenthalben zu finden sind. Sie öffnen früh und schließen spät und bieten eine reiche Auswahl an Bonbons, Sirup, Keksen usw.

Abb. S. 136: Schaufenster eines Hutgeschäfts in Hangzhou, das alle Arten von Kopfbedeckungen führt, von der klassischen blauen Baumwollmütze bis zur Pelzmütze im russischen Stil, und sogar etwas, was wie ein Cowboyhut aussieht.

Unten: Peking. Geschäft auf der Doppelbrücke Volkskommune. Ausstellung von Töpferwaren.

Abb. S. 138: Der Sommerpalast liegt etwa 10 Kilometer nordwestlich von Peking und heißt so, weil sich der kaiserliche Hof hier einfand, um der sommerlichen Hitze zu entgehen. 1153 baute der Jin-Kaiser Wan Yanliang hier den ersten Palast, den Garten der Goldenen Gewässer. Unter den Yuan (1280–1368) vergrößerte der Ingenieur Guo Shoujing den See und ließ den Jadebrunnen und die Chang-Ping-Quellen in ihn münden. Die Mingkaiser (1368–1644) errichteten den Tempel der Vollkommenen Stille und mehrere Pavillons. Die umfangreichsten Arbeiten an dem Komplex unternahm Kaiser Cian Long (1736–96). Zum sechzigsten Geburtstag seiner Mutter ließ er verschiedene Stellen so umbauen, daß sie Örtlichkeiten in Hangzhou ähnelten, die seine Mutter besonders geliebt hatte, und gab dem Hügel seinen noch gültigen Namen »Hügel der Langlebigkeit«. Die Gärten wurden erst 1924 für das Publikum zugänglich gemacht, um in den 60er Jahren, während der Kulturrevolution, von Jiang Qing wieder geschlossen zu werden. Der Park ist seit 1949 weitgehend wiederhergestellt worden und heute eines der schönsten und beliebtesten Ausflugsziele vor den Toren Pekings.

Oben: Ausblick auf den Kun-Ming-See von dem überdachten Weg aus, der die an seinem Ufer verstreuten Gebäude verbindet.

Abb. S. 140/141: Sommerpalast: Blick auf den Kun-Ming-See. Im Hintergrund die prachtvolle siebzehnbogige Brücke, die die Insel Long Wang Miao mit dem Festland verbindet.

Peking. Chang-An-Avenue: Wandzeitung an der Mauer des Friedens. Hier hängt eine große Zahl der bekanntesten und einflußreichsten Wandzeitungen aus. Die Bevölkerung Pekings verfolgt diese Zeitungen genau. Als eines Morgens eine neue angeschlagen war, strömten im Nu Hunderte von Menschen vor der Mauer zusammen und defilierten an der Zeitung vorbei, um sie schweigend und aufmerksam zu lesen. Am nächsten Morgen, als dieses Bild entstand, und noch Tage später las die Menschenmenge schweigend, während sie in langsamem Strom an den Tausenden von Schriftzeichen vorüberzog.

Abb. S. 144/145: Interview mit dem Schauspieler und Regisseur Jin Shang. Im Vordergrund: die Schauspielerin Cheng Tsen Yao; Mitte: Jin Shan.

Wir hatten jetzt etwa eine Stunde miteinander gesprochen, und ich brauchte ein paar Minuten, um zur Besinnung zu kommen; denn ich merkte, daß ich, ohne es geplant zu haben, schlecht vorbereitet nach China, in den Einparteienstaat gekommen war, trotz oder vielmehr wegen der Zeit, die ich in der Sowjetunion, in der Tschechoslowakei, in Polen und Ungarn verbracht hatte. Natürlich verfolgten auch diese Leute eine Linie – die Schurkereien der Vierer-Bande. Aber ich war in der Sowjetunion Mitte der 60er Jahre gewesen, während der »Entstalinisierung«, und selbst damals hatten die Russen nicht halb so offen und selbstsicher von ihrem Leiden unter dem Diktator gesprochen. Schon seinen Namen nannten sie nur ängstlich und nicht ohne einen gewissen psychologischen Blick über die Schulter, ganz als ob er aus seinem Grab auferstehen könnte. Man wußte in Rußland, daß Stalinisten noch die wichtigen Positionen und ohne Zweifel auch die Polizei kontrollierten. Und auch in China waren die Anhänger der Vier noch keineswegs aus dem öffentlichen Leben »ausgeschaltet«. War dieses unverblümte Interview mit mir vielleicht Teil des Kampfes, der die Neuformierung des Feindes verhindern sollte? Ich vermutete es. Rewi Alley hatte mir gesagt, daß viele Mitläufer der Vier aus ihren Stellen gejagt worden waren und geringerwertige dafür erhalten hatten, und er hatte Mao zitiert, der über den Umgang mit Menschen, deren Ideen falsch sind, gesagt hat: »Menschen sind kein Schnittlauch; die Köpfe wachsen nicht mehr nach, wenn sie einmal abgeschnitten sind.« Dieses Interview also war Teil der fortdauernden Schlacht.

Arthur Miller

1978

Abb. S. 146: Peking. Ecke im Wohnzimmer eines Mitglieds der Volkskommune »Doppelte Brücke«: Bilder von Zhou Enlai, Mao Zedong, Hua Guofeng, ferner Mao beim Empfang Zhous am Pekinger Flugplatz und das Mao-Zedong-Mausoleum am Tien-An-Men-Platz. Teegeschirr, Kommode, die typischen Bambusstühle.

Unten: Peking. Volkskommune »Doppelte Brücke«: Inneres einer Gemischtwarenhandlung.

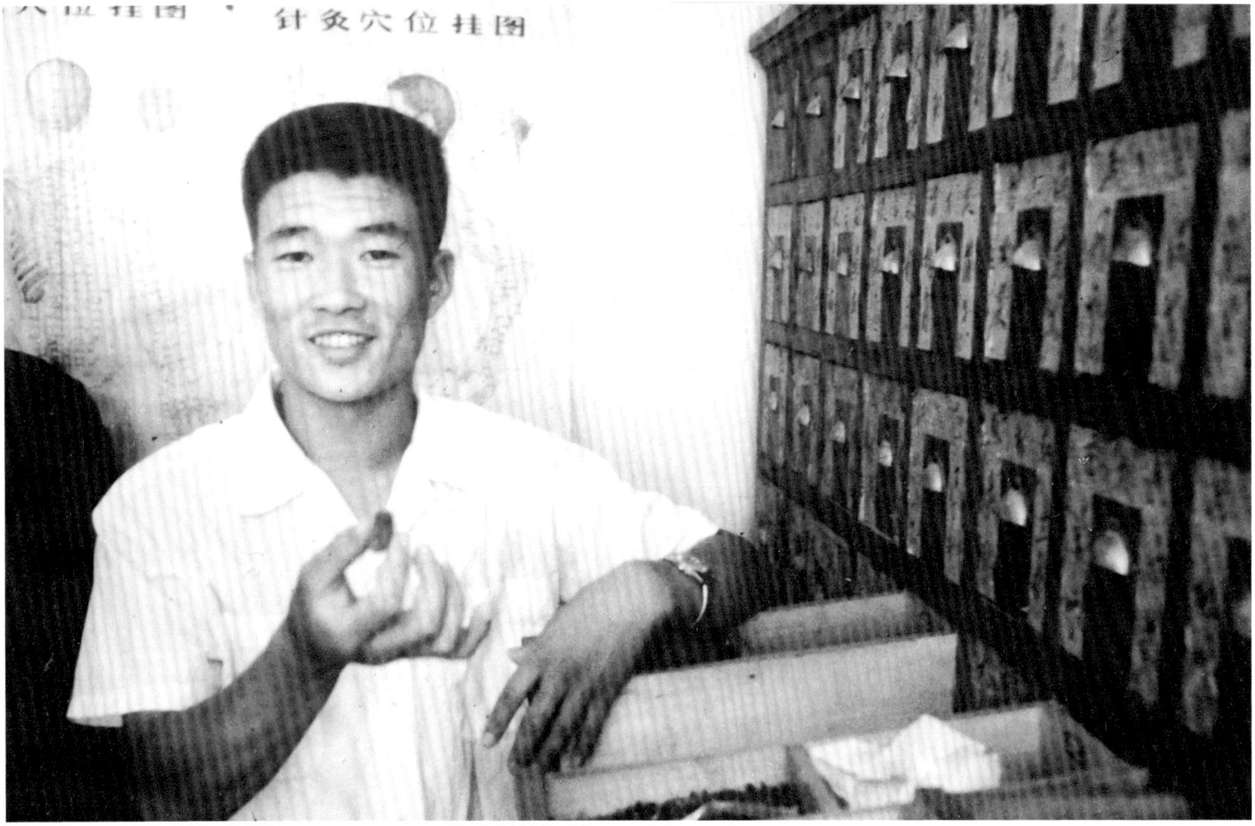

Oben: Peking. Volkskommune »Doppelte Brücke«: ›Barfußdoktor‹ vor einem Medizinschrank mit traditionellen chinesischen Kräuterarzneien. Zwischen den Fingern hält er den Rückenschild einer Zikade, der in pulverisierter Form in gewissen Kräuterarzneien Verwendung findet. Hinter dem Arzt eine Akupunkturtafel.

Abb. S. 149: Eine Frau aus der Kommune beschreibt ihre Arbeit. Sie verfügen über 3600 Morgen urbares Land; es gibt sechs Produktionsbrigaden, die zweiundsechzig Produktionsgruppen unter sich haben. Die globalen Entscheidungen über Getreidesorten, Erntesoll usw. werden auf Regierungsebene gefällt. Die praktischen Entscheidungen über die Umsetzung dieser Pläne fallen dagegen in der Kommune. Diese hier wurde 1958, nach der Bodenreform, von landwirtschaftlichen »Gruppen für gegenseitige Hilfe« gegründet. Kommunen sind sowohl politische wie auch ökonomische Organisationen; sie umfassen neben der Landwirtschaft etwas Industrie, eine Miliz und eine kommerzielle Verkaufsabteilung. In der Volkskommune »Doppelte Brücke« werden Enten, Schweine und Fische gezüchtet, außerdem baut man Äpfel, Birnen, Weintrauben und hunderterlei Gemüse an. Zwei Getreidesorten werden jährlich geerntet: Reis und Weizen. »Wir praktizieren jetzt das System: jeder nach seinen Fähigkeiten, jedem nach seinen Verdiensten.«

Abb. S. 150, oben: Peking. Generatorenfabrik: der Propaganda-Direktor der Firma in seinem Empfangsraum.

Abb. S. 150, unten: Peking: Generatorenfabrik: Maschinenhalle.

Unten: Peking. Kunstgewerbefabrik: junge Frauen schnitzen feingliedrige Figuren aus Elfenbein. In dieser Fabrik schaffen junge und alte Kunsthandwerker Dinge, die zu den lieblichsten gehören, die ich kenne: Schnitzereien in Elfenbein und Jade, lackierte Gegenstände, Vasen in »Email cloisonné«, Hinterglasmalereien, ja sogar winzige farbige Figürchen aus Brotteig. Im Jade- und im Korallenraum sitzt jeder Arbeiter von Anfang an bis zuletzt an »seinem« Stück, selbst wenn er ein Jahr dafür braucht. Mit kleinen elektrischen Bohrern, die von Zeit zu Zeit mit Wasser beträufelt werden, produzieren sie wunderbar zarte Jadeketten, spitzenartige Flaschen und Anhänger und Miniatur-Korallenbäumchen.

Abb. S. 152/153: Ming-Gräber-Allee bei Peking. Leichname wurden über diesen sechs Kilometer langen »Weg des Geistes« zu Grabe getragen. Statuen von Tieren und Mandarinen, aus dem fünfzehnten Jahrhundert stammend, säumen die heilige Straße.

Unten: Ming-Grabstätten bei Peking. Das Mausoleum wurde zwischen 1584 und 1588 von Kaiser Wan Li errichtet. Es kostete 8000000 Unzen Silber. Hier liegen der Kaiser, seine Kaiserin Xiano Duan und seine zweite Frau, Kaiserin Xiao Jing, begraben. Zwei Wächter stehen vor den drei Altären der mittleren Grabkammer. Vor jedem Altar steht eine hohe Vase mit blauem Muster; diese waren »ewige Lampen«, die mit Öl für die ewige Flamme gefüllt waren.

Abb. S. 155: Ming-Gräber-Museum: Kopie der »Phönixkrone« der Kaiserin, mit Drachen und Phönixen. Der obere Teil besteht aus Eisvogel-Federn.

Die Chinesische Mauer oder »Lange Mauer der Zehntausend Li«. Dreihunderttausend Arbeiter schafften zehn Jahre lang an diesem grandiosen Projekt des ersten chinesischen Kaisers Qin Shi Huang Di.

Darauf machte sich der Erste Kaiser daran, die ruhmreichen Leistungen von sechs Generationen fortzuführen. Mit seiner langen Peitsche schnalzend, trieb er das Universum vor sich her, verschlang die östlichen und die westlichen Chou und stürzte die Feudalherren. Er erklomm die höchste Stellung und beherrschte die sechs Richtungen, die Welt mit seinem Stabe geißelnd, und seine Macht erschütterte die vier Meere. Im Süden nahm er das Land der Yüeh ein und machte aus ihm den Cassia-Wald und die Elefanten-Kommandanturen, und die hundert Herren der Yüeh beugten den Kopf, hängten sich einen Strick um den Hals und bettelten bei den geringsten der Beamten Qins um ihr Leben. Dann bewog er Meng Tien, die Große Mauer zu bauen und die Grenzen zu verteidigen, wobei er die Xiung-nu über siebenhundert Li zurücktrieb, so daß es die Barbaren nicht mehr wagten, nach Süden zu ziehen und ihre Pferde zu weiden, und die Männer es nicht wagten, zum Bogen zu greifen und ihren Haß zu rächen.

Aus Chia yi, »Die Fehler des Qin«.

Yanan im nördlichen Shaanxi ist die Ruhmeshalle der chinesischen Revolution. Im Oktober 1935 beendete hier die Zentrale Rote Armee unter dem Befehl Mao Zedongs ihren berühmten »Langen 25 000-Li-Marsch« und traf siegreich in Nord-Shaanxi ein. Von Januar 1937 bis März 1947 war Yanan der Sitz des Zentralkomitees der Kommunistischen Partei Chinas unter Leitung des Vorsitzenden Mao. Von hier aus führte er Armee und Volk im großen Widerstandskrieg gegen Japan und im Befreiungskrieg. Hier verfaßte er auch viele seiner Werke. Zu den führenden Gestalten der Yanan-Periode gehörten Zhou Enlai und Zhu De. Yanan hatte übrigens schon vor dem Eintreffen der kommunistischen Armeen eine lange revolutionäre Tradition. Die Stadt wurde von den Japanern schwer bombardiert und für kurze Zeit sogar geräumt, als die Guo-Mindang-Bedrohung allzu ernst wurde. Damals prägte Mao Zedong das berühmte Wort: »Yanan halten heißt, Yanan verlieren. Yanan verlieren heißt, Yanan halten.«

Unten: Eingang zu den Höhlengemächern, die Mao Zedong von 1938 bis 1943 bewohnte.

Abb. S. 158: Yanan. Hauseingang, mit einer Reihe zum Trocknen aufgehängter roter Pfefferschoten.

Oben: Yanan. Revolutionsmuseum: unter einem Glassturz das Pony, auf dem der Vorsitzende Mao während des Langen Marsches ritt. An der Wand im Hintergrund ein Foto des Vorsitzenden Mao bei der Arbeit an seinen Schriften in Yanan.

Abb. S. 161: Schlafzimmer in des Vorsitzenden Mao letzter Höhlenwohnung.

Landschaft wie diese, überall lockend,
ließ unzählige Freier im Streit sich beugen.
Ach: Chin Shih-huang, Han Wu-ti –
beschränkt ihre Bildung;
Tang Tai-tsung, Sung Tai-tsu –
gering ihr Geschmack.
Eines Zeitalters Himmelsstolz,
Dschingis Khan,
konnte nur Bogen schießen nach großen Adlern.
Alle dahin!
Zählst du auf frei gesonnene Menschen,
wende den Blick zum Heute.

Aus: Mao Zedong (1893–1976), »Schnee«.
Deutsch von Joachim Schickel.

Oben: Yanan, Yan-Fluß: Gewinnung von Löß aus dem Flußbett als Baumaterial.

In dem Gebiet, das der Gelbe Fluß bewässert,
In den zahllosen trockenen Betten der Flüsse
Ertönt von Schubkarren
Mit ihrem einen Rad
Ein Quietschen, daß sich der Wolkenhimmel zusammenzieht.
Es dringt durch die Kälte und die Stille,
Vom Fuß dieses Hügels
Zum Fuß jenes Hügels.
Es schreit laut heraus
Die Schwermut des Volkes im Norden.

Ai Quing (geb. 1907): »Die Schubkarren«.

Abb. S. 163: Nanniwan, Provinz Shaanxi. Kaderschule »7. Mai«: Schreinerei.

Nanniwan, Provinz Shaanxi. Worfeln von Reis in der Kaderschule »7. Mai«. Der Name dieser Schule leitet sich von Mao Zedongs »7. Mai-Direktive« ab, in der alle Kader aufgerufen wurden, sich an körperlicher Arbeit zu beteiligen. Diese Direktive wurde während der Kulturrevolution ausgegeben; die Schule in Nanniwan wurde 1968 eingerichtet. Nanniwan selbst jedoch hatte schon in der Revolutionsperiode Verbindungen zu Yanan (die 8. Transport-Armee war hier seit 1941 stationiert). Später war es Artillerieschule. Da das Land von den Soldaten kultiviert wurde, hat man Nanniwan aufgegeben, als die Armee gegen Peking marschierte. Als die ersten Kader eintrafen, fanden sie nur Ödland vor. Sie lebten anfangs in Zelten und mußten sich alles selbst herrichten. Heute befinden sich hier Schweineställe und Wirtschaftshöfe mit Hühnern, Gänsen, Enten und Kühen. Es gibt 800 »mu« (ein »mu« entspricht etwa einem Sechstel Morgen) kultivierten Landes, 177 Höhlenwohnungen und 132 neue Heimstätten. Der Leiter der Schule erzählte uns von der »Die-Bourgeoisie-ausrotten«-Bewegung 1968/69, während der Großen Kulturrevolution. Viele Leute kamen auf das Land, um zu arbeiten, unter ihnen Kader, die Leiter von Werkstätten, Fabriken usw.; ihre hauptsächlichen Ziele waren das Studium maßgeblicher Prinzipien, die Arbeit in der Landwirtschaft und die Fortführung des Geistes der Selbstzuversicht von Yanan.

Abb. S. 165: Blick auf Xian, die Hauptstadt der Provinz Shaanxi, vom Glockenturm, der während der Tang-Periode mitten in der Kaiserstadt stand. 1582 wurde er abgetragen und an der jetzigen Stelle neu errichtet, um wieder im Zentrum der

Nord-Süd-Achse der Stadt zu stehen. Das Gebäude mit dem hohen Dach rechts ist der Trommelturm, der 1370 unter den Ming-Kaisern entstand. Xian ist eine uralte Stadt. Seit dem 11. Jahrhundert v. Chr. war es die Hauptstadt von elf Dynastien. Seine erste große Periode lag in der Zeit des ersten Kaisers, Qin Shi Huang Di, der die Stadt nach der Einigung seines Reiches vergrößerte.

Qin Shi Huang Di brachte nicht weniger als 120 Familien nach Xian Yang, reiche und mächtige Männer aus allen Teilen des Reiches... Jedesmal, wenn Qin einen Fürsten besiegt hatte, ließ er den Plan seines Palastes kopieren und ihn in Xian Yang nachbauen. Von Yong Men nach Osten, bis zu den Flüssen Jing und Wei, stießen die Bauwerke, Wohnstätten, gedeckten Gänge und Arkaden aneinander. Alles, was Qin Shi Huang Di den Herren fortnahm, schöne Frauen, Glocken und Trommeln, ließ er in seine Paläste schaffen, die dieser Dinge voll waren...

Aus: »Historische Zeugnisse von Si ma qien«, nach der Übersetzung von E. Chavannes.

Xians goldenes Zeitalter der Kunst und Literatur kam unter den Tang-Kaisern (618–906 n. Chr.), als die Stadt den Namen Chang An trug.

Abb. S. 166/167: Blick auf die Hua-Qing-Quellen am Fuße der Li-Shan-Hügel. Die Kaiser liebten es, hier zu baden. Residenzen wurden gebaut, Legenden geboren. Die berühmteste Legende war die tragische Liebe des Kaisers Xuan Zong zu seiner Konkubine Yang Guifei, die Po Qu Yi in seinem »Lied der nichtendenden Klage« verewigte.

Hua-Qing-Quellen, Provinz Shaanxi. Die Hua-Qing-Quellen waren auch der Schauplatz eines berühmten Vorfalls aus neuerer Zeit. Hier spielte sich 1936 der »Xian-Vorfall« ab. Chiang Kai-shek wurde von seinem eigenen stellvertretenden Oberbefehlshaber, Marschall Chang Xue-liang, verhaftet, um ihn doch noch zu zwingen, sich den kommunistischen Streitkräften in einer Einheitsfront anzuschließen. Der Besucher kann die Schritte des Generalissimus verfolgen: vom Schlafzimmer (oben) zu dem Fenster, aus dem er sprang, seine barfüßige Flucht die Treppe hinauf, über eine Mauer und einen steinigen Abhang hinunter bis zu der Stelle, wo ein Soldat ihn aufgriff (Abb. S. 168).

Xian. Provinzmuseum Shaanxi. Oben: Saal mit antiken Steinskulpturen, darunter viele Tiere von Kaiser-Gräbern aus der Han-, Wei- und Tang-Dynastie. Abb. S. 171: Drei Holzskulpturen in einem früheren buddhistischen Tempel. Das Museum ist reich an Schätzen aus der Vergangenheit, unter ihnen der »Wald der Tafeln«, eine Bibliothek in Stein. Es sind über 1000 Steine, von denen die besten aus der Tang-Dynastie datieren; 114 von ihnen sind mit jenen 50000 Schriftzeichen bedeckt, die den Text der Zwölf Klassiker ausmachen.

Abb. S. 172: Lin Tong, Provinz Shaanxi. Terrakotta-Figuren, Teil eines Heeres von 6000 lebensgroßen Statuen, die derzeit in einer der größten archäologischen Fundstätten unseres Jahrhunderts ausgegraben werden. Sie bewachten das noch immer verschlossene Grab des ersten chinesischen Kaisers, Qin Shin Huang Di. Ein gewaltiges Museum wird jetzt an dieser Stelle errichtet, um dieses Heer aufzunehmen, das in seiner ursprünglichen Formation wieder aufgestellt wird.

Qin Shi Huang Di begann mit dem Bau seines Grabes schon zu Beginn seiner Herrschaftszeit (229–201 v. Chr.).

Die dorthin entsandten Arbeiter zählten über siebenhunderttausend. Sie gruben in die Tiefe, bis sie an das Wasser kamen; Bronze wurde eingegossen, der Sarkophag ward gebracht... wunderbare Werkzeuge, Juwelen und seltene Gegenstände wurden herbeigeschafft und begraben... Handwerker erhielten den Befehl, automatische Bogen mit Pfeilen herzustellen; wenn ein Mensch versucht hätte, ein Loch zu graben und in das Grab einzudringen, hätten sie unverzüglich auf ihn gefeuert. Die hundert Wasserläufe, der Yangtze, der He und das weite Meer wurden durch Quecksilber versinnbildlicht; Maschinen brachten es zum Fließen und trugen es von einem zum anderen. Alle Zeichen des Himmesl waren oben, und die geographische Anordnung unten...
Der Kaiser ordnete an, daß alle seine Frauen ihm ins Grab folgen sollten, wenn er stürbe... Als das Werk getan und der mittlere Durchgang, der zum Grab führte, getarnt und blockiert worden war, warf man die äußere Türe zu und schloß alle ein, die als Arbeiter oder Handwerker beschäftigt gewesen waren... Pflanzen und Gras wurden angepflanzt, so daß das Grab aussah wie ein Hügel.

Aus: »Historische Zeugnisse von Si ma qien«, nach der Übersetzung von E. Chavannes.

Mitten in dem kleinen Teiche
Steht ein Pavillon aus grünem
Und aus weißem Porzellan.

Wie der Rücken eines Tigers
Wölbt die Brücke sich aus Jade
Zu dem Pavillon hinüber.

In dem Häuschen sitzen Freunde,
Schön gekleidet, trinken, plaudern. –
Manche schreiben Verse nieder.

Ihre seidnen Ärmel gleiten
Rückwärts, ihre seidnen Mützen
Hocken lustig tief im Nacken.

Auf des kleinen Teiches stiller
Oberfläche zeigt sich alles
Wunderlich im Spiegelbilde:

Wie ein Halbmond scheint der Brücke
Umgekehrter Bogen. Freunde,
Schön gekleidet, trinken, plaudern,

Alle auf dem Kopfe stehend,
In dem Pavillon aus grünem
Und aus weißem Porzellan.

Li-Tai-Po (702–763): »Der Pavillon aus Porzellan«.
Deutsch von Hans Bethge.

Abb. S. 175: Teiche und Pavillons im Park der Hua-Qing-Quellen.

无产阶级
文化大革命胜
利万岁！

Nanjing, Hauptstadt der Provinz Jiangsu: der Yangtze und die große Yangtze-Brücke. Letztere ist gleichzeitig Straßenverkehrs- und Eisenbahnbrücke und wurde ausschließlich von Chinesen entworfen und gebaut. Sie verbindet das nördliche mit dem südlichen Yangtze-Ufer und spielt eine wichtige Rolle bei der Modernisierung des sozialistischen China. Mao Zedong durchschwamm den Yangtze im Jahre 1956, mit 63 Jahren. Er gedenkt dieses Ereignisses in dem nachfolgenden Gedicht, das zugleich die wundervolle Bauleistung seines neuen Regimes, die große Brücke, feiert.

Im Wind die Masten bewegt,
Schildkröte, Schlange still;
Anfang mit großen Plänen.
Die eine Brücke, im Flug sich spannend,
nordsüdlichen Himmelsgraben macht sie passierbar.

Aus: Mao Zedong (1893–1976), »Schwimmen«.
Deutsch von Joachim Schickel.

Nanjing. Eine von Chinas uralten Hauptstädten, mit einer 2400jährigen Geschichte, ein Zentrum nicht nur feudaler, sondern auch moderner revolutionärer Aktivitäten. Das »himmlische Königreich Taiping«, eine bäuerliche Revolutionsbewegung in der Mitte des neunzehnten Jahrhunderts, hatte hier seinen Mittelpunkt. 1912 wurde in Nanjing Sun Yat-sen zum Präsidenten der neuen Republik gewählt. Auf seine Regierung folgte das repressive Guo-Mindang-Regime des Chiang Kai-shek. Während des Widerstandskrieges war die Stadt jahrelang von Japanern besetzt. Seit der Befreiung hat sich Nanjing zügig entwickelt, besonders auf dem Gebiet der industriellen und landwirtschaftlichen Produktion.

Oben: Nanjing, Park am Xuan-Wu-See. Jugendliche genießen den Feiertag 1. Oktober.

Abb. S. 179, oben: Nanjing. Sun-Yat-sen-Mausoleum.

Abb. S. 179, unten: Nanjing. Sun-Yat-sen-Denkmal am Fuß der Treppenflucht, die zum Mausoleum hinaufführt.

Nanjing war stets ein wichtiges Wirtschaftszentrum, das für seine Schmieden und Gießereien, Webereien und Brennöfen berühmt war. Die lange künstlerische und wissenschaftliche Tradition der Stadt ist noch in den Institutionen der höheren Ausbildung und im berühmten Observatorium auf dem Purpurberg lebendig, einem der größten in ganz China.

Abb. S. 180, oben: Obststand in Nanjing.

Abb. S. 180, unten: Buchladen mit Verkäuferin, die auf neu erschienene Ausgaben chinesischer Literatur zeigt.

Goldamseln rufen sich verzückt und bang.
Ein Mohnfeld, das im Grün sich wiegt.
Tief unten zieht der Fluß. Am jähen Hang
ein Dorf. Die Wirtshausfahne fliegt.

Vierhundertachtzig Tempel, sagenreich.
Ein Blitzen hier, und dort ein Glimmen.
Und Dächer ohne Zahl, die hoch und weich
im abendlichen Dunst verschwimmen.

Du Mu (803–852): »Blick auf Nanjing«.
Deutsch von Manfred Hausmann.

Abb. S. 182/183: Nanjing. Der Heilige Weg zum Mausoleum des Kaisers Hong Wu.

Abb. S. 184: Grab an einem Hügel in der Autonomen Region Guangxi Zhuang.

Oben: Nanjing. Knapp vor den Toren der Stadt pflügt ein Bauer sein Feld.

Abb. S. 186/187: Landschaft im Flußtal des Yangtze. Angebaut werden hauptsächlich Reis und Weizen, Tee, Gemüse, Äpfel, Kirschen und Wassermelonen.

Ich nahm den Beutel, kaufte mir blühende Bäume
Und pflanzte sie an den Osthang der Weide.
Ich hatte gekauft, was die meisten Blüten getrieben,
Nicht achtend ob Pflaume, Aprikose, ob Pfirsich.
Hundert Fruchtarten, vielfach gemischt,
Tausend Zweige, in strenger Folge erblühend.
Früh oder spät, ein jeder gehorcht seiner Stunde,
Doch allen gleichmäßig wohl tut der fruchtbare Boden.

Aus: Po Qu Yi (772–844), »Blühende Bäume am Osthang«.
Deutsch von Franziska Meister.

08-145

Shanghai. Bezirk im nördlichen Teil der »Altstadt«, früher auch »Chinesenstadt« genannt, die noch zu Beginn unseres Jahrhunderts von Mauern umgeben war. Sie war ungefähr kreisförmig und hatte einen Umfang von vier bis fünf Kilometern. Die Straßen sind um einen kleinen See mit einem Teehaus in der Mitte zentriert.

Oben: Die Altstadt. See vor dem »Garten des Mandarins Yu«. Das Boot gleitet am »Pavillon, der das Mondlicht als erster empfängt«, vorüber.

Abb. S. 191: Straße in der Altstadt. In längst vergangenen Tagen warnte man Ausländer davor, diesen Teil Shanghais ohne chinesischen Führer zu betreten. Ein Rundgang durch die makellos sauberen Straßen erinnert heute nur noch teilweise an das ältere China und läßt nichts mehr von dessen Plagen erkennen – dem Hunger, der Prostitution, dem allgemeinen Elend.

Abb. S. 188/189: Straße in der Altstadt. Das spitze Dach (Hintergrund rechts) gehört zum alten Teehaus, dem einstigen Wahrzeichen Shanghais, das auf Tellern und Raritäten abgebildet wurde.

Shanghai war zunächst ein Fischerdorf, doch schon im siebzehnten Jahrhundert eine blühende Hafenstadt. Nach 1853 wurde sie durch die westlichen Kolonialmächte kontrolliert und war ein »Paradies der Glücksritter und Abenteurer«, während die Mehrheit der chinesischen Bevölkerung an Krankheit und Elend litt. Shanghai hat eine bedeutende revolutionäre Tradition und ist seit der Befreiung zu einem wichtigen Industriezentrum und Mittelpunkt für Kultur und Wissenschaft geworden, während es gleichzeitig weiterhin seine Rolle als einer der großen internationalen Handelshäfen Chinas spielt. Die Stadt zählt bereits heute 10000000 Einwohner, und in dem Bestreben, ihr Wachstum zu verlangsamen, sind in der näheren Umgebung mehrere Satellitenstädte entstanden. Diese Siedlungen sind selbständige Gemeinden, deren wirtschaftliches Zentrum die neuen Industriebetriebe sind. Die Arbeiter leben mit ihren Familien in Appartments in drei- bis vierstöckigen Wohnblocks und können zu Fuß zu ihrem Arbeitsplatz gehen. Es gibt kleine Gärten, Spielplätze, Kinderhorte, Schulen, Läden, mitunter auch Gemüsegärtnereien, Schweineställe und Geflügelzuchten, die den Betrieben gehören und von ihnen verwaltet werden.

Abb. S. 192: Arbeiter-Wohnsiedlung in Shanghai. Frau in ihrem Wohn-Schlafzimmer.

Unten: Arbeiter-Wohnsiedlung in Shanghai. Werkstatt, die von Hausfrauen als »Beitrag zum Sozialismus« organisiert wurde. Hier werden Glaswaren für den medizinischen Bedarf verarbeitet, kalibriert, poliert und verpackt.

身体好
学习
工作好

Shanghai. Mittelschule »Cao Yang II.«: tägliche Augenmassage und ein Schüler, der sich in der Mathematikstunde meldet. Die Schule hat 1600 Schüler, die jeden Tag in sechs Klassen gehen. Fächer sind Politische Wissenschaft, Chinesisch, Fremdsprachen (darunter Englisch), Mathematik, Physik, Biologie, Chemie, Geschichte, Erdkunde, Musik und Kunsterziehung. Zwei Wochen pro Schuljahr arbeiten die Schüler in Fabriken, die der Schule angeschlossen sind. Nach der zweiten Unterrichtsstunde am Nachmittag können sie Wahlfächer belegen, und zwar Tanz, Malen, Basteln von Modellflugzeugen und -schiffen, Beobachten eines selbstgebauten Seismographen oder Betätigung auf dem Sportpatz. Während der Kulturrevolution kam der Schulbetrieb praktisch zum Erliegen; Prüfungen wurden nicht mehr abgenommen, die Laboratorien waren geschlossen. Jeder, der dablieb, wurde versetzt. »Manche Schüler«, so berichtet ein Lehrer, »lernten trotzdem weiter, aber heimlich.« Jetzt ist alles wieder beim alten, die Schüler wirken interessiert und motiviert, und der Spruch an der Wand des Klassenzimmers lautet: »Gesunder Körper, gutes Lernen, gute Arbeit.«

Die Geschichte der Ausländerherrschaft über Shanghai ist wie die revolutionäre Tradition der Stadt sehr lang. Im neunzehnten Jahrhundert übernahm der Westen die Entwicklung der Stadt, nachdem Shanghai nach Beendigung der Opiumkriege kapituliert hatte. Engländer, Franzosen, Amerikaner und schließlich auch Japaner beanspruchten jeweils eigene Territorien, die berüchtigten »Konzessionen«. 1853 gelangten die Taiping-Revolutionäre bis vor die Außenbezirke Shanghais, wurden aber dann, mit europäischer Hilfe, von den kaiserlichen Armeen niedergestreckt. Zur gleichen Zeit plante die »Gesellschaft der Kleinen Schwerter« eine Erhebung in der Stadt selbst. Am 1. Juli 1921 wurde in Shanghai die Kommunistische Partei Chinas gegründet; eine Zeitlang befand sich auch der Sitz des Zentralkomitees der Partei in dieser Stadt. Bewaffnete Aufstände der Arbeiterklasse wurden nach 1927 von Chiang Kai-shek blutig niedergeschlagen. Während des Chinesisch-Japanischen Krieges wurde Shanghai von den Japanern besetzt. Seit der Befreiung ist Shanghai eine andere Stadt geworden; die Europäer sind fort und mit ihnen der unvermittelte Gegensatz von unermeßlichem Reichtum und nacktem Elend mit Prostitution, Gangstern, Opiumhöhlen, Bettlern und Leichen auf den Straßen.

Oben: Der erste Versammlungsplatz des Zentralkomitees der Kommunistischen Partei Chinas.

Abb. S. 197: Ecke eines Zimmers in dem Haus in Shanghai, in dem Sun Yat-sen mit seiner Frau Soong Chingling wohnte.

Shanghai, Wohnzimmer im Hause des Lu Xun, eines der berühmtesten Schriftsteller und Essayisten Chinas. Er führte den Gebrauch der Umgangssprache (»bai hua«) in der Literatur wieder ein. Er starb 1936. Sein Bildnis hängt an der Wand. Seine literarischen Arbeiten – vor allem Kurzgeschichten und Essays – entstanden, um seinen Landsleuten Mut zu geben. »Ich hatte das Gefühl..., daß ich schreiben sollte, um mein Volk aufzuklären, zum Nutzen der Menschheit und um sie zu bessern. Ich verabscheute die alte Vorstellung, wonach erzählende Literatur nur ›Unterhaltung‹ sei, und fand, daß das l'art pour l'art lediglich ein Synonym für Zeitverschwendung ist. Deshalb waren für gewöhnlich die Unglücklichen in dieser unnormalen Gesellschaft mein Thema. Mein Ziel war, das Übel aufzudecken und die Aufmerksamkeit darauf zu lenken, damit es geheilt werden könne.« Lu Xun beteiligte sich aktiv an der Bewegung »4. Mai 1919«, einer Massenrevolte von Studenten und Intellektuellen gegen den Vertrag von Versailles im besonderen und den Imperialismus und Feudalismus im allgemeinen. Er war Lehrer und sah in seiner Kunst »lediglich ein gesellschaftliches Phänomen, ein Zeugnis der Zeit«. Der größte Teil seiner Werke sind polemische Essays, Meisterwerke der Andeutung und Anspielung, da sie die Zensur passieren mußten. Sein erstes veröffentlichtes Buch war »Tagebuch eines Verrückten«, einer der Meilensteine in der modernen chinesischen Literaturgeschichte.

Eines der Meisterwerke Lu Xuns ist »Die wahre Geschichte des Ah Q«, in der es um einen ziemlich übel beleumdeten Bauern geht, der sich in der halbfeudalen Gesellschaft zur Zeit der Revolution von 1911 mit Schlauheit und Köpfchen durchs Leben schlägt.

Eine Reihe von Jahren schon habe ich den Wunsch gehabt, die wahre Geschichte des Ah Q aufzuschreiben; aber während ich auf der einen Seite nichts lieber getan hätte, war ich auf der anderen immer wieder schwankend in meinem Entschluß. Dies beweist, daß ich nicht der Mensch bin, der darauf bauen dürfte, sich durch seine Schriften einen unsterblichen Namen zu machen; denn in früheren Zeiten war es erforderlich, daß eine unsterbliche Feder die Erinnerung dessen bewahre, der zu unverwelklichem Ruhme ausersehen war; und so ist nicht klar, was von was abhing: ob der Mensch durch die Feder verewigt wurde oder die Feder durch den Menschen... Um dies nun ein für allemal ins reine zu bringen, könnten wir das Folgende als meinen persönlichen Bericht betrachten, in dem ich mich aber meiner eigenen Schreibart befleißige, die die Sprache der Transportarbeiter und Straßenhändler ist und sehr minderwertig und unpassend.

Aus: Lu Xun, »Die wahre Geschichte des Ah Q«.

Mao Zedong hielt große Stücke auf Lu Xun, der die Literatur als Waffe gebrauchte: »Als Oberbefehlshaber der Chinesischen Kulturrevolution war er (Lu Xun) nicht nur ein großer Literat, sondern auch ein großer Denker und Revolutionär.« (»Über neue Demokrati«, 1940)

Abb. S. 200/201: Shanghai. Trennmauer in der Gestalt eines Drachen. Yu Yuan, ein Garten, der 1537 von einem Beamten der Ming-Dynastie angelegt wurde, der später auch hier lebte.

Abb. S. 202/203: Shanghai. In einem Pavillon im Yu-Yuan-Garten befindet sich ein kleines Museum über die Gesellschaft der Kleinen Schwerter, in dem alle Arten von Erinnerungsstücken aufbewahrt werden, u.a. Schwerter der Mitglieder der Gesellschaft und ein Plan ihrer Belagerung Shanghais.

Shanghai. Der mächtige Palast der Chinesisch-Sowjetischen Freundschaft beherbergt eine Dauerausstellung von Produkten, die in der Stadt hergestellt werden: Maschinen, Autos, Lastwagen, Präzisionsinstrumente, Verbrauchsgüter, Lichtanlagen, Handwerksprodukte und Textilien.

Oben: Eine Führerin erläutert die Funktionsweise eines neuen mechanischen Webstuhls.

Abb. S. 205: Am »Bund« (einer Uferstraße Shanghais) posieren Passanten vor einem neuen Plakat, in dem die Chinesen dazu aufgerufen werden, ihr Land bis zum Jahr 2000 zu modernisieren.

争分夺秒 奔向2000!

全世界各国人
民大团结万岁！

Hangzhou, Hauptstadt der Provinz Zhejiang. Mehr denn 2000 Jahre alt, liegt die Stadt am Nordufer des Jien Tang und grenzt an den berühmten Westlichen See. Seit dem Besuch des Kaisers Qin Shi gegen 200 v. Chr. wurden hier während der Sui-, Tang- und Song-Dynastie Flüsse eingedämmt, Landstraßen und Kanäle gebaut, Häuser und Plätze angelegt. 1270 lebten etwa 900000 Menschen in Hangzhou. Im dreizehnten Jahrhundert schrieb Marco Polo nach einem Besuch in Hangzhou:

Da gibt es Wild aller Art, Rehböcke, Hirsche, Hasen, Kaninchen, Rebhühner, Fasane, Birkhühner, Wachteln, Haushühner, Kapaune und eine unbeschreiblich große Zahl von Enten und Gänsen... Von dem fünfundzwanzig Meilen entfernten Meer wird täglich auf dem Flußweg eine gewaltige Menge von Fischen in die Stadt gebracht... Jeder der zehn Marktplätze ist von hohen Wohnhäusern umgeben, in deren Erdgeschoß sich Kaufläden befinden, die unter vielen anderen Waren Spezereien, Gewürze, Perlen und Tand aller Art anbieten.

Aus: Marco Polo »Von Venedig nach China. Die größte Reise des 13. Jahrhunderts«. Neu herausgegeben und kommentiert von Theodor A. Knust.

Abb. S. 206–209: Region Hangzhou. Mitglieder der Teeproduktionsbrigade »Mei Jia Wu« pflücken Long Jing cha, einen der berühmtesten grünen Tees Chinas. Mei Jia Wu: Empfangshalle der Teeproduktionsbrigade im Haus eines früheren Hausbesitzers, immer noch mit Ming-Stühlen und -tischen möbliert.

Oben: Hangzhou, Tigerquelle. Zierlicher Wandschirm vor einem Teeraum.

Rechts: Ein Marinesoldat posiert neben dem Symbol der Tiger-Quelle, aus der das beste Wasser zum Aufbrühen des berühmten Long-Jing-Tees stammt.

Ein Greis hält Zaubersprüche feil in einem Winkel des Stadtwalls;
Er schreibt sie auf, den Seidenwurm zu segnen und das Korn zu schützen.
Von dem Geld, das er täglich verdient, kauft er lediglich Wein;
Um wankende Knie sorgt er sich nicht – er hat einen Knaben, um sich zu stützen!

Lu Yu (1125–1210): »Der Alte mit den Zaubersprüchen«.
Deutsch von Franziska Meister.

Abb. S. 215: Ortschaft Mei Jia Wu, Region Hangzhou. Ein alter Mann kümmert sich um seinen Enkel.

Hangzhou. Seidenspinnerei: das Spinnen von Fäden, das Ausbessern winziger Mängel, das Übertragen neuer Muster auf Karten und (Abb. S. 216/217) die Herstellung eines neuen gewobenen Seiden-Bildnisses des Vorsitzenden Hua Guofeng. Hangzhous Seidenspinnereien blühen und gedeihen. Sie produzieren eine erstaunliche Vielfalt von hübschem Satin, von Seide, Brokat, gewobenen Seidenbildern, sogar Sonnenschirmen aus Seide. Andere Erzeugnisse der Gegend sind Fächer aus Sandelholz, Eßstäbchen, kleine Messer. Außer dem berühmten grünen Tee wächst in dieser Region Baumwolle, Hanf und Reis, und man züchtet Seidenraupen.

Hangzhou. Pavillons mit Blick über den Westlichen See.

Die leichte Gondel brachte hohe Gäste,
Die von weither am See zusammenkamen:
Im Söller saßen sie beim Glase Reiswein,
Wo sich die Lotos allenthalben öffnen.

Wang Wei (699–759): »Am Seepavillon«.
Deutsch von Jan Ulenbrook.

Abb. S. 220/221: Hangzhou. Basrelief eines Buddha. »Der Gipfel, der hierher flog«, ein Hügel gegenüber dem Ling-Yin-Si-Tempel. Der Tempel wurde im vierten Jahrhundert von Hui Li gegründet, der aus Indien kam und beim Anblick des Hügels behauptete, in ihm eine Spitze des Grdhrakuta wiederzuerkennen, »der hierher geflogen ist«. Der Tempel wurde mehrere Male zerstört und wieder aufgebaut. Die Felsinschriften datieren aus dem Ende des dreizehnten und Anfang des vierzehnten Jahrhunderts und stellen eines der wenigen noch erhaltenen Beispiele von Felsskulpturen aus der Yuan-Zeit dar.

Abb. S. 223: Hangzhou. Inneres des Oing-Yin-Si-Tempels. Nach der Befreiung restauriert, birgt er überlebensgroße Buddhas und eine Gruppe von Luo Han aus vergoldetem Ton. Mächtige rotlackierte Säulen auf runden Steinbasen tragen die geschnitzte Decke.

Dann stiegen wir zum Kuan-yin-Tempel hinan
Und rochen schon von fern den Duft des Sandelholzes.
Auf der obersten Stufe schlüpften wir aus den Sandalen
Und gingen mit langsamem Schritt durch die Halle aus Jaspis.
Auf sechs gewaltigen Säulen ruht der Juwelenspiegel...
Erhob sich ein Windhauch, so schlugen Juwelen
Klirrend zusammen wie Himmelsmusik.
Wie Tautropfen hingen weiße Perlen,
Wie Blutstropfen glühten rote Rubine
Und formten zusammen auf Buddhas Haupthaar
Die siebenfache Juwelenkrone.
Zwillingsvasen aus blassem Turmalin
– Kälter noch scheint ihre Farbe als eines Herbststromes Flut –
Bewahren die Asche von Buddhas irdischem Leib,
Wie Kiesel so rund und wie Spiegelstein glatt.
Doch woher stammt diese Jadeflöte? Engel trugen sie einst
Als Gabe zum Garten von Jetavan.
Ihr Ton gleicht dem Rufe des Kranichs im Herbst
Und lockt Geister des Himmels erdenwärts.

Aus: Po Qu Yi (772–846), »Der Tempel«. Deutsch von Franziska Meister.

神
之彌

Abb. S. 224: Arthur Miller und Dolmetscher Su Guang vor einer aus der Yuan-Dynastie stammenden Skulptur, die einen Vajrapani oder »Verteidiger des Buddhismus« darstellt, in der Nähe des »Gipfels, der hierher flog« und nur wenige Kilometer vom Westlichen See und der »Zerbrochenen Brücke« entfernt, wo zu einem guten Teil die Oper »Die Weiße Schlange« spielt.

Abb. S. 226/227: Zwei Dämonen, die Abt Fa Hai vom Kloster am Goldenen Berg ausgeschickt hat, um den Geist Weiße Schlange zu fangen. Szene aus einer Aufführung der berühmten alten Oper in Shanghai.

Vor tausend Jahren stieg in der Provinz Sichuan, in der wie heute der Berg E Mei steht, der ein Magnet für alle Arten von Feenvolk ist, die Schlangenfee Bai Si Jian, die Weiße Schlange, vom Himmel herab... Sie wurde von ihrer Schwester begleitet, der Grünen Schlange oder Kleinen Grünen Schlange...
Weiße Schlange und ihre Schwester gelangen in die Provinz Zhejiang bei Hangzhou an der Küste des Westlichen Sees... Es beginnt zu regnen, und sie sehen sich nach jemandem um, der ihnen einen Schirm leiht. Schließlich stoßen sie bei ihrer Suche auf einen Schirmbesitzer namens Xue Xien, den Weiße Schlange, nachdem sie ihn eine Arie lang sorgfältig begutachtet hat, zu heiraten beschließt.

Arthur Miller

還珠洞
蓉鏡

Guilin, Autonome Region Guangxi Zhuang. Die Stadt liegt am Oberlauf des Li. Sie wurde 214 v. Chr. unter Qin Shi Huang Di gegründet. Die aufstrebende Industriestadt Guilin ist berühmt für ihre landschaftlich herrliche Umgebung. Das Gestein unter dem Erdreich ist Kalkstein, und durch die natürliche Erosion ist eine Szenerie von phantastischen Formationen entstanden. Zahllose Dichter und Maler haben sich von den bizarren Bergen anlocken lassen, die sich aus der an den Li und den Gui grenzenden Ebene erheben, und viele Legenden weben sich um die Entstehung dieser Gipfel und die der Stadt selbst. Als Guilin noch ringsum von ungezähmter Wildnis umgeben war, pflegten Dämonen, Riesenschlangen und wilde Tiere über die Bewohner der Stadt herzufallen und ihnen ihren Besitz zu rauben. Eines Tages verfinsterte sich plötzlich der Himmel, ein heftiger Wind kam auf, und in der Ferne wurde ein riesiger Dämon sichtbar, der sich gegen den »Hügel mit einem Loch darin« (»Chuan shan«) lehnte. Seine Hände waren wie Drachenklauen, und in beiden hielt er eine Boa, die giftige Dämpfe ausspie. Im selben Augenblick vernahm man auf dem Hügel Fu Bo Shan einen Donnerschlag, und ein Riese erschien in einer Aura von Licht. Er war mehr denn zehn Fuß hoch und trug einen gewaltigen Bogen bei sich. Ein großes Schwert hing an seiner Seite, seine Augen flammten wie Blitze, und seine Stimme war ein lautes Dröhnen. Das war Jie Di. Er nahm seinen Bogen zur Hand, und mit einem einzigen Pfeil erlegte er das Ungeheuer und durchbohrte den Berg. Die anderen Dämonen und wilden Tiere stürzten entsetzt davon, um niemals wiederzukehren, und von Stund an lebten die Bewohner Guilins in Ruhe und Frieden.

Abb. S. 230/231: Guilin: Straßenszenen. Ein Schüler liest vor seinem Haus in einem älteren Teil der Stadt unweit des Li. – Buchladen an einer Hauptstraße. – Beispiel für die Methoden, mit denen man sich selbst und seine Lasten fortbewegen kann.

努力学习马列著作和毛主席著作，完全
领会和掌握毛泽东思想的体系！

Abb. S. 235: Landschaft mit Wasserbüffeln vor Guilin. Der größte Teil der Bevölkerung in diesem Landstrich gehört zur Minderheit der Zhuang. Die wichtigsten Anbauprodukte sind Reis, Süßkartoffeln, Zuckerrohr und Grapefruits. Stern-Anis, Zimt und Teesamenöl werden ebenfalls produziert. Durch häufige Waldbrände ist der ursprüngliche Baumbestand größtenteils zerstört worden, und man bemüht sich heute, Reservoirs für das Wasser anzulegen, das sonst durch den Kalksteinboden versickert.

Ich seh am Horizont die Silhouette
Des Eukalyptusbaumes. Vor mir in
Dem Teefeld ist das Lärmen junger Vögel.

Ich halt ein Teeblatt zwischen meinen Lippen
Und denk an dich, die mir das Herz beschwert.
Wo bist du nun? Da ich zuletzt dich sah,
Trugest du Reis auf deinen schmalen Schultern
Der Hütte deiner Eltern zu; es war
Ein allzu heißer Tag, wie dieser ist,
Und deine Wangen waren weiß wie Jade,
Und unter einem Eukalyptusbaum
Ruhtest du aus. Ich schritt verzagt vorüber,
Mein Herz schlug laut, da ich so hold dich sah.

Wo bist du nun? Du weißt nicht, daß ich lebe.
Du sahst mich nie. In deinem goldnen Herzen
Ruht eines andern vielgeliebtes Bild,
An das du denkst mit Sehnsucht und mit Tränen.

Ich seh am Horizont die Silhouette
Des Eukalyptusbaumes.

Sie macht mich traurig, daß ich sterben möchte.

Schei Min (1858–1901): »Am Teefeld«. Deutsch von Hans Bethge.

Autonome Region Guangxi Zhuang. Bauern auf den Straßen zwischen den Dörfern.

Mein alter Wunsch, im Süddorf zu wohnen,
Entstammt nicht der Neigung zu einem Gehöft.
Ich hatte vielmehr gehört, es lebten dort einfache Menschen,
Mit denen es gut sei, den Morgen und Abend zu teilen.
Jahrelang sehnte ich mich, dort zu wohnen,
Jetzt endlich gelang mir der Umzug.
Es kümmert mich nicht, daß meine Hütte nur klein ist,
Enthält sie doch Raumes genug für Matte und Bett.
Häufig besuchen mich meine Nachbarn
Und sprechen mit Ehrfurcht von der vergangenen Zeit.

Tao Chien (372–427): »Der Umzug«. Deutsch von Franziska Meister.

Guilin. Hof unmittelbar neben der Straße, im alten Teil der Stadt unweit des Flusses. Im Schuppen im Hintergrund eine Schreinerei; davor ein Stoß gebrauchsfertiger Bretter. Links ein Geräteschuppen, der von den verschiedensten eßbaren Pflanzen überwachsen ist: Kürbis, Mais, Pfefferschoten; außerdem ein paar Obstbäumchen.

Guilin. Ein Gemüsegarten an den Ufern des Li, mit Zwiebeln, Lauch, Kohl und Melonen.

In meinem Garten wächst frischer Lattich,
Vom Getreide des Vorjahrs blieb mir genug.
Bedürfnisse sollen in Grenzen sich halten,
Mehr als ich brauche, begehre ich nicht,
Ich mahle die Hirse und richte den Wein,
Ist der Wein gut erwärmt, so schenk ich ihn ein...

Tao Chien (372–427): »In meinem Garten«.
Deutsch von Franziska Meister.

Autonome Region Guangxi Zhuang. Schiffsverkehr auf dem Li. Dieser Fluß, der sich durch eine der berühmtesten Landschaften Chinas hinzieht, ist immer wieder von Dichtern und Malern gefeiert worden. Doch auch bei den Fischern erfreut er sich großer Beliebtheit; sie legen ihre zierliche Angel, mit einem Reiskorn als Köder, auf die Kalksteinbuckel im Wasser und warten darauf, daß ein Fisch anbeißt. Inzwischen sammeln sie Wasserpflanzen als Düngemittel oder hocken auf ihren Booten, die wie Flöten aus zusammengebundenen Bambusrohren bestehen. Winzige Dörfer, von verschwenderischem Bambus beschattet, sind am Fluß entlang verstreut, und eine Unzahl von Booten in allen Farben und Formen belebt die hellen Wasser des Li.

Abb. S. 242/243: Schiffsanlegeplatz am Li, bei Guilin.

Abb. S. 244: Landschaft am Li.

Abb. S. 246/247: Fischerboot auf dem Li.

Der Schnee ward aufgesogen von der Erde,
Schon sind die Pflaumenbäume weiß von Blüten,
Die Weiden stehn in goldigem Gewand.

Wie flüssiges Silber dehnen sich die Teiche,
Die Schmetterlinge mit den duftigen Flügeln
Ruhn auf den Blumen aus und trinken Tau.

Der Fischer auf dem Kahn im stillen Wasser
Wirft fröhlich sein gestricktes Netz hinaus,
Das jäh zerbricht des Wassers Silberspiegel.

Er denkt an sie, an deren Seite er
Geruht, wie eine Schwalbe in dem Neste
Zur Seite des geliebten Weibchens schläft.

Er denkt an sie und hofft auf seine Netze,
Um Nahrung heimzubringen der Geliebten,
So wie der Vogel seinem Weibchen tut.

Li-Tai-Po (702–763): »Der Fischer im Frühling«. Deutsch von Hans Bethge.

Abb. S. 248: Guilin. In der großen neuen Oper der Stadt: eine Aufführung von »Schwester Liu«, eine moderne, lebhafte und erfolgreiche Oper mit Melodien bekannter Volkslieder. Es geht um ein junges Bauernmädchen, Schwester Liu, mit einem goldenen Herzen und goldener Stimme geboren, die einfach nicht anders kann als unaufhörlich singen. Sie weiß sich gegen enorm viele »böse Elemente« durchzusetzen, insbesondere gegen einen habgierigen Landbesitzer. Das Bild zeigt sie im Kreis ihrer Freundinnen, wie sie gerade den von einem teilnahmsvollen Fischer überbrachten Neuigkeiten lauscht.

Unten: Guilin. Ein kleines Kind wartet auf seinen Vater; es sitzt auf einem einfallsreich umgebauten Motorrad. Weniger modern, aber nicht weniger einfallsreich ist das Laufställchen aus Bambus, das gleichzeitig als Kinderwagen dienen kann und neben dem »Auto« geparkt ist.

Guangzhou (Kanton), die Hauptstadt der Provinz Guangdong, liegt am Perlenfluß, dem größten Wasserlauf Südchinas. Schon früh kamen ausländische Einflüsse: im siebzehnten Jahrhundert entstand eine Moschee, schon im sechzehnten errichteten die Portugiesen hier eine Botschaft. Viele Chinesen in Übersee stammen aus Guangdong. Nach 1850 wurden den Europäern »Konzessionen« eingeräumt, und es begann die Geschichte des Kampfes gegen die Fremdherrschaft. Sun Yat-sen, aus Guangdong gebürtig, stellte sich an die Spitze der chinesischen Revolution und gründete 1923 hier seine Guo Mindang. Mao Zedong leitete hier das Institut der Bauernbewegung, gemeinsam mit u. a. Zhou Enlai und Guo Mojo. Heute hat Guangzhou eine Bevölkerung von 2000000 Menschen. Durch Sun Yat-sen modernisiert, hat es eine aufstrebende Metallindustrie, die von Kohle, Eisen und NE-Metallen aus eigenen Bergwerken gespeist wird. In subtropischem Klima gedeihen hier dreihundert Arten von Obst, zwei Reissorten, Tabak, Baumwolle, Flachs, Sisal, Kokospalmen, Palmöl und Kaffee. Auch Seidenraupenzucht und Fischzucht werden betrieben, und die Handwerksarbeiten Guangzhous sind berühmt.

Oben: Blick auf den Perlenfluß von der Insel Sha Mian.

Abb. S. 251: Auslieferung von Körben an die örtlichen Geschäfte.

Oben: Guangzhou. Die frühere französisch-britische Konzession Sha Mian hat noch immer die Aura des Kolonialzeitalters. Heute stehen hier Verwaltungsgebäude und einige Schulen. An den von Bäumen gesäumten Uferbefestigungen gibt es angenehme Spazierwege und Sportplätze.

Abb. S. 253, oben: Insel Sha Mian. Angehende Turner und Akrobaten beim Freiluft-Training.

Abb. S. 253, unten: Insel Sha Mian. Zwei Arbeiter zerkleinern einen Banyan-Baum mit einer Handsäge. Dahinter Tennisplätze.

Abb. S. 254/255: Foshan. Fünfzehn Kilometer südwestlich von Guangzhou. Diese Stadt war früher ein bedeutendes Wirtschafts- und Kulturzentrum. Jahrhundertelang wurden ihre Töpfereiwaren und die Erzeugnisse ihrer Werkstätten in alle Welt verkauft. Die Photographien zeigen Einzelheiten aus dem taoistischen Tempel Zu Ci Miao in Foshan. Unter der Ming-Dynastie gegründet, von den Taiping-Rebellen im neunzehnten Jahrhundert eingenommen und unter den Qing wieder aufgebaut, dient der Tempel heute als Museum. Detail einer Holzschnitzerei von einem Altarschirm; Plastiken einer Schildkröte und einer Schlange.